教育部　财政部职业院校教师素质提高计划成果系列丛书
教育部　财政部职业院校教师素质提高计划职教师资开发项目
《市场营销》专业职教师资培养资源开发（VTNE071）（负责人：周游）

渠道管理实务

主　编　袁慎祥

副主编　易淼清　徐　辉

科学出版社

北京

内 容 简 介

本书的内容以本土化的渠道管理环境为基础，以渠道管理过程和管理对象为维度，按照项目导向而编写，具体内容包括渠道管理认知、渠道设计、经销商管理、零售商管理、渠道优化与创新五个部分，各部分内容均以企业渠道管理者的视角，结合企业在渠道管理中所遇到的各种实际问题，研究如何做好企业渠道管理中的各项工作，摆脱了很多教材内容西方化、理论化的弊端而突出本土化、实践化，从而使本书内容更加符合中国市场的渠道环境而具有现实可操作性。

本书非常适合职教师资本科学生及企业渠道管理者学习使用。

图书在版编目（CIP）数据

渠道管理实务 / 袁慎祥主编. —北京：科学出版社，2017.10
（教育部财政部职业院校教师素质提高计划成果系列丛书）
ISBN 978-7-03-054790-3

Ⅰ.①渠⋯　Ⅱ.①袁⋯　Ⅲ.①企业管理-销售管理-高等学校-教材
Ⅳ.①F274

中国版本图书馆 CIP 数据核字（2017）第 247726 号

责任编辑：张　宁　王京苏 / 责任校对：王萌萌
责任印制：吴兆东 / 封面设计：蓝正设计

科学出版社 出版
北京东黄城根北街 16 号
邮政编码：100717
http://www.sciencep.com

北京京华虎彩印刷有限公司 印刷
科学出版社发行　各地新华书店经销
*

2017 年 10 月第　一　版　开本：787×1092　1/16
2018 年 1 月第二次印刷　印张：15
字数：353 000

定价：48.00 元
（如有印装质量问题，我社负责调换）

教育部 财政部职业院校教师素质提高计划
职教师资培养资源开发项目专家指导委员会

主　任：刘来泉

副主任：王宪成　郭春鸣

成　员：（按姓氏笔画排列）

刁哲军　王乐夫　王继平　邓泽民　石伟平　卢双盈　汤生玲

米　靖　刘正安　刘君义　孟庆国　沈　希　李仲阳　李栋学

李梦卿　吴全全　张元利　张建荣　周泽扬　姜大源　郭杰忠

夏金星　徐　流　徐　朔　曹　晔　崔世钢　韩亚兰

出 版 说 明

　　《国家中长期教育改革和发展规划纲要（2010—2020 年）》颁布实施以来，我国职业教育进入到加快构建现代职业教育体系、全面提高技能型人才培养质量的新阶段。加快发展现代职业教育，实现职业教育改革发展新跨越，对职业学校"双师型"教师队伍建设提出了更高的要求。为此，教育部明确提出，要以推动教师专业化为引领，以加强"双师型"教师队伍建设为重点，以创新制度和机制为动力，以完善培养培训体系为保障，以实施素质提高计划为抓手，统筹规划，突出重点，改革创新，狠抓落实，切实提升职业院校教师队伍整体素质和建设水平，加快建成一支师德高尚、素质优良、技艺精湛、结构合理、专兼结合的高素质专业化的"双师型"教师队伍，为建设具有中国特色、世界水平的现代职业教育体系提供强有力的师资保障。

　　目前，我国共有 60 余所高校正在开展职教师资培养，但由于教师培养标准的缺失和培养课程资源的匮乏，制约了"双师型"教师培养质量的提高。为完善教师培养标准和课程体系，教育部、财政部在"职业院校教师素质提高计划"框架内专门设置了职教师资培养资源开发项目，中央财政划拨 1.5 亿元，系统开发用于本科专业职教师资培养标准、培养方案、核心课程和特色教材等系列资源。其中，包括 88 个专业项目，12 个资格考试制度开发等公共项目。该项目由 42 家开设职业技术师范专业的高等学校牵头，组织近千家科研院所、职业学校、行业企业共同研发，一大批专家学者、优秀校长、一线教师、企业工程技术人员参与其中。

　　经过三年的努力，培养资源开发项目取得了丰硕成果。一是开发了中等职业学校 88 个专业（类）职教师资本科培养资源项目，内容包括专业教师标准、专业教师培养标准、评价方案，以及一系列专业课程大纲、主干课程教材及数字化资源；二是取得了 6 项公共基础研究成果，内容包括职教师资培养模式、国际职教师资培养、教育理论课程、质量保障体系、教学资源中心建设和学习平台开发等；三是完成了 18 个专业大类职教师资资格标准及认证考试标准开发。上述成果，共计 800 多本正式出版物。总体来说，培养资源开发项目实现了高效益：形成了一大批资源，填补了相关标准和资源的空白；凝聚了一支研发队伍，强化了教师培养的"校—企—校"协同；引领了一批高校的教学改革，带动了"双师型"教师的专业化培养。职教师资培养资源开发项目是支撑专业化培养的一项系统化、基础性工程，是加强职教教师培养培训一体化建设的关键环节，也是对职教师资培养培训基地教师专业化培养实践、教师教育研究能力的系统检阅。

　　自 2013 年项目立项开题以来，各项目承担单位、项目负责人及全体开发人员做了大量深入细致的工作，结合职教教师培养实践，研发出很多填补空白、体现科学性和前瞻性的成果,有力推进了"双师型"教师专门化培养向更深层次发展。同时,专家指导委员会的各位专家以及项目管理办公室的各位同志,克服了许多困难,按照两部对项目开发工作的总体要求,为实施项目管理、研发、检查等投入了大量时间和心血,也为各个项目提供了专业的咨询和指导,有力地保障了项目实施和成果质量。在此,我们一并表示衷心的感谢。

教育部 财政部职业院校教师素质
提高计划成果系列丛书编写委员会
2016 年 3 月

前　言

　　本书是哈尔滨商业大学周游教授主持的教育部、财政部职业院校教师素质提高计划，职教师资培养资源开发项目市场营销开发包的重要成果之一，主要供市场营销职教师资培养基地的本科教学之用。

　　本书旨在解决渠道管理的职业技能教育的打造，因此，在理论与实践的配比、编写体例和内容上做出了重大突破。

　　在理论与实践的配比上，本书遵循理论与实践并重的原则，使本书既能达到本科层次的理论积累，又能满足实际应用的需要，属于理实一体化性质的教材。

　　本书按照工作过程导向（渠道管理过程）和工作情境（管理对象）两个维度进行教材内容设计，其中，管理过程包括渠道设计、成员选择与开发、合作合同签订、成员业务管理、成员激励、成员冲突管理、成员控制和渠道优化八个环节，管理对象包括经销商、零售商两个主要成员。由于渠道设计和渠道优化环节分别是对三个主要管理对象进行管理的综合性上位和下位工作，所以分别作为单独项目进行编写，由此形成本书5个项目18个任务的内容。而在每一项目的编写上，均以业务代表的工作过程为主线，结合工作情景，从实际工作需要解决的问题出发，介绍解决这一问题需要掌握的专门理论，同时进行相应的实训设计，直至使学生能够解决本书所提出的实际问题。另外，根据本科层次需要的理论要求，考虑到理论教学课时的限制，将需要了解的相关理论放在"知识链接"和"知识拓展"部分供学生自学，以丰富其理论水平。

　　本书由袁慎祥任主编，易淼清、徐辉任副主编。编者承担的具体任务分工为：哈尔滨商业大学袁慎祥负责项目一和项目二的编写，温州职业技术学院易淼清负责项目三的编写，哈尔滨商业大学徐辉与黑龙江农业工程职业学院李乐负责项目四的编写，哈尔滨商业大学董兵权负责项目五的编写。在编写过程中，魏庆理念到动作营销培训机构的魏庆老师、浙江纺织服装职业技术学院刘建长院长、深圳采纳营销策划公司的崔浩老师均提出了宝贵的编写建议，在此一并表示衷心感谢。

编　者

2017年8月

目　　录

项目一

渠道认知

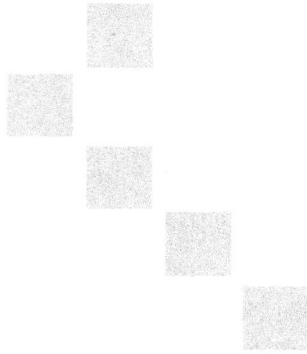

【项目目标】

➤知识目标

1. 了解营销渠道的含义和渠道的重要性。
2. 掌握渠道的基本结构。
3. 掌握中间商的类型。
4. 了解渠道管理的岗位和管理对象。
5. 了解营销渠道管理的基本内容和流程。

➤能力目标

1. 能够对渠道结构形成正确认知。
2. 能够对各类中间商形成正确认知并据此设计与中间商的合作关系。
3. 能够对渠道管理工作形成正确认知从而能够清晰界定渠道管理者的工作职责。

【项目任务分解】

任务一　渠道基本结构认知
任务二　渠道管理认知

【项目导入】

李强大学毕业后到 L 公司做业务代表已经六年了，自进入公司的第三年便开始连续四年稳居公司销冠地位。最近，随着公司业务的不断扩张，企业决定开发原来没有进入的 A、B、C 三个地区市场，并决定派李强到 B 地区担任区域经理。这可把李强愁坏了，他想，原来我在 M 地区做业务代表时，只是负责对片区内的客户进行开发、维护和管理，基本上是一对一的业务，而现在让我负责整个 B 区域的市场管理工作，如此一来，整个区域的销售渠道要自己建，怎么建？复制 M 区的渠道结构吗？针对渠道应该管什么？怎么管？也复制 M 区？对此，李强曾请教了一些资深区域经理，得到的普遍回答是不能简单复制，要根据本区域的中间商、消费者、竞争者等多方面的情况而定……李强似乎陷入了困境，他反复地问着自己：我到底应该做些什么呢？又应该怎么做呢？

任务一　渠道基本结构认知

一、任务描述

在激烈的竞争市场上，渠道是竞争的一个关键点，在产品、广告、促销等营销手段广泛化和高度同质化的今天，渠道以其特有的本地化、排他性、独特性及持久性成为企业营销的亮点，成为企业间竞争制胜的关键。L 公司基于市场竞争和市场扩张的需要决定组建专门的分支机构开发 A、B、C 三个新市场，由李强负责对 B 市场的开发。李强首先要解决的是 B 市场的渠道怎么构建的问题，是采取直接渠道还是间接渠道？如果构建直接渠道，怎么搭建？如果构建间接渠道，又应该构建多少层级？每层级由什么样的中间商承担？每层级应发展多少个中间商？这些都是李强首先要解决的问题。

二、知识学习

营销涉及消费者可接触到的产品和服务。营销渠道使得那些面向消费者的产品和服务的流动成为可能。它们就像管道一样让产品和服务从工厂流向消费者、机构或者个人。

（一）渠道的定义

在营销理论中，有两个与渠道有关的术语经常交替使用，这就是市场营销渠道和分销渠道。

市场营销渠道是指配合生产、分销和消费某一生产者的产品与服务的所有企业及个人。市场营销渠道包括参与某种产品的供产销全过程的所有有关企业和个人，包括供应商、生产者、商人中间商、代理中间商、辅助商及最终消费者或用户等。

分销渠道也叫"销售渠道"或"通路"，是指促使某种产品和服务顺利经由市场交换过程，转移给消费者（用户）消费使用的一整套相互依存的组织。一个企业的分销渠道的成员包括产品（服务）从生产者向消费者转移过程中，取得这种产品和服务的所有权或帮助所有权转移的所有企业与个人。其中既有商人中间商——他们取得所有权，也有代理中间商——他们帮助转移所有权，还有处于渠道起点和终点的生产者与最终消费者或用户。

与市场营销渠道有所不同的是，分销渠道中不包括供应商及起辅助作用的中间商。作为帮助企业把产品及所有权从生产者转移到消费者或用户的有关中介单位组成的一个系统，这个系统的起点是企业自己，即生产者，终点是消费者或用户。产品在这个过程中，所有权至少要转移一次。

（二）渠道的职能

分销渠道对产品从生产者转移到消费者的过程中必须要完成的工作加以组织，其目的在于消除产品（或服务）与使用者之间分离的矛盾。因此，分销渠道的职能如下。

（1）研究。收集制订计划和进行交换所必需的信息。

（2）促销。进行关于所供应的物品的说服性沟通。

（3）接洽。寻找可能的购买者并与之进行沟通。

（4）配合。使所供应的物品符合购买者需要，包括分类、分等、装配、包装等活动。

（5）谈判。为了转移所供物品的所有权，就其价格及有关条件达成协议。

（6）物流。组织产品的运输、储存。

（7）融资。为补偿渠道工作的成本费用而对资金的取得与支出。

（8）风险承担。承担与渠道工作有关的全部风险。

（三）渠道的基本结构

1. 渠道的长度结构（层级结构）

分销渠道可根据其渠道层次分类。在产品从生产者转移到消费者的过程中，任何一个对产品拥有所有权或负有推销责任的机构，就是一个渠道层次；由于生产者和消费者都参与了将产品及其所有权转移到消费地点的工作，所以他们也都被列入渠道中。

（1）零阶渠道，也叫"两站式渠道"，即直销渠道。制造商将产品直接销给消费者，没有中间商的参与，是生产者市场等组织机构市场常见的渠道。如同公共汽车线路，横跨生产者、消费者两个站头，所以也叫"两站式渠道"。

（2）一阶渠道，也叫"三站式渠道"。在制造商与消费者之间，有零售商的参与。

（3）二阶渠道，也叫"四站式渠道"。制造商把产品售给批发商，由批发商转卖给零售商，最后由零售商销往消费者，是消费者市场最普遍的一种渠道；或由代理商代为联系零售商，再由零售商购进产品卖给消费者。代理商并不取得产品所有权，他只为买卖双方搭桥牵线，撮合成交以后按比例收取佣金。规模较小的生产者，其销售渠道常有代理商的参与。

（4）三阶渠道，也叫"五站式渠道"。制造商经由代理商与批发商发生联系，产品再通过批发商、零售商销往消费者。

【资料链接】

不同市场渠道长度的差别

1. 不同市场层级的渠道长度差别

对于一级城市和二级城市，城区市场的渠道环节一般为：制造商—经销商—零售商—消费者，这个渠道的长度为2。

对于一级城市和二级城市的外围市场，以及县城城区市场，渠道环节一般为：制造商—经销商—二级分销商—零售商—消费者，这个渠道长度为3。

对于村镇市场而言，渠道环节一般为：制造商—经销商—二级分销商—三级分销商—零售商—消费者，这个渠道长度为4。

如果我们直接运作商超系统，渠道环节为：制造商—零售商—消费者，渠道长度为1。

直销模式的渠道长度为0。

2. 不同行业的渠道长度差别

我们一般把产品分为工业品和消费品，消费品又划分为耐用消费品和快速消费品。这些产品的渠道长度，就有明显差别。工业品一般为定向分销产品，渠道会比较短；耐用消费品为广泛分销产品，渠道相对比较短；快速消费品为密集分销产品，渠道长度最长。

2. 渠道的宽度结构

渠道的宽度结构，也称渠道宽度策略、渠道分销方式，是根据每一层级渠道中间商数量的多少来定义的。渠道的宽度结构受产品的性质、市场特征、用户分布及企业分销战略等因素的影响。渠道的宽度结构分为如下三种类型，如表1-1所示。

表 1-1　三种渠道宽度策略比较

项目	密集分销策略	选择分销策略	独家分销策略
渠道的长度、宽度	长而宽	较短而窄	短而窄
中间商数量	尽可能多的中间商	有限中间商	一个地区一个中间商
销售成本	高	较低	较低
宣传任务承担者	生产者	生产者、中间商	生产者、中间商
商品类别	便利品、标准件	选购品、特殊品	技术性强的耐用消费品、品牌产品

密集分销渠道，也称为广泛分销渠道或普通分销渠道，是指制造商在同一渠道层级上选用尽可能多的渠道中间商来分销自己产品的一种渠道类型。这种渠道可以使产品在目标市场上形成铺天盖地之势，以达到使自己产品品牌充分显露、路人皆知且随处可买、最广泛地占领目标市场的目的。当消费者要求在当地能大量、方便地购买时，实行密集分销就是至关重要的。该策略一般适用于消费品中的便利品和工业用品中的标准品。一般情况下，消费者越是要求满足购买的大量性、高频性和方便性，就越有必要和可能选择密集分销的方式。它通过最大限度地便利消费者而推动销售额的提升。产品的分销越

密集，销售的潜力也就越大。它是一种最宽的分销渠道。一般来说，密集分销分为零售密集分销和批发密集分销。

选择分销渠道，也称特约分销渠道，是指企业有选择性地选择几家中间商来分销本企业的产品。该策略一般适用于消费品中的选购品和特殊品。这种分销方式比独家分销面宽，又比密集分销面窄，企业能通过对中间商的精选，去掉那些效率不高的中间商，节省成本和费用，又能较容易地控制中间商并与其保持联系，更好地督促中间商完成企业所赋予的营销职能，效果更好。生产商往往先采取密集分销，以促使新产品迅速上市，而后改用选择分销，淘汰一部分经营管理差或不守信用的中间商。

独家分销渠道，是指在特定的市场区域选择一家中间商经销其产品。这是一种最为极端的专营型分销渠道。这种渠道有利于维持市场的稳定性，有利于提高产品身价，有利于提高销售效率。该策略一般适用于某些技术性强的耐用消费品或名牌产品。采用这一渠道的生产企业必须与被选中的独家经销商签订协议，保证其作为独家经销商，只能经销该生产企业的产品，不得同时经销其他厂家的同类产品。生产企业必须常常在产品供应、运输和管理技术等方面给经销商以特殊的便利条件或支持。采用独家分销渠道可使企业十分容易地控制渠道行为。但采用这种渠道后，厂商与独家经销商之间的互相依赖性会大大增强，可能会使制造商受控于独家经销商，或由于经销商经营失误使企业失去一条分销渠道，甚至失去一个目标市场。

【案例 1-1】

宝洁的渠道宽度调整

宝洁公司作为一个日化巨头，在渠道的宽度方面的运作肯定是相当成熟的。在一级渠道中，宝洁的产品基本覆盖所有主要的零售商和大型连锁商（包括沃尔玛公司），在一、二线城市成功铺货，市场的覆盖率超过 50%，在分销商方面，宝洁在十几年间进行了很多次改革。1993～1998 年，宝洁实施"人海战术"，使用了大量的分销商，产品的分销率得到了极大的提高。1999 年，基于过多分销商出现的效率低下、窜货等问题，宝洁开始大量缩减分销商，从 300 多家缩减到 100 多家。2007 年，宝洁又大力整改分销商，变成了一省（自治区、直辖市）一个一级分销商，或者两个省（自治区、直辖市）一个一级分销商。在一级分销商下面，有二级、三级的渠道分销商，他们负责产品在农村和城镇的覆盖，这些分销商的数量按实际需要进行增减。另外，近年来，分销商的触角也开始向网络渠道方面发展，淘宝上面也出现了宝洁的旗舰店。

3. 渠道的广度结构

渠道的广度是指渠道类型的数量，可分为单一渠道和多元渠道两种。单一渠道是指生产者只选用一条渠道销售其产品；多元渠道是指生产者选用多条渠道销售其产品。随着不断加剧的市场竞争和消费者购物渠道等方面的变化，很多消费品生产企业的销售渠道开始由原来单一的商超渠道扩展为商超、餐饮、特渠等多元渠道，渠道广度不断拓展。

【案例1-2】

可口可乐的21种销售渠道

可口可乐的21种销售渠道包括传统食品零售渠道、超级市场渠道、平价商场渠道、食杂店渠道、百货商店渠道、购物及服务渠道、餐馆酒楼渠道、快餐渠道、街道摊贩渠道、办公机构渠道、部队军营渠道、大专院校渠道、中小学校渠道、在职教育渠道、运动健身渠道、娱乐场所渠道、交通窗口渠道、宾馆饭店渠道、旅游景点渠道、第三方面消费渠道、其他渠道。

（四）中间商的功能

中间商是指处于生产者与消费者之间，参与商品流通业务，促进买卖行为发生和实现的组织及个人。根据不同的分类标准，可以对中间商从两个角度加以区分：一是按其是否拥有产品所有权，可分为经销商和代理商；二是按其在流通过程中的地位和作用，可分为批发商和零售商。

中间商在商品流通中，主要有三种功能。

1. 集中、平衡和扩散商品的功能

集中功能就是通过采购活动把若干生产企业的产品集中起来；平衡功能就是将各种不同的商品根据不同的细分市场需要加以平衡分配，满足各种需要；扩散功能就是将集中采购的大量商品运销各地，从而满足不同地区消费者的需要。

2. 沟通信息功能

生产者既要随时掌握消费者对企业和产品的意见与要求，又要让消费者了解自己的企业和产品，生产者和消费者之间需要信息沟通。而中间商连接产销双方，接触面广，最了解市场信息，可以向双方传递信息，使产品能适销对路，这样既可以避免生产的盲目性，又能指导消费。

3. 减少交易次数、降低流通费用功能

如果没有中间商，生产企业就要负担起市场调研、广告宣传、商品储存和运输及消费者服务等职能，这样就会分散从事商品生产的精力，不能有效地完成生产和经营任务。而让中间商承担这部分功能，不仅可以降低成本，而且可以扩大商品流通、减少交易次数、加速再生产进程。

（五）中间商的类型

中间商是指处于生产者和消费者之间，参与产品交易活动，促进买卖行为发生和实现的具有法人资格的经济组织或个人。按照销售对象的不同，中间商分为批发商和零售商。

1. 批发商

批发商向生产企业购进产品，然后转售给零售商、产业用户或各种非营利组织。

批发商是以前对从事批发业务的中间商的一种叫法，已经逐渐被淘汰。传统的批发商，顾名思义，就是通过批量进货，批量发货，赚取批量进销差价的中间商，通常与制造商、零售商没有长期稳定的合作关系，制造商对其经营行为也没有约束。批发商对于产品销售价格、品牌维护、市场秩序等不承担制造商所期望的管理责任，也不主动走出去开发客户，而是坐等客户上门批货。随着市场竞争的加剧，立足于市场的长远健康发展，对市场进行主动开发与管理成为制造商的一种必然选择，因此淘汰传统批发商，发展能够主动进行市场开发与管理并进行长期稳定合作的新型批发商成为一种必然趋势，为了使这一新型批发商区别于传统批发商，便将传统批发商称为贸易商，而根据其职能不同将新型批发商称为经销商和代理商。

目前，在我国企业的渠道实务中，对于经销商、分销商、代理商等名词的理解和应用各有不同，非常混乱，对此，我们根据国际统一规范，结合我国多数企业的理解和应用情况，对这些名词加以定义。我们倾向于认为，根据对商品是否拥有所有权，批发商可分为经销商和代理商两种基本类型；根据经销商或代理商在渠道层级中的地位不同，可分为一级、二级、三级、四级经销（代理）商或总经销（代理）商，大区、省级、市级、县级经销（代理）商等若干级别。

经销商是指根据与生产厂家或供货商达成的协议，在规定的期限和地域内将购入的产品以批量销售的形式通过自己拥有的分销渠道向零售商进行销售的批发商。根据我国多数企业的理解和应用情况，企业通常把一级批发商称作经销商，把二级以下的批发商称作分销商。

代理商是指接受供货商委托在销售代理权限内代理委托人搜集订单、销售及办理销售有关事务的批发商。其做法是由委托人与代理人签订代理协议，授权代理人在一定范围内以委托人的名义向第三者进行商品买卖或处理有关事务（如签订合同及其他与交易有关的事务等），而在代理协议中一般规定有非竞争条款，即在协议有效期内，代理人不能购买、提供与委托人的商品相竞争的商品或为该商品做广告。代理商在代理业务中，只是代表委托人招揽客户，招揽订单，签订合同，处理委托人的货物，收受货款等并从中赚取佣金，代理商不必动用自有资金购买商品，不负盈亏。

经销商与代理商有着多方面的区别，见表 1-2。其中，根本性的区别在于是否拥有商品所有权。

表 1-2　经销商与代理商的主要区别

类型	商品所有权	报酬	活动名义
经销商	有	买卖差价	自己
代理商	无	佣金	委托人

1）经销商的类型

根据供应商赋予的权利不同，经销商可分为独家经销商、总经销商、特约经销商和一般经销商四种类型：①独家经销商，是指享有供货方赋予的在规定的时间和区域内（可以是全部市场也可以是区域市场）对指定商品拥有独家专卖权的经销商。②总经销商，是指享有供货方赋予的在规定的时间和区域内（可以是全部市场也可以是区域市场）对指定商品拥有独家分销权、最低进价权和优先进货权，并且承担厂家的销售网络建设、店面建设、下游渠道开发、经销商培训、市场广告投入、厂家品牌建设、售后服务等职能的经销商。③特约经销商，是指供应商在规定的时间和区域内（可以是全部市场也可以是区域市场）同时选择有限的几家经销商作为本企业产品的指定销售商，这些经销商可称为特约经销商，除此之外，与供应商在销售数量、产品销售价格等方面有特别约定的经销商，或者承担供应商产品技术和维修服务职能的经销商，也被称为特约经销商。④一般经销商，是指特定区域内对经销商的发展数量不进行限制也不赋予经销商任何特权背景的经销商。

2）代理商的类型

根据供应商赋予的权利不同，代理商可分为独家代理商、总代理商、特约代理商和一般代理商四种类型。①独家代理商，是指在特定地区内、特定时期内享有代销指定商品的专营权，同时不得再代销其他来源的同类商品的代理商。凡是在规定地区和规定期限内做成该项商品的交易，除双方另有约定外，无论是由代理做成，还是由委托人直接同其他商人做成，代理商都有享受佣金的权利。②总代理商，是在特定地区内、特定时期内作为委托人的全权代表的代理商，除有权代表委托人签订买卖合同、处理货物等商务活动外，也可以进行一些非商业性的活动，而且有权指派分代理，并可分享分代理的佣金。③特约代理商，是指为供应商销售产品并有为其提供技术和维修服务的代理商。④一般代理商，又称佣金代理商，是指在特定区域内对代理商的发展数量不进行限制也不赋予代理商任何特权背景的代理商。

2. 零售商

零售商是指所有向最终消费者直接销售产品和服务，用于个人及非商业性用途的活动的中间商。根据零售业态的差异，零售商可分为多种类型。零售业态是零售企业为满足不同的消费需求进行相应的要素组合而形成的不同经营形态。零售业态从总体上可以分为有店铺零售业态和无店铺零售业态两类。其中，有店铺零售业态是指有固定的进行商品陈列和销售需要的场所与空间，并且消费者的购买行为主要在这一场所内完成的零售业态；无店铺零售业态是指不通过店铺销售，由厂家或商家直接将商品递送给消费者的零售业态。

按照零售业态分类原则可将零售商分为食杂店、便利店、折扣店、超市、大型超市、仓储式会员店、百货店、专业店、专卖店、家居建材商店、购物中心、工厂直销中心、电视购物、邮购、网上商店、自动售货亭、人员直销、电话购物等18种零售业态，如表1-3和表1-4所示。

表 1-3　有店铺零售业态分类和基本特点

序号	业态	选址	商圈与目标顾客	规模	商品售卖方式	服务功能
1	食杂店	位于居民区内或传统商业区内	辐射半径 0.3 千米，目标顾客以相对固定的居民为主	营业面积一般在 100 平方米以内	柜台式和自选式相结合	营业时间 12 小时以上
2	便利店	商业中心区，交通要道及车站、医院、学校、娱乐场所、办公楼、加油站等公共活动区	商圈范围小，顾客步行 5 分钟以内到达。目标顾客主要为单身者、年轻人。顾客多为有目的的购买者	营业面积一般在 100 平方米左右，利用率高	以开架自选为主，结算在收银处统一进行	营业时间 16 小时以上，提供即食性食品的辅助设施，开设多项服务项目
3	折扣店	居民区、交通要道等租金相对便宜的地区	辐射半径 2 千米左右，目标顾客主要为商圈内的居民	营业面积 300～500 平方米	开架自选，统一结算	用工精简，为顾客提供有限服务
4	超市	市、区商业中心，居住区	辐射半径 2 千米左右，目标顾客以居民为主	营业面积 600 平方米以下	自选销售，出入口分设，在收银台统一结算	营业时间 12 小时以上
5	大型超市	市、区商业中心，城郊接合部，交通要道及大型居住区	辐射半径 2 千米以上，目标顾客以居民、流动顾客为主	实际营业面积 6000 平方米以上	自选销售，出入口分设，在收银台统一结算	设不低于营业面积 40%的停车场
6	仓储式会员店	城乡接合部的交通要道	辐射半径 5 千米以上，目标顾客以中小零售店、餐饮店、集团购买和流动顾客为主	营业面积 6000 平方米以上	自选销售，出入口分设，在收银台统一结算	设相当于营业面积的停车场
7	百货店	市、区级商业中心、历史形成的商业集聚地	目标顾客以追求时尚和品位的流动顾客为主	营业面积 6000～20 000 平方米	采取柜台销售和开架面售相结合方式	注重服务，设餐饮、娱乐等服务项目和设施
8	专业店	市、区级商业中心及百货店、购物中心	目标顾客以有目的选购某类商品的流动顾客为主	根据商品特点而定	采取柜台销售或开架面售方式	从业人员具有丰富的专业知识
9	专卖店	市、区级商业中心，专业街及百货店、购物中心	目标顾客以中高档消费者和追求时尚的年轻人为主	根据商品特点而定	采取柜台销售或开架面售方式，商品陈列、照明、包装、广告讲究	注重品牌声誉，从业人员具备丰富的专业知识，能提供专业性服务
10	家居建材商店	城乡接合部、交通便利或消费者自有房产比较密集的地区	目标顾客以拥有自有房产的顾客为主	营业面积 6000 平方米以上	采取开架自选方式	提供一站式购足和一条龙服务，停车位 300 个以上

续表

序号	业态		选址	商圈与目标顾客	规模	商品售卖方式	服务功能
11	购物中心	社区购物中心	市、区级商业中心	商圈半径为5～10千米	建筑面积为5万平方米以内	各个租赁店独立开展经营活动	停车位300～500个
		市区购物中心	市级商业中心	商圈半径为10～20千米	建筑面积10万平方米以内	各个租赁店独立开展经营活动	停车位500个以上
		城郊购物中心	城乡接合部的交通要道	商圈半径为30～50千米	建筑面积10万平方米以上	各个租赁店独立开展经营活动	停车位1000个以上
12	工厂直销中心		一般远离市区	目标顾客多为重视品牌的有目的的购买者	单个建筑面积100～200平方米	采取自选式售货方式	多家店共有500个以上停车位

表1-4 无店铺零售业态分类和基本特点

序号	业态	目标顾客	商品（经营）结构	商品售卖方式	服务功能
1	电视购物	以电视观众为主	商品具有某种特点，与市场上同类商品相比，同质性不强	以电视作为向消费者进行商品宣传展示的渠道	送货到指定地点或自提
2	邮购	以地理上相隔较远的消费者为主	商品包装具有规则性，适宜储存和运输	以邮寄商品目录为主向消费者进行商品宣传展示的渠道，并取得订单	送货到指定地点
3	网上商店	有上网能力，追求快捷性的消费者	与市场上同类商品相比，同质性强	通过互联网进行买卖活动	送货到指定地点
4	自动售货亭	以流动顾客为主	以香烟和碳酸饮料为主，商品品种在30种以上	由自动售货机器完成售卖活动	没有服务
5	人员直销	销售人员能够接触到的消费者	功能显著、互动性强的商品	销售人员直接向消费者推荐	送货到指定地点
6	电话购物	根据不同的产品特点，目标顾客不同	商品单一，以某类品种为主	主要通过电话完成销售或购买活动	送货到指定地点或自提

食杂店是指以香烟、酒、饮料、休闲食品为主，独立、传统的无明显品牌形象的零售业态。

便利店是指满足顾客便利性需求为主要目的的零售业态。

折扣店是指店铺装修简单，提供有限服务，商品价格低廉的一种小型超市业态。折扣店一般拥有不到 2000 个品种，经营一定数量的自有品牌商品。

超市是指开价售货，集中收款，满足社区消费者日常生活需要的零售业态。根据商品结构的不同，超市可以分为食品超市和综合超市。

大型超市是指实际营业面积 6000 平方米以上，品种齐全，满足顾客一次性购齐所需商品需求的零售业态。根据商品结构，大型超市可以分为以经营食品为主的大型超市和以经营日用品为主的大型超市。

仓储式会员店是指以会员制为基础，实行储销一体、批零兼营，以提供有限服务和低价格商品为主要特征的零售业态。

百货店是指在一个建筑内，经营若干大类商品，实行统一管理，分区销售，满足顾客对时尚商品多样化选择需求的零售业态。

专业店是指以专门经营某一大类商品为主的零售业态。例如，办公用品专业店、玩具专业店、家电专业店、药品专业店、服饰专业店等。

专卖店是指以专门经营或被授权经营某一主要品牌商品的零售业态。

家居建材商店是指以销售建材、装饰、家居用品为主的零售业态。

购物中心是指多种零售店铺、服务设施集中在由企业有计划地开发、管理、运营的一个建筑物内或一个区域内，向消费者提供综合性服务的商业集合体。其中，社区购物中心是指在城市的区域商业中心建立的，面积在 5 万平方米以内的购物中心；市区购物中心是指在城市的商业中心建立的，面积在 10 万平方米以内的购物中心；城郊购物中心是指在城市的郊区建立的，面积在 10 万平方米以上的购物中心。

工厂直销中心是指由生产商直接设立或委托独立经营者设立，专门经营本企业品牌商品，并且多个企业品牌的营业场所集中在一个区域的零售业态。

电视购物是指以电视作为向消费者进行商品推介展示的渠道，并取得订单的零售业态。

邮购是指以邮购商品目录为主向消费者进行商品推介展示的渠道，并通过邮寄的方式将商品送达给消费者的零售业态。

网上商店是指通过互联网进行买卖活动的零售业态。

自动售货亭是指通过售货机进行商品售卖活动的零售业态。

人员直销是指采用销售人员直接与消费者接触，进行推介，以达到销售其产品或服务目的的零售业态。

电话购物是指主要通过电话完成销售或购买活动的一种零售业态。

【案例 1-3】

零售业态转变

某企业生产的一种产品是维生素合成的营养保健产品，由于市场上已由著名品牌占据，该企业的产品市场占有率非常低，在终端上也没有竞争力。于是该企业转而关注消费者，针对白领上班族工作忙、急需补充营养的特殊情况，将终端零售店演变为设在写字楼电梯口的自动售货机，从而方便了白领上班族的购买，缩短了渠道，也提高了服务。

资料来源：销售渠道有效管理与创新. http://www.doc88.com/p-184335969453.html [2012-08-07]

三、能力训练

（一）案例分析

迪士尼公司的渠道结构

1992 年美国圣诞节市场爆出一个大冷门：沃特·迪士尼公司发行的卡通录像带《美女与野兽》成了最畅销和最赚钱的商品，从 10 月底到年末的两个多月时间里，卖出 2000 万盘，盈利 2 亿美元。秘诀何在？原来，迪士尼公司的成功之道在于率先推出了"行铺通路革新"。就习惯而言，录像带应出现在文化商店和电器商店之中，这是人们通常想到也是通常使用的销售渠道。然而，文化市场总是为流行左右，今天还十分红火的东西，明天说不定就会遭冷落。更重要的是，由于现代人的生活高度紧张，有兴趣也有时间专门逛录像带市场的人毕竟有限。问题的症结找出来了：录像带的滞销在于销售渠道不畅。为此，迪士尼公司大胆选择在超级市场和儿童玩具店出售录像带，把录像带与色拉油、蔬菜、瓜果、游戏机及洋娃娃列在一起。果然，那里川流不息的人潮给迪士尼公司带来滚滚财源。

问题

1. 迪士尼公司在零售环节采用了何种渠道宽度策略？
2. 迪士尼公司采用何种渠道广度策略？你认为还可以扩展哪些渠道？

（二）校内外实训

选择一家制造商，对其渠道长度、宽度、广度和中间商类型做出描述与评价。

四、知识拓展

批发商的类型

批发是指一切将物品或服务售给为了转卖或者商业用途而购买的组织及个人的活动。批发商是那些主要从事批发业务的公司。其内涵不仅排除了主要从事生产的制造商和农场主，也排除了零售商。批发商主要有三种类型。

（一）商人批发商

商人批发商是指自己进货，取得所有权后再批量发售的商业企业，也就是人们通常所说的独立批发商。商人批发商是批发商最主要的类型。商人批发商按职能和提供的服务是否完全，分为两种。

1. 完全服务批发商

这类批发商执行批发商业的全部职能，提供的服务主要有保持存货，雇用固定的销售人员，提供信贷、送货和协助管理等。完全服务批发商又分为批发商人和工业分销商。批发商人主要向零售商销售，并提供广泛的服务；工业分销商主要向制造商销售产品。

2. 有限服务批发商

这类批发商为了减少成本费用，降低批发价格，只执行一部分服务。他们又分为六种类型。

（1）现购自运批发商。这种批发商不赊销也不送货，顾客要自备货车去其仓库选购，当时付清贷款，自己把物品运回。现购自运批发商经营食品杂货，其顾客主要是小食品杂货商、饭馆等。

（2）承销批发商。他们拿到顾客（包括其他批发商、零售商、用户等）的订货单，就向制造商或其他生产者进货，并通知生产者将物品直运顾客。所以承销批发商不需要仓库和产品库存，只需要有办公室或营业场所，因而又叫"写字台批发商"。

（3）卡车批发商。他们从生产者那里把物品装上卡车，立即运送各零售商、饭馆、旅馆等。这种批发商也不需要仓库和产品库存。卡车批发商经营的是易腐和半易腐产品，因此一接到顾客的要货通知就立即送货上门，每天送货几十次。卡车批发商主要执行推销员和送货员的职能。

（4）托售批发商。他们在超级市场和其他食品杂货商店设置自己的货架，展销其经营的产品，产品卖出后零售商才支付贷款。这种批发商经营费用较高，主要经营家用器皿、化妆品、玩具等产品。

（5）邮购批发商。其指那些借助邮购方式开展批发业务的批发商。他们经营食品杂货、小五金等，顾客是边远地区的小零售商等。

（6）农场主合作社。其指为农场主共同所有，负责将农产品组织到当地市场销售的批发商。合作社的利润在年终时分配给各农场主。

（二）经纪人和代理商

经纪人和代理商专门从事购买、销售或二者兼备的洽商工作，但没有商品所有权。与商人批发商不同的是，他们对经营的产品没有所有权，所提供的服务比有限服务商人批发商还少，主要职能在于促成交易，赚取佣金作为报酬；与商人批发商相似的是，他们通常专注于某些产品种类或某些顾客群。

经纪人和代理商主要分为以下几种。

（1）产品经纪人。主要作用是为买卖双方牵线搭桥，协助他们谈判，买卖达成后向雇佣方收取费用。他们并不持有存货，也不参与融资。

（2）制造商代表。比其他代理批发商人数更多，代表两个或若干个互补的产品线的制造商，分别和每个制造商签订有关定价政策、销售区域、订单处理程序、送货服务和各种保证及佣金比例等方面的正式书面合同。他们了解每个制造商的产品线，并利用其广泛的关系销售制造商的产品。制造商代表常被用在服饰、家具和电气产品等产品线上。大多数制造商代表都是小型企业，雇用的销售人员虽少，但极为干练。无力为自己雇用外勤销售人员的小公司，往往雇用代理商。某些大公司也利用代理商开拓新市场，或在那些难以雇用专职销售人员的地区雇用代理商作为其代表。

（3）销售代理商。销售代理商是在签订合同的基础上，为委托人销售某些特定产品或全部产品的代理商，对价格、条款及其他交易条件可全权处理。这种代理商在纺织、木材、某些金属产品、某些食品、服装等行业中常见，这些行业竞争非常激烈，产品销路对企业生存至关重要。

（4）采购代理商。采购代理商一般与顾客有长期关系，代他们采购，负责为其收货、验货、储运，并将物品运交买主。例如，一些中心城市的主要服饰市场，有一批常驻采购员，为小城市的零售商采购适销的产品。他们消息灵通，可向客户提供有用的市场信息，而且能以最低价格买到好的物品。

（5）佣金商。又称佣金行，是对产品实体具有控制力并参与产品销售协商的代理商。大多数佣金从事农产品的代销业务。农场主将农产品委托佣金商代销，付给一定佣金，委托人和佣金商的业务一般只包括一个收获和销售季节。例如，菜农与设在某大城市中央批发市场的佣金商签订协议，蔬菜收获和上市时随时将蔬菜运送佣金商委托其全权代销。佣金商通常备有仓库，替委托人储存、保管物品。此外，佣金商还执行替委托人发现潜在买主、获得最好价格、分等、再打包、送货、给委托人和购买者以商业信用（即预付货款和赊销）、提供市场信息等职能。佣金商对农场主委托代销的物品通常有较大的经营权力，收到农场主运来的物品以后，有权不经过委托人同意，以自己的名义按当时可能获得的最好价格出售。因为这种佣金商经营的是蔬菜、水果等易腐产品，必须因时制宜、尽早脱手。佣金商卖出物品后，扣除佣金和其他费用，将余款汇给委托人。

（三）制造商及零售商

批发的第三种形式，是由买方或卖方自行经营批发业务，不通过独立批发商进行。这种批发业务分为两种类型。

（1）销售分店和销售办事处。生产者往往设立自己的销售分店和销售办事处，以改进其存货控制、销售和促销业务。大多数经营木材和自动设备零件等的销售分店，持有自己的存货，而在织物制品和杂货业，销售分店不持有存货的现象最为突出。

（2）采购办事处。许多零售商在大城市设立采购办事处，作用与经纪人或代理商相似，是买方组织的一个组成部分。

21世纪，随着市场经济的发展，批发业将主要通过兼并、合并和地区扩张实现持续发展。地区扩张要求分销商懂得如何在更广泛、更复杂的地区有效竞争。计算机系统的使用和日益推广，将有助于批发商在这方面开展业务。批发商在扩大其地区范围时，将越来越多地启用外部公共或私人运输工具运送产品。外国公司在分销方面所起的作用将有所加强。对批发业主管和管理人员进行培训的工作，将主要由行业协会承担。

资料来源：王德章. 市场营销学. 北京：高等教育出版社，2015

任务二　渠道管理认知

一、任务描述

　　企业基于渠道的基本结构，进行了渠道长度和宽度的设计之后，还需要将渠道长度、宽度、渠道成员等要素结合起来，设计相应的渠道模式和渠道系统，选择合适的渠道成员承担渠道模式和渠道系统中的不同角色，通过分工合作实现企业产品分销的职责，而在此过程中，企业还需要对渠道成员进行科学管理，以使渠道运行达到理想效果。对于李强来说，渠道的基本结构搭建完毕后，后续还要做哪些具体管理工作？由谁去管？怎么管？对此，李强一头雾水。

二、知识学习

（一）渠道管理与渠道管理者

　　渠道管理是指通过计划、组织、领导、激励、控制等环节来协调和整合分销渠道中的所有参与者的工作活动，使各方人员通力合作，高效地完成分销任务。渠道的主要参与者是渠道成员，包括制造商、经销（代理）商、零售商和物流商，其中制造商方面的参与者主要包括业务代表、业务主管、经理助理、销售经理、销售总监、营销副总，主要承担渠道开发与管理职能，是渠道的主要管理者。

　　业务代表：从广义的角度上来说，业务代表是指受个人或某个机构委托或指派对某专业工作办事或表达意见的个人或机构。狭义的理解则是指针对客户（包括中间商和最终用户）代表企业履行营销职能的个人，也称业务员、渠道专员、业务代表、销售代表、区域经理、直销员、市场推广专员等。其中，针对中间商代表企业履行营销职能的个人通常被称为业务员、渠道专员、业务代表、销售代表，其主要职责是客户开发、客户业务维护和客户监管，而当业务代表负责一个特定区域的若干中间商的开发、维护与监管时，通常被称为区域经理；而针对最终用户代表企业履行营销职能的个人通常被称为直销员、市场推广专员等，其主要职责是向最终用户开展产品销售和促销活动。

　　业务主管：业务代表是最基层的管理者。当企业销售部门的业务代表数量较多时，企业需要将业务代表按照一定的标准分成若干组业务团队，这种基层业务团队的管理者被称为业务主管或组长。其主要职责是协助业务经理或经理进行市场研究与决策、管理基层业务团队、协助解决业务代表的工作难题。

经理助理：辅助经理处理相应事务的助手。经理需要处理的事务有很多，当经理的工作精力有限时，会将业务、行政等非重大的、程序化的工作分离出来，由业务、行政等助理承担，从而将主要精力放在处理重大的、非程序化的决策工作当中。与秘书的主要区别在于助理既承担服务功能也承担部分决策和管理职能，而秘书仅承担服务职能。在大企业的营销部门中，企业通常会对销售总监或区域经理配备经理助理。其中，经理助理的主要职责是协助经理处理日常业务、进行工作布置与检核、提出业务建议。

销售经理：完成分管的销售任务目标的具体的执行者。负责员工培训（专业培训和团队培训）、促销手段和销售价格体系制定、销售难题和客户矛盾处理等。

分公司（子公司）经理：企业分公司（子公司）的负责人。分公司（子公司）按照区域大小可分为某个国家分公司（子公司）、大区分公司（子公司）、省区分公司（子公司）、地区或城市分公司（子公司）。分公司（子公司）经理的主要职责是负责分公司（子公司）所在区域市场开发计划的制订与检核、团队管理、对外公关等。

销售总监：企业的主要营销部门是销售部和市场部（大企业一般细分设置，小企业一般将两部门职能合一，设为市场部），其中，市场部的主要职能是进行营销策划和市场推广，销售部的主要职能是通过业务代表向客户销售产品。销售总监是指销售部门的负责人，也可称为销售部经理。其主要职责是销售计划的制订与检核、销售渠道的建设与管理、销售业务的管理、业务代表的管理。

营销副总：全称营销副总经理，是总经理的副手，是企业营销领域的负责人，其主要职责是协助总经理进行企业战略制定、营销体系（营销模式、流程、制度等）建设、营销团队建设（制度、流程、管控）、营销渠道建设等。

（二）渠道管理的流程

渠道管理，从管理流程上来看，主要包括渠道设计、渠道成员选择、合作合同签订、业务管理、渠道成员激励、渠道冲突管理、渠道控制、渠道优化等八个环节。

渠道设计：是指为实现分销目标，对各种备选渠道结构进行评估和选择，从而开发新型的营销渠道或改进现有营销渠道的过程。广义的营销渠道设计包括在公司创立之时设计全新的营销渠道及改变或再设计已存在的营销渠道。后者，现在也称为营销渠道再造，是市场营销者经常要做的事。

渠道成员选择：就是从众多的相同类型的分销成员中选出适合公司渠道结构的能有效帮助完成公司分销目标的分销伙伴的过程。

合作合同签订：渠道管理者在选定渠道成员之后会签订合作合同，主要包含合作方式、合作内容、合作期限、权利与义务、渠道价格和绩效管理、争议处理方式等内容。

业务管理：是指制造商对渠道成员在销售其产品过程中的销售和推广活动所进行的管理，包括业务指导、业务监管、业务维护等工作内容。

渠道成员激励：是指制造商希望通过持续的激励措施，来刺激渠道中间成员，以激发分销商的销售热情、提高分销效率的企业行为。

渠道冲突管理：是指一定的渠道冲突能产生建设性的作用，它能导致适应环境变化的更多动力。当然，过多的冲突是失调的且具有破坏性。冲突管理的问题不在于是否应该消除这种冲突，而在于如何更好地管理冲突。

渠道控制：是指一个渠道成员对另一个渠道成员的行为与决策变量成功施加影响的过程。渠道控制的本质是对渠道成员（组织）的行为进行控制，同时它也是一种跨组织控制、相互控制（或交叉控制）和结果导向的行为过程。渠道控制根植于相互依赖的渠道关系中，因而它与渠道关系中的诸多变量存在着千丝万缕的联系。

渠道优化：是指根据对渠道运行状况的评估，发现渠道模式、渠道系统、渠道成员、渠道管理中存在的问题，进行相应的渠道调整，从而使渠道工作更加优化的过程。

三、能力训练

（一）案例分析

渠道管理问题出在哪里？

29 年前，我出生在北部地区的一个偏僻的小山村，2006 年毕业于内地一所本科院校。毕业后，我一个人单枪匹马去了上海。我想，上海是一座机会比较多的城市！在这里，我要创造属于自己的路！终于，经过我的努力，凭借我出色的工作业绩，我被提拔为销售部门总监。对于我的下属，我给他们的任务就是每天拜访客户，向客户介绍我们的产品，对于有意愿的客户就要了解他们的需求，向客户提供有建议的解决方案。每天我的员工们也都很辛苦地在外面跑着，不停地见客户，可是两个月下来，我们部门的业绩不但没有提高，反而下降了。凭着这么多年的工作经验，以前的业绩即使再不理想，也没差到现在这个境地。我就在猜测会不会是我的员工出问题了，对于他们每天出去拜访客户的情况我也不是很清楚，带着这个疑问，我打开了手机里的"我加助手"软件，对小王、小张和小刘这一个月来拜访客户的轨迹进行了跟踪查询。这一看还真吃了一惊：原来他们三个人每天上午拜访客户，下午两点就在一个咖啡店会合，五点就回公司了。终于知道业绩为什么会这么差了，当时的我很气愤！感觉被他们三个人骗了，每天回来还告诉我一整天都在见客户！有那么一瞬间脑子里闪过一个念头：把他们全开了，我不需要欺骗我的员工！

下午静下心来想了想，我作为他们的领导，我的工作也出现了管理疏忽，再加上我也刚升为销售总监，和他们的沟通也很少。于是，我逐一找了他们谈话，把我的工作思路和想法与他们交流了一下，对于他们的工作方式也做了调整，要求他们每天下班之前把拜访的客户资料整理下来，要经常与老客户交流，跟踪潜在客户。

两个月后，我们部门的销售业绩提高了，虽然离目标还差一点。但是我相信还有一周的时间，我们一定可以达到的。

资料来源：杜拉拉升职记之一位销售总监的自白.http://tieba.baidu.com/p/3645660504 [2015-03-19]

问题

1. 该销售总监遇到的问题属于渠道管理哪个环节的问题？

2. 在其他企业中，该销售总监分管的上述工作还可以由哪些岗位的管理者承担？

（二）校内外实训

分别选择一家大型制造商和小型制造商，比较其渠道管理岗位设置的差别并说明理由。

四、知识拓展

销售人员的职业发展方向

销售可以说是最广泛、最具有挑战性的职业，在市场高度开放的时代，没有哪家企业敢说不需要销售人员，从某种程度上说，销售队伍的生命力决定了企业的生命力。当然也有很特殊的情况，如一些刚起步的小企业可能就没有专职销售和市场人员，因为老板本身就担当了销售人员的角色。

对年轻人而言，销售或许是最可能在短时间内获得成功的职业。销售人员作为企业员工中相对独立的一个群体，和财务人员、研发人员、生产人员、技术人员等岗位相比，其平均岗位进入壁垒较低。从事其他工作的人员——无论是从事技术性工作或服务工作，只要身体健康、年龄适当，都有可能转到销售岗位上，较低的岗位进入壁垒，使销售成为很多人的就业切入点。由于销售是一个实践性非常强的职业，大家全凭业绩说话，而且业绩比较容易衡量，所以除了一些特别专业的技术销售职位外，大多数销售岗位对学历要求并不是很高。

销售人员有非常明显的特点：工作稳定性差、工作压力大、出差应酬成为生活的常态。特别对于直接面向市场的基层业务人员而言，虽然工作时间比较自由，但由于销售指标的压力，常常令已婚者顾不上照顾家人，未婚者顾不上恋爱，很长时间不能和朋友闲聊、聚会。当然，销售是一个高压力、高回报的职位，除了最高决策层外，多数企业中最容易产生高薪的职位便是销售类。和同级别的财务总监、人力资源经理相比，销售总监、销售经理的收入普遍会高出一截。

随着年龄的增长，当冲劲和激情淡淡褪去，对家庭的责任和对稳定生活的追求，令众多年轻的基层销售人员开始规划自己的职业方向。业务销售人员的出路何在？职业发展的通路是什么？

按照所从事的销售工作的内容，目前国内的销售人员可分为高级营销人员（如销售经理）、一般销售人员（多为客户代表）、推销人员（包括商场售货员和挖掘客户的推销人员）和兼职销售人员。总体来看，销售人员有四种职业出路：一是纵向发展，成长为高级销售经理，不过能达到这一目标的销售人员为数很少；二是横向发展，转换到管理等其他岗位；三是独立发展，自己创业；四是专业发展，做销售领域的管理咨询或培训。可以看出，从销售队伍中走出来远不如走进去那样容易，所以销售人员之间的竞争也是十分激烈的。下面我们具体展开来谈谈销售类人员的发展方向。

方向一：成为高级销售经理。销售人员的职业成长，如果定位于一直从事销售工作，可以肯定的目标便是成为高级的销售人才。实现这一目标的方向有两个：第一个方向是从"术"的角度出发，不断改进和提升工作的方法及能力，从低级的非专业化的销售人员变成职业选手。这一变化趋势主要体现在工作的理念、思路、工具和方法都做得更加专业，从靠感觉、靠冲劲做事转变为讲求定量数据、专业调查分析、把握市场规律性。第二个方向就是从"术"提升到"道"，从战略层面和组织全局高度的角度进行系统思维，进一步提升和转换职位角色。要成为高级的销售人才或经理人，销售人员必须增加系统分析、全面思考，从企业战略高度做销售，思考销售，多挖掘一线的信息，进行智慧加工，最终起到为高层决策扮演战略顾问角色的作用。从具体的发展途径，又有如下几个方向：一是上行流动，如果有在大公司或集团的分支机构、片区或分公司做销售的经历，当积累了一定的经验后，优秀的销售人才可以选择合适的机会，上行流动发展，到更上一级的或公司总部销售部门工作，或者可以带领更大的销售团队、管理大区市场。在处于成长期的快速消费品行业，许多销售人员都是通过上行流动而闯出自己职业发展的新天地。二是下行流动，如果在公司总部销售部门工作，当积累一定的经验后，可以根据市场发展的规模和速度，选择合适的机会，下行流动发展，到下一级或多级的分支机构去工作，通常是带销售团队、管理省/大区市场，或是到某个细分市场开辟新的业务。这样的销售人员，可以将在总公司的先进的销售管理理念和操作手段与实际的市场结合，在继续锻炼一定时间后往往会成为许多企业的未来领军人物或高级经理人。三是横向跳槽，优秀的销售人员往往是公司的骨干，可直接为公司带来营业收入和现金流，但如果公司的薪酬福利或绩效考核政策不能有效地激励他们，那么他们转行或跳槽就在所难免。从组织的角度看来，许多公司都会不惜重金从竞争对手那里将一些优秀的销售人才挖走。从个人的角度来看，人往高处走，水往低处流。只要没有违反职业道德、劳动合同的相关条款规定和相关法律规定，销售人员在发展到一定程度后换一个环境和空间是一条不错的路子。

方向二：转向管理岗位。当做了一段时间的销售人员，可以结合个人兴趣和组织需求通过横向流动即轮岗的方式，转向相关的专业化职能管理岗位，具体可以从三个角度考虑：如果还是对销售业务或相关的工作感兴趣，不愿意完全离开市场营销工作，公司的人力资源安排也允许，可以选择横向的相关岗位，如市场分析、公关推广、品牌建设与管理、渠道管理、供应商管理等。如果有管理专业背景或者对管理感兴趣，可以发展的方向包括市场信息或情报管理、行业研究、战略规划、人力资源管理、项目管理等。如果销售工作中在产品或行业的生产制造、运营、研究开发、设计等技术方面积累了优势，则可以往技术含量较高的岗位流动，如运作管理、售前技术支持、产品测试、售后技术服务等。

方向三：个人创业。有过销售背景的人出来创业，可以说是最适合不过的。企业要生存，首先要有市场，做好业务工作是很多创业者必须解决的难题。许多令人羡慕的成功人士都是从销售人员开始做起，在积累一定的资金、经验和资源后进行独立创业而获得成功的。销售人员进行创业的最大优势是经验和资源。一个有着丰富销售经验的人士比起其他创业者，对行业的理解、对企业的运作、对市场变化的感知都会有很大的优势。同时，他很可能积累了资金和良好的产业链上下游的人际资源，了解行业的运作模式和成功关键，甚至于合理合法地掌握了稳定的客户关系资源。

方向四：转做管理咨询和培训。离开本行业，重新开始新的事业空间，也是一种新的职业方向选择。例如，有经验的销售人员改做管理咨询和培训也是不错的选择，许多管理咨询公司的咨询顾问、培训师都是从营销实践中转过来的，有些还是营销老总、总监、大区经理等，因为他们有丰富的销售经验和行业背景，更理解企业实践的营销环境，在做相关行业的营销管理咨询、战略咨询和专业培训时，显然有优势。

资料来源：www.doc88.com/p-4992255370101.html[2014-06-11]

项目二

渠道设计

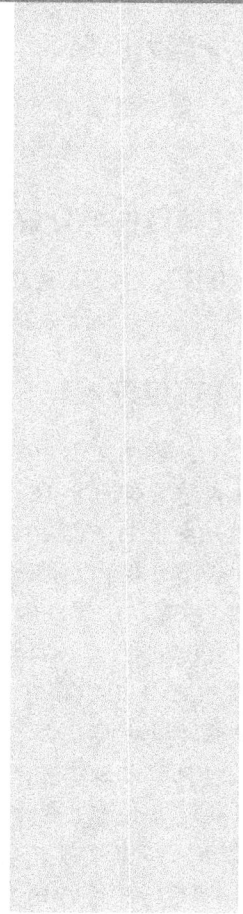

【项目目标】

➤知识目标

1. 了解影响渠道设计的因素及其影响作用。
2. 掌握直营模式的组织结构和适宜条件。
3. 掌握直销模式的组织结构和适宜条件。
4. 掌握经销（代理）模式的组织结构和适宜条件。
5. 掌握各种因素对渠道系统设计的影响作用。

➤能力目标

1. 能够根据不同企业的具体情况设计出适合对应企业的渠道模式。
2. 能够初步根据不同企业的具体情况设计出适合对应企业的渠道系统。

【项目任务分解】

任务一　渠道模式设计
任务二　渠道系统设计

【项目导入】

A公司成立于1992年，是JL集团公司（上市公司）的控股子公司，主要生产新型环保内墙装饰材料B产品。2000年，A公司从法国引进技术，经过进一步消化、吸收，研制开发出B产品，并于2002年申请了国家发明专利，B产品有别于涂料和壁纸，是一种新型环保内墙装饰材料，在国内乃至亚洲属于首创。该产品具有环保、阻燃、防霉、防潮、抗菌、抗静电和吸音等特点，是内墙装饰的理想材料，具有广阔的市场发展前景。

2004年，A公司投资5000万元，建设新的生产线，对原有装置进行技术改造，形成年产B产品200万米的生产能力，接下来，如何构建一个有效的渠道模式成为A公司要解决的重要问题。

在我国市场经济刚开始时，建筑装饰材料行业经历过一段代理销售时期。随着市场经济的进一步发展，出现了三角债和诚信危机，为了规避风险，企业纷纷放弃了代理渠道模式，转而采取经销渠道模式，而有些企业则采取直营模式，但这些企业主要是在企业附近的区域市场采用这一模式，但对于多渠道发展的厂家来说，就容易产生渠道冲突。经销渠道模式相对代理渠道模式，厂家能更好地控制终端，而且比直营模式节约费用，也比专业建材超市资金流转快，因而在装饰材料行业得到广泛应用。近年来，随着建筑装饰材料行业的发展，国外专业建材超市进入中国并且逐渐发展壮大，在全国许多地方开设分店，如百安居，同时，国内东方家园也在不断发展，这些建材超市与原有的建材市场有较大的区别：建材超市提供的是卖场而不是出租铺面，其利润来源于销售差价而不是房租,对供应商来说,建材超市最大的弊端是资金占压较严重。在建筑装饰材料行业的渠道发展背景下,A公司是如何建设其渠道模式的呢?

2004年4月,B产品面市,A公司授权成都公司作为总经销商,在全国范围独家销售B产品,成都公司投入近千万元,用于在全国范围内开展B产品的招商和广告宣传,组建销售渠道,在西南、华南、华北、华东、华中、东北和西北等地区设立了区域经销商,基本建立了全国经销网络,其组织结构图如图2-1所示。

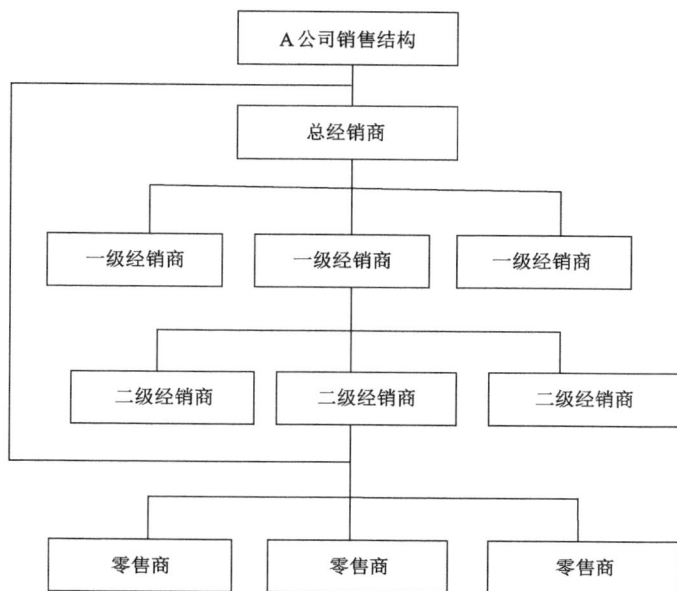

图2-1 第一阶段渠道组织结构图

A公司原营销渠道模式属于总经销制,采用此种渠道模式,对A公司而言,可将精力集中于生产和研发,利用成都公司的销售网络和销售经验来拓展市场,可减小资金压力,降低经营风险;同时,A公司将全国市场的业务全部交由成都公司负责,成都公司垄断经营,销售利润丰厚,积极性高,市场推广力度大。但A公司原有营销渠道模式的渠道层次较多,属于三级渠道,在两年的实际运作中,A公司和成都公司分属于不同的利益主体,期望偏差、目标错位、观点不同,成都公司往往从自身利益出发,向A公司提出过高的要求,使A公司利益流失;A公司对成都公司产生较强的依赖性,对市场的控制力很弱;成都公司没有经销的竞争压力,营销目标偏向于注重利益而不重视销量,将B产品终端价格定在200元/米以上,致力于获取最大的自身利益,不注重渠道终端建设,只重视提高铺货率和市场的渗透率,致使销量无法提高。2004年和2005年,销量仅占产能的5%左右。经过近两年的市场实际运作,B产品在市场上始终表现平淡,2004年销售B产品11.79万米,2005年销售B产品8.01万米,销量仅占产能的5%左右,远没有达到成都公司的预期目标,与A公司的初衷也相距甚远,成都公司的渠道建设以失败告终。

2005 年底，A 公司不得不收回成都公司的全国总经销权，由企业自主销售。A 公司收回成都公司全国总经销权以后，基本沿用了成都公司的营销模式，其组织结构图如图 2-2 所示。

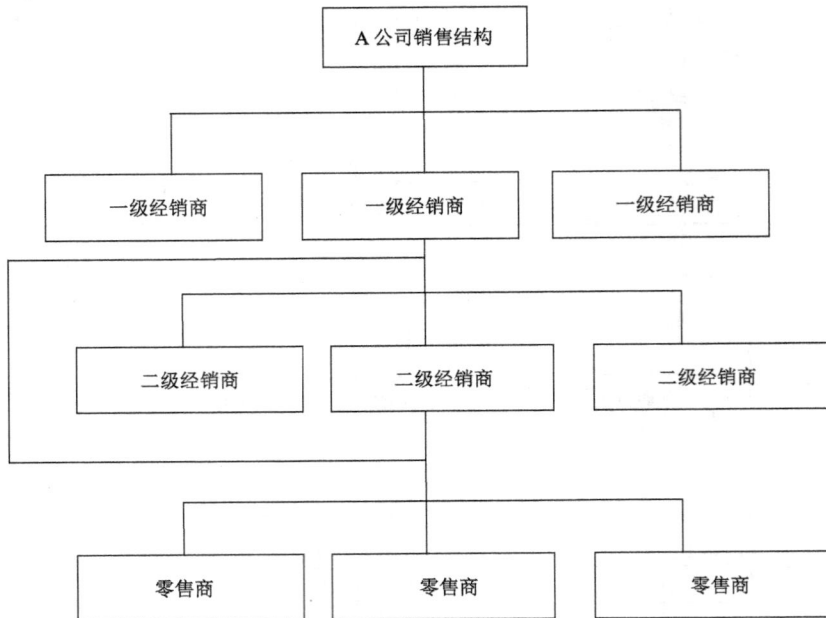

图 2-2　第二阶段渠道组织结构图

与原有营销渠道模式相比，A 公司现有营销渠道模式取消了总经销商（成都公司），缩短了一个渠道层次，在全国范围内选择了 15 家一级经销商，13 家二级经销商，共有 28 家经销商队伍。但总经销权收回以后，A 公司没有制定新的营销战略，基本沿用了成都公司的营销模式，渠道模式单一，完全借助于经销商的销售渠道，对经销商的依赖性较高，存在一定的风险；部分地区渠道级数较多，在竞争激烈的市场环境下，不利于形成产品的价格竞争优势，渠道信息不能准确、及时反馈，公司的销售政策不能得到有效落实，有碍于渠道效率的提高，渠道控制力弱，难以有效控制市场；A 公司营销重心偏高，对终端消费者重视不够，销售重点仅停留在经销商上，没有真正去研究终端消费者的需求和消费心理，再加上 B 产品本身不够完善，质量不稳定，致使该产品市场认知度不高，客户认同感不强，市场得不到拓展，销量无法提高。B 产品进入市场时，终端零售价格确定在 200 元/米以上，远远高于其替代品涂料的价格，也高于大部分壁纸、墙布的价格，只能为极少数消费者承受，加之 B 产品进入市场时间不长，消费者对其认识和了解较少，高昂的价格更是将绝大部分消费者拒之门外，不能形成大众化消费，难以实现规模销售，市场知名度很难提高。2006 年 B 产品仅销售 10.76 万米，销量占产能的 5.38%，企业经营陷入困境，因此，现有渠道模式有待进一步改进。那么，A 企业应该如何改进呢？进而，其渠道系统又应该如何构建呢？

资料来源：M 公司市场营销渠道策略分析研究. http://www.doc88.com/p-1292964126 113.html[2013-07-31]

任务一 渠道模式设计

一、任务描述

渠道模式涉及企业渠道成员对产品销售的实现形式,对产品销售起着直接的、极其重要的作用,因此,企业必须科学地设计出适合自身的渠道模式并依此进行产品销售,才能使产品销售达到预期的效果。A 公司先后采用了总经销模式、区域总经销模式,但销售状况始终不乐观,最后陷入了经营困境,因此,亟须认真研究 A 公司现有渠道模式存在的问题,根据企业、产品、消费者、中间商等方面的状况,设计出适合 A 公司的渠道模式,以扭转企业经营困境。

二、知识学习

渠道模式是指由渠道成员、渠道长度、渠道宽度及渠道成员间关系构成的规律性渠道结构形式。渠道模式包括三个基本维度:渠道成员及其相互关系、渠道长度和渠道宽度。其中,渠道成员包括制造商、批发商、零售商、销售人员和销售媒介五种类型,渠道成员间的关系包括经销、代理、附属等业务关系;渠道长度是指构成分销渠道的层级或环节的数量,分为长渠道和短渠道两种基本类型;渠道宽度是指渠道同一层次选用中间商的数量,粗分为宽渠道和窄渠道两种基本类型,细分为独家经销(代理)、特约经销(代理)和一般经销(代理)三种基本类型。根据构成渠道模式的三个基本维度,可以将渠道模式设计为直营模式、直销模式、经销(代理)模式和复合渠道模式四种基本类型。

(一)直营模式设计

直营模式是指制造商不通过批发商而是将产品直接销售给零售商的渠道模式,包括子公司(分公司)模式、连锁经营模式和 B2B 模式三种基本类型。

1. 子公司(分公司)模式设计

子公司(分公司)模式是指制造商在各目标市场设立从事区域销售业务的分支机构,向下游中间商销售或辅助销售商品的渠道模式。这是一种比较特殊的直营模式,有的企业通过自身的销售机构行使批发职能,将产品直接销售给零售商,这属于标准的直营模式,属于子公司模式,而有的企业则与社会批发商共同从事批发职能,企业的分支机构主要从事辅销职能,这种模式则属于准直营模式,属于分公司模式,这两种模式,后者居多。

　　子公司（分公司）模式的优点在于对渠道及渠道成员控制能力强，渠道各层次间的成员沟通更迅速有效，便于进行统一管理，有利于公司形象的树立和品牌声誉的建立；其缺点在于先期投资和后期管理成本都较高，需庞大有效的组织机构支持，对流动资金有较高要求，组织规模过大时则会产生"大组织病"等。

　　在组织机构的设计上，对于某个特定的采用子公司（分公司）模式的企业来说，在企业总部这一层次的销售机构设计上，大型企业对整个企业可能采用事业部制组织结构形式，因此，其销售机构可能是"销售总公司"或"销售公司"，而中小企业对整个企业可能采用直线职能制组织结构形式，因此，其销售机构可能是"销售部"。

　　采用子公司模式的企业，通过自身的销售机构将产品销售给中间商，其自身的销售机构实际上承担着企业产品的主要批销职能，子公司独立经营、独立核算，全面从事产品销售与推广所需要的商流、物流和资金流，子公司各层级渠道成员从上到下依次开展批销业务活动。其中，对于区域性KA店，基于其统采业务的要求，通常由企业对应区域分支机构的上一级机构与该区域KA店进行统采业务对接。其典型的组织结构图如图2-3所示。

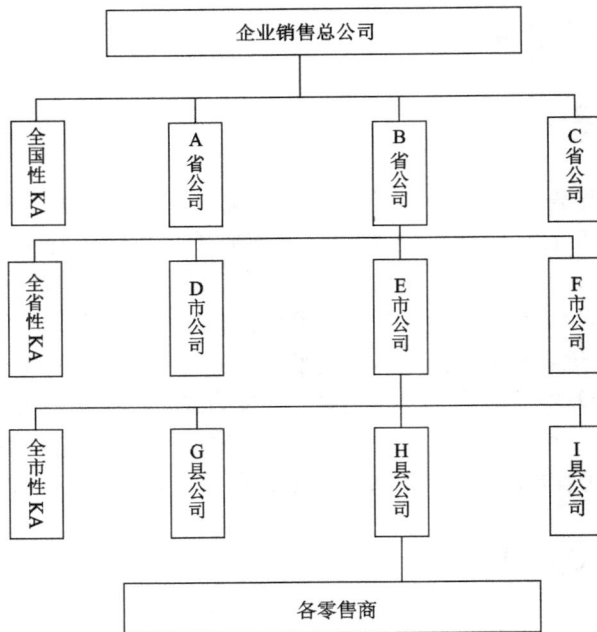

图2-3　子公司模式组织结构图

　　采用分公司模式的企业，其组织机构根据企业及其产品等情况的差异，渠道层级有所不同，最长的包括企业销售总公司、省级分公司、市（地区）经营部、县级办事处、乡级工作站和零售店六个层级。由于分公司不具有法人资格，所以，在行使产品批销功能中，分公司及其下属机构的职能分为两种类型：一是独立经营、非独立核算，全面承担商流和物流工作，所有的收益和成本都计入母公司账目，其典型的组织结构图如图2-4所示；二是主要协助同级经销商从事产品的商流工作，承担辅销职能，物流和资金流通常由被协助的经销商负责，其典型的组织结构图如图2-5所示。

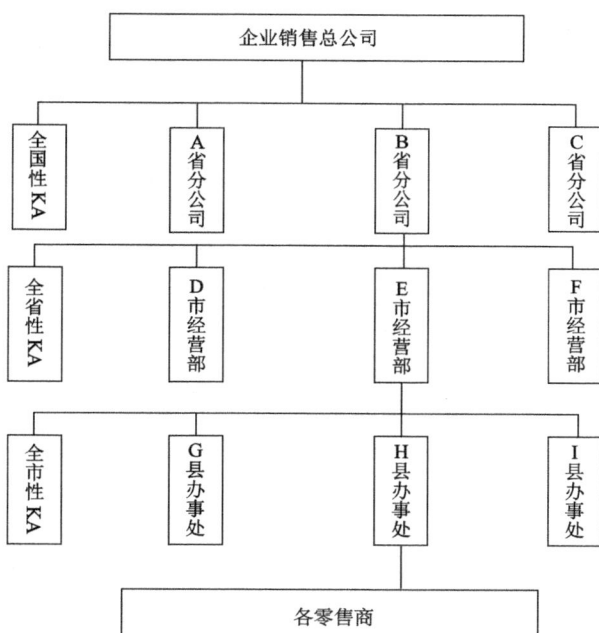

图 2-4 独立经营式分公司模式组织结构图

图 2-5 辅销式分公司模式组织结构图

【资料链接】

《中华人民共和国公司法》等法律规定，公司可以设立分公司。设立分公司，应当向公司登记机关申请登记，领取营业执照。分公司不具有法人资格，其民事责任由公司承担。公司可以设立子公司，子公司具有法人资格，依法独立承担民事责任。

原已登记的办事机构，不再办理变更或者延期手续；期限届满以后，办理注销登记或根据需要申请设立分公司。需要说明的是，办事处不再纳入工商登记后，工商机关要根据法定职责一如既往地监管，禁止其从事经营活动。

【案例2-1】
美的分公司模式

美的公司几乎在国内每个行政省都设立了自己的分公司，在地市级城市建立了办事处。在一个区域市场内，美的公司的分公司和办事处一般通过当地的几个批发商来管理为数众多的零售商。批发商可以自由地向区域内的零售商供货。其渠道成员分工如下。

（1）批发商负责营销。一个地区内往往有几个批发商，公司直接向其供货，再由他们向零售商供货。零售指导价由制造商制定，同时制造商还负责协调批发价格，不过并不一定能强制批发商遵守。

（2）制造商负责促销。美的空调各地分公司或办事处虽不直接向零售商供货，但会要求批发商上报其零售商名单，这样可以和零售商建立联系，一方面了解实际零售情况，另一方面可以依此向零售商提供店面或展台装修、派驻促销员和提供相关的促销活动。

（3）厂商共同承担售后服务。在这种模式中，安装和维修等售后服务工作一般由中间商负责实施，但费用由制造商承担。中间商凭借安装卡和维修卡向制造商提出申请，制造商确认后予以结算。

美的模式中制造商保留了价格、促销、服务管理等工作，因为这些内容都和品牌建设有关，而像营销、产品库存等工作就交给市场中的其他企业去完成。

资料来源：美的模式——批发商带动零售商. http://www.docin.com/p-70260716.html [2010-08-11]

我们认为，同时具备以下条件的企业适合采用子公司（独立经营式分公司）模式。

1）产品认知度高

制造商的产品如果通过经销商进入零售商，那么，由于经销商与零售商有着较好的客情关系和信任关系，所以，即使产品知名度低或没有竞争优势，经销商也比较容易将该产品分销给零售店，同时由于经销商通常经销若干家企业的产品，分销产品众多，分摊的销售费用也比较小。该产品如果由制造商直接向零售商分销，那么，无论是分销的难度，还是分销费用都会很高，所以，认知度高的产品才容易获得零售商的认可。

2）产品市场潜量大

由于采用该模式需要自建销售组织，组织建设和运营成本较高，所以，只有在足够市场潜量的产品所获得的利润能够冲抵组织建设和运营成本的条件下方可采用该模式，进而还需要权衡这一选择与采用经销（代理）渠道的比较利益，如果前者大于后者，方可采用该模式。

3）企业资源雄厚

自建销售组织的建设和运营需要较多的资金、人力等资源的投入，因此，企业资源雄厚的企业才有条件采用该模式。

另外，当企业难以选择到理想标准的中间商与之合作时，企业也可能先选择独立经营式分公司或办事处渠道模式自行开发市场，但当企业通过自身的销售组织使其产品达到一定的市场认知后，就会使目标中间商产生经销或代理信心，这时，企业就可再将其渠道移交给中间商，由中间商负责分销渠道。

2. 连锁经营模式设计

连锁经营模式也称专卖店模式，是指由企业授权并通过标准化管理设立的以连锁专卖店形式销售企业品牌产品的渠道模式。该渠道模式的优点主要在于能够优化资源配置、实现规模效益、强化企业良好形象、降低经营费用等，其缺点主要表现为营销活动的灵活性较低，同时经营风险较大。

连锁经营模式的专卖店成员包括直营专卖店和特许加盟专卖店两种类型。其中，直营专卖店是指制造商投资建立并直接经营管理的专卖店，制造商采取纵深式的管理方式，直接下令掌管所有的直营专卖店，直营专卖店必须完全接受制造商的管理；特许加盟专卖店是指制造商把自己开发的产品和服务的营业系统（包括商标、商号等企业形象，经营技术，营业场合和区域），以营业合同的形式，授予加盟者拥有制造商品牌产品经销权的专卖店。加盟者可以用制造商的品牌、声誉等销售制造商品牌的产品，而制造商则可因不同的加盟性质而向加盟者收取加盟金、保证金及权利金等。直营专卖店和特许加盟专卖店的最本质区别在于制造商与特许加盟专卖店是独立主体之间的合同关系，各个加盟店的资本是相互独立的，与制造商之间没有资产纽带，而直营专卖店则属于同一资本所有，各个专卖店由制造商所有并由其直接运营、集中管理。无论对于直营专卖店还是对于特许加盟专卖店，制造商基于对产品、企业形象等方面的考虑，对各专卖店均采取若干方面的标准化管理手段进行统一管理。

典型的连锁经营模式组织结构如图 2-6 所示。由于企业总部销售机构管理幅度的限

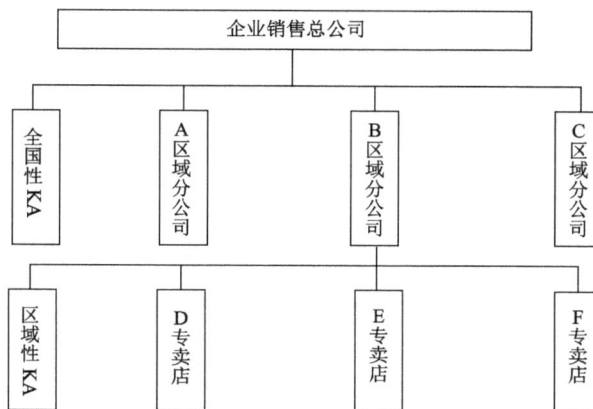

图 2-6 连锁经营模式组织结构图

制，企业通常通过设立分公司的方式，由分公司负责在全国各地发展和管理专卖店，所以，其渠道通常由企业总部的销售机构、区域分公司和专卖店三个基本层级构成。

【资料链接】

专卖店标准化管理

不同行业、不同企业的标准化领域和数量有所不同，但以下四个方面的标准化管理具有较大的普遍性。

1. 经营理念统一

经营理念是一个企业的灵魂，是企业经营方式、经营构想等经营活动的根据。制造商通过经营理念将分散在各地的连锁专卖店联结在一起，使分散的连锁专卖店形散而神不散，为各连锁商店的经营提供统一的指导思想，如优雅环境、快捷服务等。

2. 识别系统统一

统一的企业识别系统包括外部视觉形象和内部装修商品陈列等，有助于树立起统一的企业形象，使顾客对分布在不同地区的连锁专卖店产生信任感，便于顾客识别各连锁专卖店并购买商品。因此，连锁专卖店需要采用统一设计的企业识别系统，即所有门店的商号、招牌、标志、商标、颜色、字体、装潢、外观、商店设计、店面布置、商品陈列、包装材料、员工服装都统一。

3. 商品和服务统一

统一的商品和服务能够使消费者对连锁专卖店形成稳定的预期，即消费者无论到哪家店铺，都可以享受到连锁专卖店所提供的统一的商品和服务。因此，制造商需要对各连锁专卖店提供统一的产品，并要求各连锁专卖店遵循统一的服务规范流程运作，执行统一的服务项目及服务政策，向消费者提供统一的服务。当然，由于各专卖店所处商圈的消费者需求存在着一定的差异，所以，对各连锁专卖店提供的产品可以统一性为基本原则而在产品品种、花色上有所差别。

4. 经营管理统一

统一的经营管理制度能够避免因各店经营管理不同而形成不同的管理结果，从而影响制造商产品的销售、品牌形象等，因此，制造商需要经过整体规划，制定一套标准化的连锁经营与管理的制度体系，由各连锁专卖店认真贯彻实施。在实施过程中，制造商还需要对连锁专卖店的一些日常经营与事务进行管理，如采购、库存、配送，以及对各个门店的经营管理活动的规范性进行检查和监督。

【案例 2-2】

海尔分销模式——以零售商为主导的分销系统

海尔营销渠道模式最大的特点就在于海尔几乎在全国每个省份都建立了自己的销售分公司——海尔工贸公司。海尔工贸公司直接向零售商供货并提供相应支持，并且将很多零售商改造成了海尔专卖店。当然海尔也有一些批发商，但海尔分销网路的重点并不是批发商，而是更希望和零售商直接做生意，构建一个属于自己的零售分销体系。

（1）在海尔模式中，百货店和零售店是主要的分销力量，海尔工贸公司就相当于总代理商，所以批发商的作用很小。

（2）海尔的销售政策倾向于零售商，不但向他们提供更多的服务和支援，而且保证零售商可以获得更高的毛利率。

（3）海尔模式中的批发商不掌握分销权利，留给他们的利润空间十分有限，批发毛利率一般仅有3%～4%，在海尔公司设有分支机构的地方批发商活动余地更小。不过海尔空调销量大、价格稳定，批发商最终利润仍可保证。

（4）在国内市场，海尔将全国的城市按规模分为五个等级：一级——省会城市，二级——一般城市，三级——县级市、地区，四、五级——乡镇农村地区。其中，在一、二级市场上以店中店、海尔产品专柜为主，原则上不建立专卖店；在三级市场和部分二级市场建专卖店。目前海尔已在全国建有近1000个专卖店，并计划在全国的乡、县城都要建立海尔专卖店。四、五级网络主要面对农村，是一种二、三级销售渠道的延伸。海尔鼓励各零售商主动开拓网点。同时，完善的营销网络是保证星级售后服务承诺的基础。为更好地向消费者兑现海尔的一级售后服务，也必须建立一套统一的营销网络。

海尔与经销商、代理商的合作方式主要有店中店和专卖店，而这也是海尔营销渠道中颇具特色的两种形式。随着家电市场竞争的日趋激烈，许多家电企业都在大商厦建起了专卖柜台，其规模还有不断扩大之势。面对这种竞争态势，海尔集团审时度势，迅速把专卖柜台扩展为店中店，随后又在店中店的基础上发展海尔电器园，将海尔集团的所有家电产品全部直观地展示在消费者面前。

资料来源：海尔与格力的市场营销渠道模式述评. https://wenku.baidu.com/view/3619
139b51e79b8968022674[2011-05-25]

我们认为，同时具备以下条件的企业适合采用连锁经营模式。

1）产品独特

消费者选择在某一品牌专卖店购物，通常意味着消费者舍弃选择其他商业业态店（如专业店、其他品牌专卖店等）选购商品的机会而对该店具有高度的消费偏好，因此，产品的独特性是消费者做此选择的吸引力所在。

2）品牌知名度高

品牌知名度不高的企业难以吸引消费者光顾其专卖店，没有光顾，就没有认知机会，没有认知，就难有购买，因此，品牌知名度是专卖店客流的前提，是销量的保障。

3）产品线丰富且需求潜量大

作为一家独立的店面，必须要有丰富的产品，这既是消费者购物选择的需要，也是店面利用率的需要。另外，开办专卖店需要支付较高的店面租金、水电、人力等经营管理成本，因此，较大需求潜量所产生的足够利润是保障专卖店盈利的必备条件，而丰富的产品线又是专卖店能够形成较大需求潜量的重要基础。

3. B2B模式设计

B2B电子商务是商业史上的一次重大变革。目前企业采用的B2B电子商务可以分为以下两种运营模式：一是企业垂直B2B模式。垂直B2B可以分为两个方向，即上游和下游。生产商或商业零售商可以与上游的供应商形成供货关系，如戴尔电脑公司与上游的芯片和主板制造商就是通过这种方式进行合作。生产商与下游的经销商可以形成销货关系，如 Cisco 与其分销商之间进行的交易。二是第三方交易平台模式。这种交易模式是水平 B2B，它是将各个行业中相近的交易过程集中到一个场所，为企业的采购方和供应方提供一个交易的机会，如阿里巴巴、环球资源网、慧聪网、中国制造网、瀛商网、中国网库等。B2B 电子商务能够拉近企业与企业的距离，帮助企业揭开采购过程中的"黑匣子"，极大地降低买卖方之间的交易成本、减少企业的库存、缩短企业的生产周期、实现 24 小时无间隔运作，增加企业的交易机会。

B2B 模式是在 B2B 电子商务背景下卖方期望通过网络系统实现其产品销售而构建的一种渠道模式。B2B 模式是指企业与企业之间通过互联网进行产品、服务及信息交换的电子商务活动的渠道模式。与传统的线下交易相比，该渠道模式的优点主要在于能够节省寻找客户的时间和资金等交易成本、扩大客户群和产品销售区域；其主要缺点是因必须面对众多竞争者而被迫参与恶性竞争、因网站众多和信息庞杂客户对企业销售信息的访问量过低、客户因诚信顾虑而难以成交等。

旨在实现企业销售职能的 B2B 模式可以选择两种基本类型加以设计，即企业—客户模式和企业—第三方交易平台—客户模式。①企业—客户模式，即企业借助网络系统对客户进行产品销售与推广活动。企业可采用的网络系统主要包括企业网站、微信公众平台、企业员工自媒体（如微信、微博、QQ、博客、微淘）等。②企业—第三方交易平台—客户模式，即企业借助中间交易市场的 B2B 网络平台对客户进行产品销售与推广活动。

【案例 2-3】

1688——第三方 B2B 交易平台

1998 年 12 月马云和其他 17 位创建人在中国杭州发布了首个网上贸易市场，名为"阿里巴巴在线"，1999 年 6 月，阿里巴巴集团正式运营。

1688，原本是阿里巴巴集团在香港上市的股票代码。如今，阿里巴巴集团组建了自己的一个团队，建立 1688，旨在面向中国小企业推出全球最大的采购批发市场，聚焦解决小企业采购批发难问题，致力于提升小企业的竞争力。1688 是全球 B2B 电子商务的著名品牌，汇集海量供求信息，是全球领先的网上交易市场和商人社区，是首家拥有超过 1400 万网商的电子商务网站，遍布 220 个国家（地区），成为全球商人销售产品、拓展市场及网络推广的首选网站。未来阿里巴巴中国站定位于网上采购批发大市场，帮助工厂、品牌商、一级批发商吸引大量的买家，包括十万级的淘宝网店掌柜、百万级的线下城市实体店主、千万级的现有批发市场买家，为其提供一系列交易工具，打造全球最大的批发大市场。

资料来源：https://baike.baidu.com/item/1688%E6%89%B9%E5%8F%91%E7%BD%91/10997852[2017-08-05]

我们认为，具备以下条件的企业适合采用 B2B 模式。

1）企业拥有能够实现在线完整性认知的产品

零售商或经销商客户的需求量或交易额度较大，需要对在 B2B 平台上销售的产品拥有完整性认知，因此，能够实现在线完整性认知的产品可以进行 B2B 在线销售，否则，只能进行网络推广，产品销售的达成还必须结合线下的销售活动才能实现。

2）企业拥有标准化产品或客户熟知的产品

对于标准化产品或客户熟知的产品，客户通常不需要对产品再进行线下实地考察和了解，所以，这类产品可以在 B2B 平台上进行在线销售。

3）企业拥有相应的资源

如果企业独自建立自己的电子商务网站，那么，网站的建设、维护、业务处理等都需要一定的资金、人力等资源投入；如果借助第三方交易平台旨在实现在线持续、大量销售，则需要大量的系统资源支持，如财务系统、企业资源计划系统、供应链管理系统、客户关系管理系统等。所以，对于不具备这些资源的企业来说，采用 B2B 模式的主要功能便只能锁定在市场推广而非在线销售方面。

（二）直销模式设计

直销模式是指企业将产品直接出售给消费者或最终用户的渠道模式，包括人员直销模式和直复营销模式两种类型。直销模式的优点主要是中间环节减少而能够使企业降低渠道运作费用并提高渠道效率，同时，能够使渠道信息反馈更快捷、更准确，便于渠道决策，使得渠道服务更方便、更到位，便于增进和维护客户关系，而且便于控制渠道价格和加快资金周转频率。因此，不少企业开始探索和采用直销模式这种新兴的渠道模式。例如，雅芳就是典型的有店铺直销，戴尔是典型的网络直销，而平安保险则主要是通过人员直销，其他如天狮、完美、玫琳凯等都是直销模式的成功典范。直销模式的缺点主要在于因一切流通职能均由企业承担而增加资金占用时间和固定投入费用、承担全部市场营销风险、市场覆盖范围受限等。

1. 人员直销模式

人员直销模式是指由企业直销人员直接向最终消费者或最终用户推销产品的渠道模式。根据企业对直销人员的报酬制度构成，人员直销模式可分为单层人员直销模式和多层人员直销模式。

1）单层人员直销模式

单层人员直销根据直销人员自身的销售业绩计提报酬，主要包括上门推销、柜台推销、家庭销售会、社区直销和特殊渠道直销模式等，其中，社区直销和特殊渠道直销模式日益受到企业的重视并被广泛采用。

（1）社区直销模式。社区直销模式是指企业以住宅社区作为主要销售区域，以家庭用户作为主要销售对象的人员直销模式。采用该模式的好处在于企业能使其产品特别是新产品迅速与顾客见面，场地费用低廉，目标顾客群集中，人际传播效率高，同时又能避开在超市的激烈竞争。

由于消费者选择社区购买的主要动因在于满足其购物便利的需求，所以，与家庭日常生活紧密相关的快速消费品，如鲜奶、桶装水、饮料等，比较适合采用社区直销模式。

（2）特殊渠道直销模式。特殊渠道直销模式是指企业将产品直接销售给中间商之外的组织客户的直销模式。特殊渠道，简称特渠或特通，包括团购、食堂、健身运动场所、娱乐场所、餐饮店、学校、军队、监狱、飞机等。近些年来，越来越多的企业开始重视特殊渠道的开发，主要基于三个方面的原因：一是新兴消费群体规模化，如随着健身运动的兴起，形成了一个庞大的健身运动消费群；二是传统渠道成本增加，渠道运作投入产出比不断下降，迫使企业有意识地寻找和培育传统渠道之外的销售路径；三是消费者的全面消费需求促使不同产业渠道之间互相演绎，如健身运动的消费者同时又有食品饮料类的消费需求。因此，特殊渠道蕴涵着很大的市场机会。

不同的特殊渠道对产品通常有着不同的需求，企业必须根据不同特殊渠道群体的需求选择不同的特殊渠道。如果特殊渠道群体与商超群体对某种产品具有相同的需求，向特殊渠道和商超渠道提供不同价格的相同产品就会引起激烈的价格冲突，对此，企业可以考虑对特殊渠道设计和提供价格不同，产品包装、规格、容量等形式不同的产品，以避免渠道价格冲突。

【资料链接】

三株的人员直销

1994 年，三株实业有限公司成立，同时推出三株口服液保健产品。该公司采取分公司模式在全国范围内进行产品销售，其销售组织由四大区（东北区、华北区、西北区、华东区。四大区没有财务权，它们的财务监督、市场范围及经费划拨由总部统一协调）、四级营销体系、六级管理（按层次分为总公司、产品营销中心、战区指挥部、子公司、分公司、工作站等六级组织）等营销策略所具体发展起来的自营渠道网络，在整个中国内地的所有省会城市、大中城市和绝大部分地级市拥有 600 个销售分公司或子公司，这些下级公司在县、乡、镇又运营与管辖着 2000 个办事处和总数超过了 15 万人的销售人员。三株实业有限公司的组织网络是基于地理区划和人口密度建立的，这张网络密集地分布在整个中国内地，西藏除外。当年吴炳新有句名言："除了邮政网，在国内，我还不知道有哪一张网还能比我的销售网大？"三株实业有限公司依靠这支庞大的销售队伍对消费者进行宣传和销售，创造了企业界的销售辉煌，销售额在公司成立当年就达到1.25 亿元，仅用两年时间，即到 1996 年销售收入就达到 80 亿元。

2）多层人员直销模式

多层人员直销也称传销，萌芽于 20 世纪 50 年代，当时由于贫富差距太大，许多穷人没有改变现状的机会，美国哈佛大学的两个研究生发明了直销。让穷人从事这种职业，让富人消费商品。很快，许多企业滞胀的产品有了销路，萧条的市场有了生机，同时，许多穷人改变了命运，加入到富人的行列中。这种崭新的营销方式很快盛行起来。半个世纪以来，直销造就了像安利、玫琳凯、雅芳等大型跨国公司。

传销是指以人情为联系纽带、以人际传播推广为主要形式的经营方式。从事传销活动的直销人员基于对产品的消费体验向他人进行产品推荐并进行产品销售，还可以吸收、辅导、培训被推荐者（消费者）成为他的下级直销商（下线），他则成为上级直销商（上线），传销公司据此付给推荐者一定的报酬，而他的下级直销商还可以再发展下级直销商，这样层层发展下去，就构成了一个由无数上下线组成的金字塔式的销售组织，上级直销商可以根据下级直销商的人数、代数、业绩晋升阶级，并获得不同比例的奖金。

自 20 世纪 90 年代传销传入我国以后，一些不法商人利用传销的形式进行非法传销，欺骗宣传，暴敛钱财，在群众中造成极坏影响，因此国家自 1994 年开始对传销活动不断采取制止或禁止态度，直至 2005 年国家颁布了《直销管理条例》，该条例建立了对直销的审批机制和管理机制，审批机制主要包括审批直销企业的多层次直销体系、明码标价制度、冷静期政策、低门槛进入机制、退货机制、退出机制和公布机制等内容。

2. 直复营销模式

直复营销起源于邮购活动。1498 年，阿尔定出版社的创始人阿尔达斯·马努蒂厄斯在意大利威尼斯出版了第一个印有价目表的目录。这普遍被认为是最早有记载的邮购活动。文德曼先生在 1967 年首先提出直复营销的概念。

直复营销渠道模式也叫直销营销模式或无店铺直销模式，是指企业通过媒体将产品或者咨询传递给消费者的渠道模式，包括邮购直销、目录直销、电话直销、电视购物、电视直销、B2C 直销等渠道模式。与人员销售相比，直复营销模式能够降低交易成本，并能够更好地满足消费者的个性化需求。随着数据库营销技术的不断发展，直复营销渠道模式将会越来越受到企业的重视并被广泛采用。

【资料链接】

数据库营销

数据库营销是指企业通过收集和积累消费者的大量信息，经过处理后预测消费者有多大可能去购买某种产品，以及利用这些信息给产品以精确定位，有针对性地制作营销信息，以达到说服消费者去购买产品的目的。数据库营销最核心的内容包括数据库资源及数据库营销的执行方式两个部分。

数据库营销在欧美已经得到了广泛的应用。在中国内地，也已经开始呈现"星星之火，可以燎原"的势头。包括定向直邮（direct mail，DM）、电子邮件营销（Email DM，EDM）、网络传真营销（E-Fax）和短消息服务（short message server，SMS）等在内的多种形式的数据库营销手段，得到了越来越多的中国企业的青睐。

随着数据库营销的发展，互动整合营销成为企业又一个新的应用领域。互动整合营销是基于客户导向的服务营销理念，围绕整合数据库营销、多渠道运营管理、客户中心规划与再造、客户互动中心运营管理四个核心的服务营销运营关键点，帮助企业业务管理人员与运营管理人员将以客户为中心的服务营销战术运用到企业客户互动管理与整合服务营销运营中。

1）邮购直销模式和目录直销模式

邮购直销模式是指通过邮局、互联网等渠道向目标顾客邮寄商品目录，进行商品推介展示，并通过邮政物流或第三方物流将商品送达顾客，最终完成销售行为的渠道模式。这是最古老的直复营销形式，也是当今应用最广泛的形式。随着互联网的迅猛发展，电子邮件的应用也越来越广泛，应运而生的邮件销售也成为企业竞相追捧的销售方式。和传统的定向直邮相比，电子邮件直销有着成本低廉、展示内容多、可以通过统计用户行为进行进一步营销等优点。

目录直销模式是指经营者编制商品目录，并通过一定的途径分发到顾客手中，由此接受订货并发货的渠道模式。目录直销模式实际上是从邮购直销演化而来的，两者的最大区别就在于目录直销适用于经营一条或多条完整产品线的企业。

我们认为，邮购和目录直销模式适宜于消费者熟知的或易于了解的具有独特性的产品。熟知的产品能够满足顾客的便利需求；独特性产品可以让顾客忍受漫长的等待过程而选择邮购；另外，人员拜访比较困难的地区基于企业销售成本和顾客购买不便等因素也比较适合邮购直销。

2）电话直销模式

电话直销首先出现于 20 世纪 80 年代的美国，目前电话作为一种方便、快捷、经济的现代化通信工具，在全球范围内正日益得到普及。当前中国城市电话普及率已达 98%以上。最新调查表明，有 65%的居民使用过电话查询和咨询业务，有 20%的居民使用过电话预订和电话购物。同时，电话直销还可以作为其他直复营销方式（邮寄直销、目录直销、电视购物等）的补充和支持。

电话直销模式是指电话销售人员通过电话向潜在客户展示产品或服务，以达到获取订单、成功销售目的的渠道模式。其优势在于：能与顾客进行低成本、高效率的交互沟通，可随时掌握顾客态度，使更多的潜在顾客转化为现实顾客。其劣势也相当明显：因干扰顾客的工作和休息所导致的负效应较大，易使顾客产生不信任感等。

电话直销按照销售主体划分，包括：①独立电话直销。企业自建自己的 Call Center，通过自己的电话销售人员来完成销售，采用这种方式的企业一般规模都比较大，电话销售体系比较成熟，属于完整意义上的电话销售。②半独立电话直销。企业有自己的电话销售人员，但没有 Call Center，只有几条电话线，一般企业规模都较小。严格来讲，不算完整的电话销售，但这类企业一般销售的产品都比较复杂，往往需要高级销售人员的支持和配合才能完成销售，电话销售只起到挖掘销售线索、处理订单、跟进客户、服务等作用，由外部销售人员配合，共同完成订单。③外包电话直销。企业与一些 Call Center 运营商合作，将自己的产品委托给 Call Center 进行销售，属于电话销售外包。这种形式对企业来讲好的地方就是省事，也减少了投资，在初期就将风险降到了最低。只是目前 Call Center 运营商对中国企业来讲是个陌生的概念，所以，这种形式还需要经过一段时间才能被大多数企业认同。

我们认为，下列情形适宜于采用电话直销模式。

（1）特色商品。特色产品能够引起顾客选择电话而非在实体店购买的兴趣，可以让顾客忍受漫长的等待过程。

（2）无形产品。保险、教育、长途电话卡充值等很多无形产品通常不需要进行实地产品考察，通过电话沟通就可能实现对产品的基本认知，从而达成购买意向，甚至完成完整的交易过程。当然，有些产品如保险、教育的实际成交还需要顾客与销售人员的面对面洽谈和手续办理，但通过电话沟通环节可能已经完成了销售的大部分工作。

（3）互动性产品。需要对顾客进行一对一互动沟通的产品，既可以采取人员直销方式进行一对一沟通，也可以通过电话、网络等互动媒介与顾客进行一对一沟通。如果某种互动性产品通过电话能够基本实现沟通目的，那么，就比人员直销成本更低、销售人群更大、销售区域更加广泛，也更具灵活性。

（4）高价值产品销售的前期工作。对于高价值产品，如房子、汽车等，有的产品顾客难以进行全面的产品信息收集，如房子，有的产品顾客难以进行决策判断，如汽车，而顾客对这些高价值产品的决策是非常慎重的。这类产品，对于消费者来说，既希望有广泛的信息作为决策依据，又希望听取专业意见；对于企业来说，需要满足顾客的信息和专家建议需求，而且因为这些产品的成单回报率很高，所以，企业可以依据数据库资源尽最大可能和顾客进行主动沟通，电话直销是实现高价值产品销售前期工作的一种有效手段。

3）电视购物模式和电视直销模式

电视购物起源于20世纪70年代的美国，发展至今，在欧美、日本、韩国等发达国家和地区已经形成了成型的电视购物体系和电视购物的法律，以规范电视购物及供应商的广告与销售行为，因此取得长足发展和傲人的销售业绩。美国电视购物在零售总额中所占比例达10%，韩国的电视购物占零售总额的8%以上，日本的电视购物占零售总额的比例则高达12%。在我国，电视购物起源于20世纪90年代，目前我国在电视购物领域法律法规不健全、诚信缺失、执法不力等，因此存在着比较严重的产品质量、售后服务、授权审查、虚假广告等问题，致使我国电视购物占零售总额的比例不足0.5%。

电视购物模式是指由电视台（或电视台成立的公司）为主体来选择产品并进行广告宣传完成销售的渠道模式。该模式无自主品牌，仅提供平台，主体是电视台或电视台成立的公司，如快乐购，这是一家由湖南广电集团和湖南卫视共同投资成立的电视购物公司，销售飞利浦、三星、联想、索尼等上千种合作品牌产品。与该模式相类似的是电视直销模式，电视直销模式是指以厂家或者代理商为主体，通过购买媒体播放自己的产品广告来完成销售的渠道模式，该模式销售品牌以自有品牌为主，合作品牌为辅，主体是厂家或者代理商，如橡果国际便属此类，橡果国际自有品牌有"好记星""背背佳""安耐驰""紫环""奥雅""氧立得"，其他多为合作品牌。

我们认为，同时具备下列条件的产品适宜于采用电视购物模式或电视直销模式。

（1）产品独特。功能、外观等独特的产品能够引起顾客的购买兴趣，可以使顾客放弃去实体店购买而选择电视购物或电视直销的方式满足其产品需求，也能够忍耐对产品的等待，甚至承担货不对板的风险。

（2）目标群体广泛且产品利润空间大。电视广告媒体的费用很高，因此，在产品宣传所选择的电视频道的广告受众中，必须拥有广泛的目标群体才能实现较大的销量，同时，产品的利润空间也要较大，这样，才能保证采用电视购物模式或电视直销模式的企业盈利。

4）B2C 直销模式

B2C 模式是我国在 20 世纪 90 年代产生的电子商务模式。目前为止，已经发展出一大批成功的 B2C 企业，如当当、卓越等。随着用户消费习惯的改变及优秀企业示范效应的促进，网上购物用户迅速增长。这种商业模式在我国已经基本成熟。

B2C 直销模式是指企业通过互联网为消费者提供一个新型的购物环境——网上商店，消费者通过网络在网上购物、在网上支付的渠道模式，是企业对消费者的电子商务模式。这种形式的电子商务一般以网络零售业为主，主要借助于互联网开展在线销售活动。企业可以通过自建 B2C 销售网站和进入第三方 B2C 直销网站（如京东商城）两种形式建立 B2C 直销模式。B2C 直销模式的优点主要在于能够节省企业与客户的交易时间和空间，大大提高了交易效率，能有针对性地提供网上促销和个性化服务，边际利润率相对较高等；其缺点在于商家龙蛇混杂，其中不乏黑店的存在，货不对板（外观、颜色、质量或者其他）、货款欺诈等问题使得一些顾客顾虑重重。

【案例 2-4】

戴尔公司的直销模式

戴尔公司 1984 年由迈克尔·戴尔创立，现已成为全球第二大电脑产品供应商，跻身业内主要制造商之列。在竞争激烈的高科技产业，戴尔公司能够取得持续的高速增长，在很大程度上得益于该公司创新性地运用了直接商业模式（以下简称直销模式）。

戴尔公司的直销模式的核心思想就是：真正按照顾客的要求来设计制造产品，并把它在尽可能短的时间内直接送到顾客手上。这种以客户为导向的直销模式使戴尔公司像坐直升机一样进入了业界巨头的圈子，速度和规模都令人目眩。今天，即使只按戴尔公司在互联网上的销售额来算，它也已经排进财富 500 大公司的前 125 名了。和硅谷那些迅速发家的技术新贵不同的是，戴尔公司并不是以技术见长，而是以按单生产、"零库存"和摒弃中间环节而胜出。

B2C 网站类型主要有综合商城、百货商店、垂直商店、复合品牌店、服务型网店、导购引擎型网店和在线商品定制型网店、在线礼品送礼型网店等，其盈利模式主要是服务费、会员费、销售费、推广费等。

【资料链接】

网上商城类型

综合商城：如同传统商城一样，它有庞大的购物群体、稳定的网站平台、完备的支付体系和诚信安全体系（尽管仍然有很多不足），方便了卖家进去卖东西，买家进去买东西。而线上的商城，在人气足够、产品丰富、物流便捷的情况下，其成本低廉、24 小时的不夜城、无区域限制、更丰富的产品等优势，促使网上综合商城即将获得交易市场的一个角色。这种商城在线下是以区域来划分的，每个大的都市总有 3～5 个大的商城。

百货商店：商店，谓之店，说明卖家只有一个；而百货，说明满足日常消费需求的产品线十分丰富。这种商店有自有仓库，有库存系列产品，以备更快的物流配送和客户服务。这种店甚至会有自己的品牌。

垂直商店：这种商城的产品存在着更多的相似性，要么都是满足于某一人群的，要么是满足于某种需要，抑或某种平台的（如电器）。

复合品牌店：随着电子商务的成熟，会有越来越多的传统品牌商进入电商市场，形成复合品牌店。

服务型网店：服务型的网店越来越多，都是为了满足人们不同的个性需求，甚至是帮你排队买电影票。我们很期待见到更多的服务形式的网店。估计网店未来竞争会朝这个方向发展。

导购引擎型网店：导购类型的网站能使购物的趣味性、便捷性大大增加。同时，诸多购物网站都推出了购物返现，少部分推出了联合购物返现，这些都用来满足大部分消费者的需求，许多消费者已经不单单满足直接进入 B2C 网站购物了。购物前都会进入一些导购引擎型网站。

在线商品定制型网店：商品定制是一条走长尾的产业，很多客户可能仅仅看中商品的某一点，但是却不得不花钱去购买整个商品，而商品定制恰恰能解决这一问题，让消费者参与商品的设计，使消费者得到自己真正需要和喜欢的商品。

在线礼品送礼型网店：如今传统的送礼方式已经越走越窄，价格越来越透明，各个礼品企业产生的利润也越来越少。但中国是礼仪之邦，重礼仪，尚往来。据不完全统计，全国每年各种送礼达到 5000 亿元以上，且每年增长率达 12%左右。这引发传统的送礼企业都往电子商务网站方向发展，以另一种"收礼自选"礼品册的模式，完成了从做礼品到做送礼服务的转变。

我们认为，下列产品适宜于采用 B2C 直销模式。

1）无形产品

由于通过网络传播就能使顾客对无形产品，如电脑软件、图书、法律服务等形成基本认知，甚至能够在线完成整个交易过程，所以，通过在线交易或者 B2C 推广可实现这些无形产品的前期销售工作。

2）缺少可比性的产品

无论对于线下产品，还是对于线上产品，缺少可比性的产品才容易形成较大的销量，也容易以理想的价格进行产品销售，进而使 B2C 直销模式达到较好的运行效果。

3）能够实现在线完整性认知的产品

顾客对拟购买的产品需要有完整性的认知，因此，能够实现在线完整性认知的产品可以进行 B2C 在线销售，但很多产品在网络上通过文字介绍、图片、视频等难以满足顾客的完整性认知要求，所以，一些企业针对网络宣传的这一弱点进行了创新。例如，对服装类产品开发出网络"试衣镜"和"放大镜"等功能，在顾客选择了自己的身高、体重、气质、胖瘦后，通过"试衣镜"会大致呈现出顾客的试穿效果；而"放大镜"功能能更好地为消费者展示产品的细节。如果企业的产品不能满足顾客的在线完整性认知要求，那么，该产品只能进行网络推广，产品销售的达成还必须结合线下的销售活动才能实现。

4）私人订制产品

私人订制产品个性化需求明显，且需要企业与消费者有一对一的需求对接，企业通过网络与消费者进行沟通是低成本、广范围、快速度的对接方式，因此，越来越多的企业对具有个性化需求的产品，如汽车、电脑、服装等都采用 B2C 的方式满足私人订制的需求，如丰田汽车、戴尔电脑、白领服饰等。

5）出厂价与零售价空间大的产品

通过线下销售的产品，从制造商到消费者可能要经过若干环节，每个环节都会发生销售费用并获得利润，因此，很多产品从出厂价到零售价之间有很大的价差，对于这些产品，制造商通过 B2C 渠道销售能够获得非常可观的利润。

（三）经销（代理）模式设计

经销（代理）模式是指制造商通过经销（代理）商将产品销售给零售商的渠道模式，包括总经销（代理）模式、多家经销（代理）模式、区域独家经销（代理）模式、区域多家经销（代理）模式四种基本类型。该渠道模式的优点主要表现为可利用经销（代理）商现成的销售网络，快速覆盖市场；利用经销商的资金，可起到部分融资的作用，缓解资金压力；减少分销资金投入，可全力投身于终端的推广与促销；利用经销商的物流配送能力实施渠道精耕细作和网络深度分销。其缺点是对于新产品和弱势品牌而言，招商难度大；销售网络受制于人；市场价格体系不稳，易发生窜货；对终端不易掌控；等等。

1. 总经销（代理）模式和多家经销（代理）模式

总经销（代理）模式是指企业将产品交给总经销（代理）商，由其全权负责产品销售的渠道模式；多家经销（代理）模式是指企业将产品交给多家经销（代理）商，由其全权负责产品销售的渠道模式。该类模式实际上是一种销售外包，其主要优点是企业可以专心进行产品研发和生产，充分发挥自身的生产优势；主要缺点在于销售风险较大，同时采用总经销（代理）模式的企业容易受制于总经销（代理）商，而采用多家经销（代理）模式的企业渠道秩序容易混乱而企业又难以控制。

当企业缺乏运作市场的资金、销售等资源时，可以采用这种渠道模式。

2. 区域独家经销（代理）模式

区域独家经销（代理）模式是指企业将市场划分为若干区域，在每个区域选择一个独家经销（代理）商或总经销（代理）商，由其负责把产品销售给零售商的渠道模式。该模式与总经销（代理）模式相比，优点是渠道风险减小，渠道控制力增强；缺点是向渠道投入的资源大大增加，同时管理难度和管理工作量都加大了。

与区域多家经销（代理）模式相比，在某个区域内的独家经销（代理）商或总经销（代理）商没有内部竞争者，利益保障程度高，因此，合作意愿较强；缺点是由于没有竞争压力而工作动力不足，并且企业容易受其所制。

该渠道模式将市场从横向上分为若干个区域，每个区域有一个独家经销（代理）商或总经销（代理）商，从纵向上将市场分为一级、二级、三级等，对应设置独家经销（代理）商或总经销（代理）商、二级经销（代理）商、三级经销（代理）商等，直至将产品分销给零售商，其典型的组织结构如图 2-7 所示。

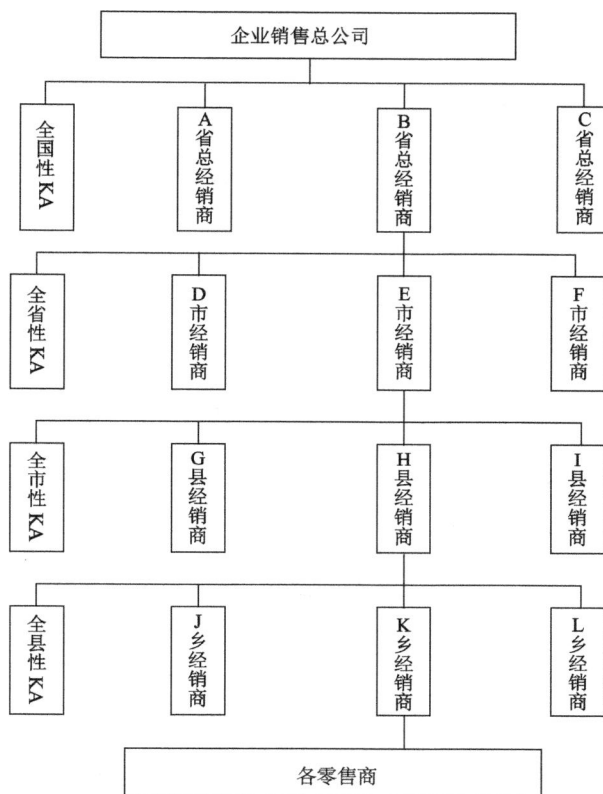

图 2-7　区域独家经销（代理）模式组织结构图

另外，企业也可以按照产品类别（如家电、手机、电脑）、客户类别（如医院、药店）设置产品独家经销（代理）模式或总经销（代理）模式、客户别独家经销（代理）模式或总经销（代理）模式，还可以与地域设置相结合，形成由两个维度界定的渠道模式，如某个生产家电、手机和电脑三大类产品的企业可以将某经销商设置成该企业的黑龙江省家电总经销商。

我们认为，下列情况适宜于采用区域独家经销（代理）模式或区域总经销（代理）模式。

1）市场潜量较小

如果某区域市场的市场潜量较大，那么，设置区域独家经销（代理）商或总经销（代理）商就不足以满足该市场的需求，需要设置多家经销（代理）商来运作该区域市场。反之，如果某区域市场潜量较小，在该区域设置区域独家经销（代理）商或总经销（代理）商则与其销售能力相吻合，从而可避免由设置多家经销（代理）商所引发的销售能力过剩及其恶性竞争。

2）竞争不激烈

如果产品在某区域市场上竞争激烈，企业必须与竞争者进行有力的竞争，那么，在该区域市场设置多家经销（代理）商就能激发各经销（代理）商的市场运作动力，从而整体提高企业产品在该区域市场的销量和市场份额。如果产品在某区域市场上竞争不激烈，即使区域独家经销（代理）商或总经销（代理）商市场运作动力不足，也可以在该区域市场采用该类渠道模式。

3）非重点市场

如果某区域市场是重点市场，企业就必须投入最大的销售力量来运作这一市场，因此，对于重点市场，企业通常会设置多家经销（代理）商，而对于非重点市场，企业基于市场潜量、资源投入和管理成本等因素的考虑，可以设置区域独家经销（代理）商或总经销（代理）商来运作。

3. 区域多家经销（代理）模式

区域多家经销（代理）模式是指企业将市场划分为若干区域，在每个区域选择多家经销（代理）商，由其负责把产品销售给零售商的渠道模式。与区域独家经销（代理）模式或总经销（代理）模式相比，其优缺点正好相反。该渠道模式的组织结构如图 2-8 所示。

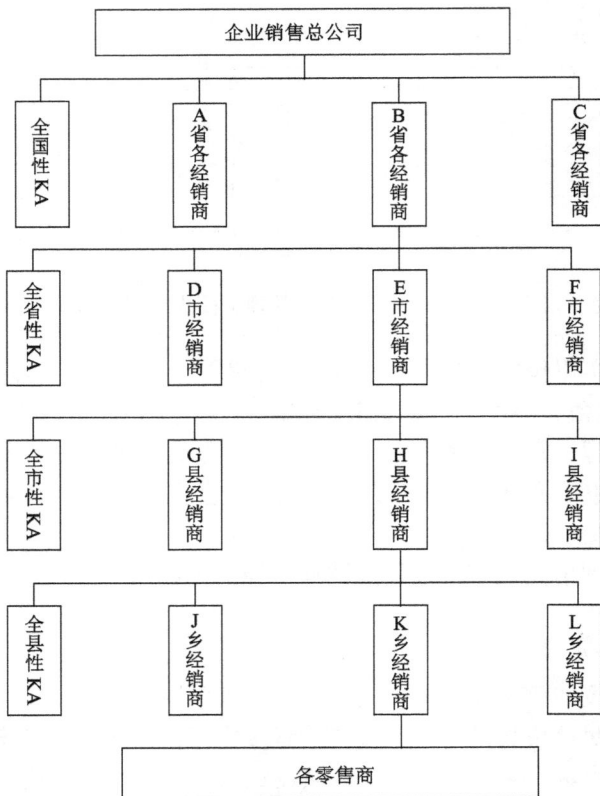

图 2-8　区域多家经销（代理）模式组织结构图

与区域独家经销（代理）模式或总经销（代理）模式相反，市场潜量大、竞争激烈和重点市场适宜于采用该渠道模式。

（四）复合渠道模式设计

对于某种产品，消费者的购买地点（零售点）可能是多元化的，如饮料的购买地点包括 KA 店、小超市、餐饮店、健身运动场所、火车等，这就需要多种渠道加以覆盖，而不同的零售点市场潜量、渠道资源的投入产出比等方面存在差异，企业可能需要采用不同类型的渠道模式来运作。例如，针对 KA 店企业可能采用直营模式，针对小超市可能采用经销（代理）模式。针对某种产品，企业可能针对消费者不同购买场合所形成的零售点差异、地区差异等采用不同渠道模式，利用多种渠道来销售企业的产品，从而形成复合渠道模式，也称多渠道模式。利用复合渠道销售公司产品有很多优点，如可扩大市场覆盖面以实现销量最大化、适应不同顾客群的购买需求、有效降低分销成本、获得更加全面准确的市场信息、有利于渠道创新和市场竞争等，但也存在很多缺点，如渠道管理的难度加大、容易引发渠道冲突等，这些都对实施复合渠道模式的企业提出了更高的管理要求。

加剧的竞争、高昂的商超进店费、新兴渠道的优势、消费者消费场合的多元化等使得企业不再单纯地采用某一种渠道模式，而是越来越多地采用复合渠道模式，而在此背景下，O2O（online to offline）渠道模式受到越来越多企业的关注。

O2O 渠道模式是指线上和线下进行销售活动的渠道模式。线上与线下分工合作，共同完成完整的销售过程。例如，通过打折、提供信息、服务预订等方式，把线下企业的信息推送给互联网用户，从而将他们转换为自己的线下客户。该模式能够增大企业的宣传和展示机会，而且其宣传效果容易测量，推广效果可查询，每笔交易也可以跟踪，还能帮助企业掌握用户的相关数据，更好地维护好客户并拓展新客户。在线预订的模式还能帮助企业更合理地安排经营、控制成本，帮助企业摆脱对黄金地段的依赖，降低租金支出，对于新品新店的推广也有很好的效果。采用 O2O 渠道模式的企业 O2O 平台通过在线的方式吸引消费者，但真正消费的服务或者产品必须由消费者去线下体验，这就对线下服务提出更高的要求，此外，在线支付、线下体验，很容易造成"付款前是上帝，付款后什么都不是"的窘境。因此，如何保障线上信息与线下商家服务对称，将会成为O2O 渠道模式真正发展起来的一个关键节点。另外，O2O 模式若以价格优势吸引消费者，企业如何权衡线上价格和线下价格的差异，在不打破自身原有的市场体系的同时保证两方消费者的利益，或更重视哪方的消费者，才能吸引到最大客流量也是个难题，这些难题同时决定了对 O2O 模式的商业运用需要高起点的局限性。

O2O 渠道模式主要有三种方式：①自建官方商城+连锁分子店铺的形式，消费者直接向门店的网络店铺下单购买，然后线下体验服务，这种方式适合全国连锁型企业；②借助全国布局的第三方平台，实现企业和第三方平台的结合，并且借助第三方平台的巨大流量，迅速推广带来客户；③建设 Micronet 微信商城系统，开展各种促销和预付款活动，线上销售线下服务，这种方式适合本地化服务企业。

我们认为，采用 O2O 渠道模式的企业，其产品必须具备以下两个条件。

1）产品能够实现在线完整性展现

如果产品想通过 O2O 平台让顾客能够在线上认知、下单，产品就要能够实现在线完整性展现。

2）产品具有线下和线上的结合性

所谓线上和线下的结合性，就是商品本身的消费或获得需要在线下实体店进行，而线上则作为商品的宣传和货款支付平台。例如，餐厅美食、美容美发、健身馆的消费券；时尚品牌服饰类的产品的折扣券、优惠券，这些券类的产品一般都是以二维码或者短信的方式操作。这些产品都具有线上线下的结合性。

（五）不同行业的典型渠道模式

由于行业特点不同，各行业需要在上述基本渠道模式的基础上设计适应其行业特性的渠道模式。

1. 日用消费品行业的典型渠道模式

1）直营模式

由厂家直接组织车队和人员，对商超、特殊通路等进行产品直供，如图 2-9 所示。采用该模式的代表性企业是可口可乐和三株公司，该模式的优点是渠道最短、反应最迅速、服务最及时、价格最稳定、促销最到位、控制最有效。其缺点是局限于交通便利、消费集中的城市，会出现许多销售盲区，人力、物力投入大，费用高，管理难度大。该模式适宜于城市运作或企业力量能直接涉及的地区。

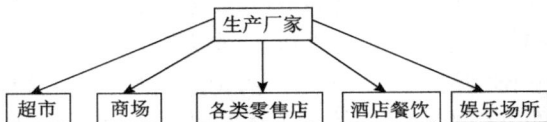
图 2-9　直营模式组织结构图

2）经销（代理）模式

经销（代理）模式通过经销（代理）商→二级批发商→……→零售商逐级分销，如图 2-10 所示。采用该模式的代表性企业是娃哈哈和康师傅，该模式的优点是可节省大

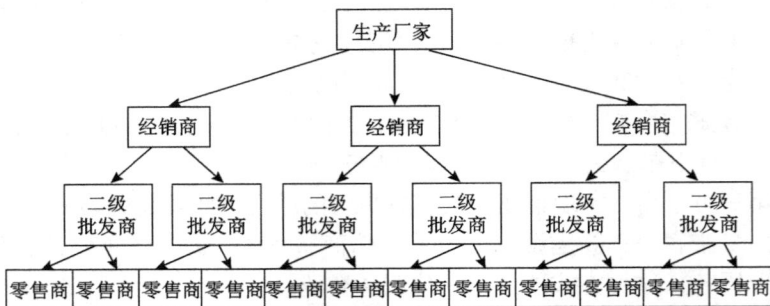
图 2-10　经销（代理）模式组织结构图

量的人力、物力，销售面广，渗透力强，各级权利义务分明，为共同利益可组成价格链同盟。其缺点是易造成价格混乱和区域间的窜货、在竞争激烈时反应较迟缓、需有高明的管理者使之密而不乱。该模式适宜于农村和中小城市市场。

3）平台模式

企业扶植一至两家资金雄厚、仓库吞吐量大、管理能力强的大型经销商，或厂家自设中转库，根据街区、门店细分区域，设置众多能够直接服务终端的经销商，形成一个物流平台，把原来的中级经销商的区域缩小到其完全能够直接将服务配送到终端的区域，把原来比较有实力的二级批发商提升为经销商，如图 2-11 所示。采用该模式的代表性企业是三得利啤酒（上海）有限公司和百事可乐，该模式的优点是责任区域明确而严格、服务半径小（3～5 千米）、送货及时、服务周全、网络稳定、基础扎实、受低价窜货影响小、精耕细作、深度分销。其缺点是受区域市场的条件限制性较强，必需厂家直达送货，需要有较多人员管理配合。该模式适宜于密集型消费的大城市。

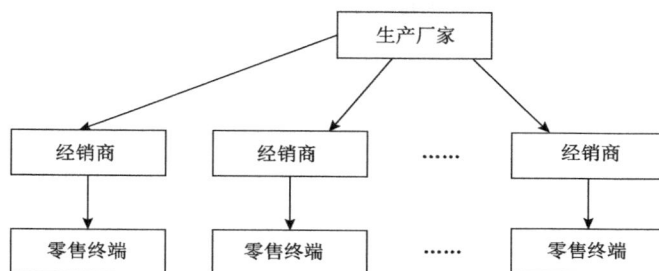
图 2-11 平台模式组织结构图

4）农贸市场批发模式

企业将产品分销给农贸市场的批发商，由农贸市场的批发商向下游批发商或零售商进行产品批发，如图 2-12 所示。农贸市场是 20 世纪 90 年代中国改革开放初期的产物。虽然目前总体上看有些萎缩，但在部分地区，如山东的临沂，因附近农村比较落后，交通也不发达，加上政府支持，又有大型批发市场的基础，这种模式至今还是很

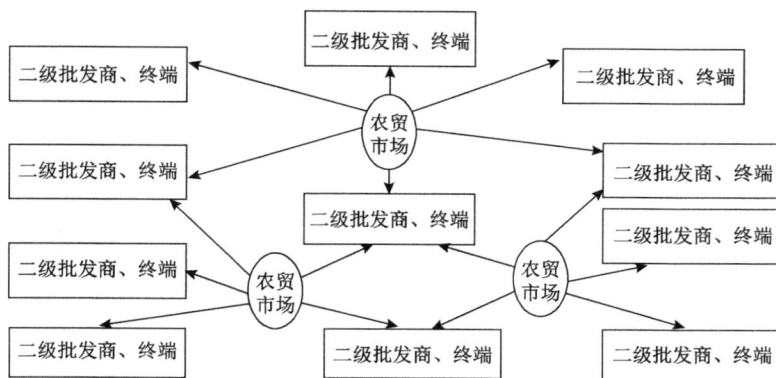
图 2-12 农贸市场批发模式组织结构图

有活力。该模式的优点是无规则自由流通、不受行政区域限制、经营灵活、薄利多销；品种繁多、配货方便、辐射力强。其缺点是以松散形式关系为主体因而没有固定网络和客户、以价格优势为主要手段吸引顾客从而容易导致冲货与砸价、没有深层的服务意识而只做"坐商"。

5）复合模式

根据以上四种基本模式，可因地制宜变化出四种主要的复合型模式。①网络+平台的复合模式。前提是经销商必须具备经营实力和忠诚度且网络健全。平时以网络运作为主，经销商以正常的吞吐量和正常的价格供货，并按公司政策指导二级批发商进行正常的市场运作。但在特殊情况下，如阻止竞争对手给二级批发商优惠送货时，必须及时有力地进行零售点封杀，由经销商直接面向终端且供足货，让其无余力再从其他二级批发商处进竞品。②直营+经销（代理）的复合模式。以直营著称的可口可乐，为了弥补农村市场和自己无力直接送达的零售店的不足，就在各地区或农贸批发市场设置为数不多的经销商，通过经销商的网络，努力做到拾漏补遗。这两种模式的结合使用，使可口可乐的销售策略更加本地化，如虎添翼。③农贸批发市场+平台式销售或经销（代理）销售的复合模式。农贸市场的批发商要想改变日益丧失的优势，唯一的出路是进行职能创新，改"坐商"为"做商"，尽快提高服务意识，加强送货功能，提高铺货能力，越过二级批发商直接向终端零售店供货、为消费者服务。另外，农贸市场的批发商可选择区域，与常来进货的二级批发商建立长期、稳定的供销关系，形成自己的销售网络，将辐射优势与网络销售、平台式的深度分销优势相结合。④经销（代理）销售+直营的复合模式。在超市迅猛发展的今天，全靠网络销售，通过经销商做大型超市已阻碍了销售的发展。以经销（代理）销售为主，辅以一定的直营力量，由厂家直接做大型超市和经销商难以涉及的特殊终端，既可直控重点，又能拾漏补遗，还可对整个市场起到控制、调整的作用。这种模式不失为一种两手硬的好方法。

2. 工业用品行业的典型渠道模式

1）直销模式

直销模式是指工业品企业通过销售人员在固定场所之外直接向最终用户销售产品的渠道模式。包括人员直销和分公司驻点直销两种形式，分公司驻点直销是人员直销的特殊情形，通常是生产厂商基于区域市场开发的需要而设立分公司或驻外办事处，并派直销人员驻点分公司或办事处，目的是就近为目标消费者便利提供产品和服务。

2）经销（代理）模式

经销（代理）模式是指工业品企业通过发展经销商、代理商的模式，让产品实现区域市场分销的目的，这是工业品企业最为常用的渠道模式。在经销（代理）模式下存在两种情况：①厂家—分公司/办事处—经销商/代理商—最终客户；②厂家—区域经理—经销商/代理商—最终客户。

3）合作经营模式

合作经营模式是工业品企业与经销商合资合作成立区域分公司，采取股份制的形式。当然，主要是工业品企业与区域市场上的强势经销商合作。这在工业用品行业中也有所尝试，但是不多见，如格力中央空调就是采取这种渠道模式。

3. 房地产行业的典型渠道模式

1）直销模式

开发商销售部门将房产直接销售给顾客，这种模式就是直销模式。由于房地产产品不经过任何中介直接从开发商流向消费顾客，实际运作中有诸多的优势和特点。

2）代理销售模式

开发商委托房地产代理商寻找顾客，顾客再经过代理商的介绍而购买房产，这种模式就是代理销售模式。

3）网络销售模式

21世纪是信息化的世纪，互联网的影响也早已从初期对人们生活质量的改观提升到了冲击行业发展的新高度。房地产与互联网的结合必将引发房地产业的营销革命。网络营销实质是营造网上经营环境，包括网站本身、顾客、网络服务商、合作伙伴、供应商、销售商和相关行业的网络环境。在这种环境下，房地产企业可以对开发项目进行网上宣传，对客户进行关于项目产品的网上调研，接受意见反馈或通过商品房网上竞拍给项目造势，提升项目人气。作为传统的营销方式的补充和发展，网络营销能更有效地促成消费者与企业或企业与企业之间交易活动的实现。其基本模式如下：企业—信息—网络媒介—信息—用户。全球知名的互联网测量公司NETVALUE的调查结果显示，房地产网站渐入佳境，每月访问此类网站的网民占整体网民的比例在以超过100%的速度激增。目前，美国已有70%的本土房地产交易是通过互联网直接或间接实现的。中国的网络经济和发展模式很难说不是借鉴美国的经验。而在中国，网上房展、网上排队预购、网上团体购房等各种网上交易也在蓬勃发展之中。

4）房地产金融超市模式

房地产作为一种特殊商品，其销售时不能像其他商品一样有效集散，房地产金融却可以利用其融资的性质将集散变为可能。目前，几乎所有的银行都在探讨建立有形的房地产金融市场，于是房地产金融超市应运而生，而且形式多种多样，越来越细化。但是无论怎样变化，目的只有一个，那就是争取用最快、最有效的方式，最大限度地为消费者提供全面的服务。房地产金融超市使集中销售成为可能，在给消费者提供更为广阔的选择余地的同时，也给各商业银行带来了无限商机。中国建设银行是最早介入房地产金融业务的商业银行，最有理由成立最全面、最权威的超市。超市可分为四个区域，即最佳建筑企业展区、住房展示区、有关政府机关或中介机构工作区、中国建设银行工作区。

4. 医药行业的典型渠道模式

1）直销模式

直销模式是指生产企业不通过代理商或者经销商，直接向医院或药店等零售终端乃至消费者进行销售的方式。但是根据我国药品管理法的规定，药品生产企业只有取得药品经营许可证（good supply practive，GSP）才具有经销药品的资格。这里的直销是指药品生产企业设立独立医药公司并取得 GSP 证书，从事药品流通业务。目前企业直销模式在我国还不普遍，一般只有大型医药生产企业的所在地才可能采用这种模式。直销模式为企业增加了一条新的渠道，并可通过这个渠道及时、准确地了解市场信息，但投入比较大，管理有难度。所以从本质上，严格意义上来说这种模式只能算作是药品生产企业投资于一个新的项目，而不是传统意义上的直销。随着互联网与营销模式的紧密对接，出现了一种新的医药产品交易和销售方式，那就是医药企业通过建立电子商务交易平台，以 B2C 的交易方式直接销售医药商品。目前来看，由于药品和保健品本身的特殊性，医药行业的直销领域彻底放开还需要一个较长的过程，还需要相关政策去规范化，直销模式走上主流平台，尚需时日。

　　2）区域经销模式

　　区域经销模式是指生产企业在营销渠道管理中，选择培养某个或几个医药商业企业作为大客户，使其成为自己企业产品在某一区域的经销商，以及本企业在该区域的渠道和终端配送商，而医药企业自己则承担市场宣传、推广、销售、开发等工作。目前大部分合资企业及国内效益较高的企业均采用这一模式。根据选择的区域医药商业企业数量，可分为区域总经销商制和区域多家经销商制。根据我国药品管理法的规定，药品生产企业必须取得 GSP 证书才可以直接向医院和药店等终端市场供应药品，而 GSP 证书的取得较为困难，尤其是在全国范围内取得不太现实，因此采用区域经销商制的模式可以减少医药生产企业在流通方面的投入，节约运营成本，将重点专注在药品的研发与生产及市场开发上。由于生产企业掌控产品终端市场，可及时收到市场反馈的信息，不易出现价格竞争、窜货行为及假冒药品现象，有利于维护市场秩序，提升企业形象，将公司产品在市场上精耕细作，达到较高的市场占有率。

　　3）代理模式

　　一般指药品生产企业将本公司的产品委托给医药商业公司在一定区域范围内经销，由被委托的医药商业公司承担生产厂家的销售网络建设、下游渠道的开发、厂家品牌的建设、终端市场的推广、市场广告的投入、产品的售后服务等。目前代理商多为个人或中小型医药商业公司，个人挂靠某医药商业公司从事药品销售活动较为普遍。根据代理商的选择个数，可分为独家代理制和多家代理制。独家代理制是指药品生产企业在一定的区域内只选择一家医药公司代理销售自己的产品，而且有关产品的宣传、推广、分销、回款等市场行为完全由这家医药公司来完成。根据区域性质，又可以分为全国总代理和区域总代理两种。多家代理制是指药品生产企业在一定的区域内选择多家医药公司代理销售自己的产品，而且有关产品的宣传、推广、分销、回款等市场行为交由这几家医药公司共同完成。多家代理制与独家代理制相比，可能更易取得较高的市场占有率，同时对生产企业而言，多家代理制比独家代理制的市场风险低，如果其中一家代理商出现问题不会让整个区域的市场丢失。但是多家代理制可能会造成在同一区域内的不正当竞争，扰乱市场秩序。目前而言，一般生产企业会倾向于签订区域独家代理合同，以避免代理商之间产生不正当的竞争。代理模式中生产企业不需要建立自己的销售队伍，销售成本降低，管理成本变低，可将更多的资源投入到产品研发和提高生产效益中去。而代理商可借助于区域经销商的资源优势，如销售网络、与终端客户的公共关系等迅速开展产品销售工作，由于有较高的利润空间，代理商的销售积极性也得到了提升，有利于取得较好的销售业绩。代理制相比经销商制存在较高风险，因为生产企业对市场的掌控力度低，信息反馈不够及时全面。一旦代理商出现大的问题，生产企业就会面临失去该市场份额的风险，而再次进入当地市场会变得更加艰难。而且代理商可能只重视自身经济利益，不注意塑造代理产品的品牌形象，这点不利于生产企业品牌和形象建设。

5. 家电行业的典型渠道模式

1）区域多家经销模式

区域多家经销模式是指生产企业在一定的市场范围内选择多家批发企业代理分销自己的产品。例如，新飞、容声、长岭等品牌冰箱在一些省份选择了多家一级批发商。

2）区域总经销商模式

将每个销售分公司所管辖的区域[一般为一个省（自治区、直辖市）]分为多个区域，除一级市场的大零售商从分公司进货外，每个区域设一个独家经销的一级批发商（该区域内所有的小零售商全部从一级批发商进货），一级批发商在每个二级城市指定唯一的二级批发商，二级城市所有零售商全部从该市场二级批发商进货。三级市场没有批发商，其零售商全部从所属二级城市的二级批发商进货。

3）直供分销模式

直供分销模式是指厂家不通过中间批发环节，直接对零售商进行供货的分销模式。这是家电销售渠道发展的必然趋势。目前采用这种模式的有海尔、西门子、伊莱克斯及科龙等品牌。其一般做法是：在一级市场设立分支机构，直接面对当地市场的零售商；在二级市场或设立分销机构或派驻业务员直接面对二、三级市场的零售商或三级市场的专卖店，所有零售商均直接从厂家进货。

6. 奢侈品行业的典型渠道模式

奢侈品行业的高价格、高品质决定了它不能像生活必需品那样进行密集型分销，而不同时期和各个地区的发展状况不同决定了奢侈品主要通过以下三种渠道进行销售。

1）代理销售

通常情况下，代理商与奢侈品品牌合作的模式是：奢侈品品牌以一定折扣将产品卖给代理商，并在店面形象方面给予支持；而代理商负责支付开店成本、组织人员招聘和培训、进行促销活动等，并享有某个地区的经营权。作为各大奢侈品品牌最初进入市场的最优选择，代理商取得了代理权后，会凭借其强大的渠道网络，选择最合适该品牌商品的卖场，如五星级酒店及各大高档百货商场。

20世纪90年代初进入中国内地市场的意大利杰尼亚、法国的皮尔·卡丹和路易·威登就是通过代理商（主要来自中国香港）进入北京和上海等国际化程度较高的城市的。奢侈品往往在最初进入某一市场或管理资源不够丰富时选择代理销售的方式。因为，通过代理商现成的渠道可以迅速抢占新兴市场。同时，利用代理销售渠道模式，奢侈品品牌可以将库存的风险转嫁到代理商处。

2）直营店

直营店是由总公司直接经营的连锁店，即由公司总部直接经营、投资、管理各个零售点的经营形态。面对不断增长的市场需求和逐渐成熟的市场，为了更好地维护奢侈品的品牌价值，不少奢侈品品牌都直接经营管理重要地区的零售业务，采取直营店的营销渠道模式。直营店使得奢侈品的管理更加直接，能够迅速获得各种信息及进行控制，但同时也对奢侈品企业的管理提出了更高的要求。目前香奈儿、路易·威登等一些大品牌都有代理商在中国。

3）自营与代理相结合

自营与代理相结合是指对一级城市的零售业务直接控制，将二、三级城市的零售业务交由代理商代为拓展。合作方一般都是当地实力较强的商业企业，即城市定位顶级的商场，因为这些商场的目标消费群多是城市中的富有阶层，他们也是奢侈品的目标消费者。奢侈品与流行消费品不同，在与代理商和合作方的关系上，奢侈品企业常常掌握着市场的主动权。百货商店和大型购物中心里的店中店成为主要的奢侈品零售业态，目前大部分奢侈品品牌采用这种自营与代理相结合的销售模式。GUCCI 主要采用的就是这种营销渠道，对北京、上海等一线城市的零售业务进行直接控制，而将武汉、合肥等二、三线城市的零售业务交给代理商拓展。

三、能力训练

（一）案例分析

卫家公司的渠道模式设计

深夜坐在北京飞往上海的班机上，林总经理还没有办法从这几天与多家零售商交往的紧张与疲惫中解脱出来。的确，他没有办法相信摆在眼前的事实：作为自己投入大半财产，亲手创办并培养起来的公司，在自己满怀希望进行渠道改革后不到一年的时间里，竟然失去了大块市场，与各重要零售商的关系岌岌可危；而此刻上海总部，新投产的大规模生产设备、人员由于渠道危机已经闲置下来，滞留在仓库里的产品数量激增。为了防止刚刚还完生产扩建项目货款的公司陷入资金流转的困境中，只有尽快解决产品分销渠道不畅的问题，保证产品再次源源不断地摆上零售货架。林总经理思索着，他一定要在返回上海总部后，尽快调整渠道，扭转目前不利的局面，使企业生存下去，并发展得更好。

1. 背景介绍

1）公司情况

上海卫家家用清洁用品有限公司（以下简称卫家公司）是一家专门生产家庭防霉、防蛀卫生用品的小型私营企业，系台湾人林先生投资 400 万元人民币于 1994 年创建。1995 年正式运营，年生产能力 5000 吨，员工有 105 人，共有家用衣物防霉蛀、家用地板家具防霉蛀两大类，片剂、液态、盒状固态三大系列 12 种产品，拥有两个品牌。卫家公司定位于"中高档价位、高效健康的城市家庭防霉防蛀产品提供商"。卫家公司主要生产新型纯植物防霉烂制剂的产品,其产品的定位为技术水平较高,价位在导入期以高档为主、中档为辅,在行业淘汰"对二氯苯"芳香产品后,希望达到中档占主导,高档产品再提升的状态。

2)行业发展状况

在20世纪80年代初之前,萘球一直占据着城乡居民防蛀消费品市场的主导地位,但其毒性非常大。随后,"对二氯苯"的芳香剂取代了萘球,从20世纪90年代至今一直占据着城市家庭防霉防蛀用品市场的主导地位。其良好的防护效果、怡人的香气、不留痕迹、包装贴近家庭使用且规格多样化等优势,加之价格适中,使之保持了该类产品在市场上的"垄断地位"。但相关机构证实,"对二氯苯"对生命体具有强烈的致癌作用。近年来,新型纯植物防霉烂制剂已在"对二氯苯"垄断的市场中初现端倪,这些全天然原料(以中草药为主)的产品更好地满足了人们对健康、安全生活的需要,特别是在产品包装、规格方面更进一步贴近家庭使用量小、用途多样化的要求,渐为消费者接受。

3)营销渠道

从终端类型来看,遍布在各居民区的各种连锁超市及人们习惯集中购买生活用品的大卖场、一些便民的生活用品社区便利店均为家庭防霉烂产品的销售终端,而大卖场由于价格优惠、品种齐全更受消费者青睐;同时,受人们广泛存在的防霉蛀产品属于生活品的观念影响,医药商店购买的概率相对较低。

除了专业生产并拥有销售终端的少数企业或连锁企业定牌生产外,绝大多数企业都不可能拥有自己的销售终端,而是通过渠道,将产品推向终端,面对消费者。其中渠道模式主要有三种:生产企业 $\xrightarrow{\text{划分区域人员联系}}$ 代理商(可能是多级代理 $\xrightarrow{\text{物流配送}}$ 销售终端);生产企业 $\xrightarrow{\text{划分区域人员推销,物流供应}}$ 销售终端;上述两种模式的混合。

2. 企业的渠道发展与变革

1)自建渠道进入市场

卫家公司在进入市场时采取了自建销售网络的方式,以北京、上海、广州及武汉四个城市为辐射点,覆盖华北、华东、华南、华中四个区域;在每个区域中再选取 4~5 个省会城市及居民生活水平较高的城市,如山东青岛、广东深圳、江苏苏州等。公司在市场进入阶段的渠道结构如图2-13所示。

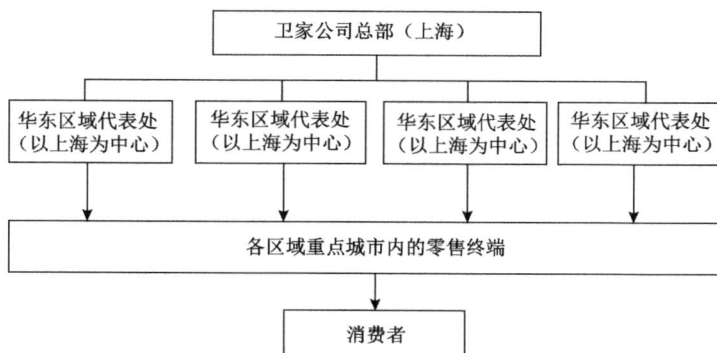

图 2-13 卫家公司进入市场的渠道结构图

公司在四个区域辐射点城市成立了小型的仓储销售机构，便于各区域内供货协调。还将公司销售人员派驻到各区域，向选取城市中的终端推销其产品，根据需要雇佣当地物流服务公司送货。由于人员少、物流服务成本高，所以选取的终端数目并不是很多。而在进入这些终端的过程中，卫家公司也遇到了很大的挑战：由于卫家公司的产品是初次上市，其企业规模小，且在业内尚未有一定声誉，大型终端，如联华超市、家乐福等对其产品的市场需求、企业的合作能力都持怀疑态度，毕竟生产中高档家用防霉烂产品的小企业数不胜数，而进入联华超市、家乐福这样的大型终端就等于在很大程度上保证了产品销售的成功。因此，在挤入终端阶段竞争是异常激烈的，而销售人员的推销手段更是层出不穷。

为了使产品摆上这些大型终端的货架，卫家公司尽可能为产品推广提供更多的资源与条件。在四个辐射点城市中，卫家公司配合终端销售，各雇用了2名人员，轮番在各终场门市中进行现场人员促销，介绍产品，还印制了一些以"健康、绿色、适用家庭"等为诉求点的卖点广告（point of purchase，POP）海报，对购买者进行教育。这些活动令卫家公司的销售费用大幅上升，加之没有渠道合作经验，在物流配送方面没有系统组织，也没有建立稳定的合作伙伴关系，货物储运方面在第一年进入市场时也是费用高昂，这些费用均远远超出卫家公司本来的预算。

虽然在进入市场的一年中，卫家公司付出了很多，但年终的财务报表上并没有显现骄人的成绩。四个辐射点城市的平均销售回款只有50万元左右，而其余销售点城市由于投入力量更小，一般都处于亏损状态，这对于原来产品市场相当乐观的林总经理来说，实在是很大的打击。林总经理此时也清醒地认识到：由自己带领销售人员，依照一年来的方式做下去是不可能为公司带来巨大转机的。他太缺少有关中国内地市场运作方面的知识与经验，而祖国大陆市场和台湾地区不一样，行业情况也相差较多。企业需要一个熟悉本土行业运营规律的职业经理人来完成关系企业生存发展的销售环节。

2）渠道变革

（1）改换渠道合作模式取得成功。1996年2月，林总经理通过人才市场，招聘到一匹千里马——姚先生，由其担任卫家公司的销售经理。姚先生原在一家中型的、生产各类清洁用品的民营企业担任销售副经理，他原所在企业的产品在市场中具有一定知名度，虽然发展时间只有5年，但已有3种产品在各自市场中占据了较大的市场份额，实在是成绩骄人。林总经理带领姚经理参观了企业，并很详细、坦诚地讲明了企业的状况，同时明确了要求：在1~1.5年时间内使卫家企业扭亏为盈，而投入的销售费用必须在原有基础上降低30%~40%。这一切对新上任的姚经理来说将会是严峻的考验。

姚经理上任一个月期间，对卫家公司各地的销售情况做了详细的了解，对销售队伍的人员状况也做了一定的分析。一个月后，姚经理向林总经理彻底分析了卫家产品及企业的情况，并很快说服了林总经理，使其相信只凭自身的力量是不能完成整个渠道的各种事宜的，只有寻求一定的合作伙伴，整合优化资源配置，才可能打开市场。

在接下来的3个月里，姚经理请林总经理一道拜访了四大区域内较为理想的代理商，由于姚经理过去与他们均有过较好的合作经历，代理商都应允试用卫家公司的产品，大家也对各自所覆盖的代理区域做了一定协调，防止不必要的冲突。而林总经理也认真考虑了姚经理的建议，提出相当优惠的条件，鼓励代理商一次买断更多的产品，加速资金周转速度。例如，一次性购买 50 万吨以上并签约即付款的代理商给予 5 个扣点（5%）的供应价折扣优惠，100 万吨以上签约即付款的可得到 8～9 个扣点的供应价格折扣优惠；代理商安排终端人员现场促销活动，卫家公司将负担一定的人员聘用费用，或按照销售量给予一定比例的费用返还；卫家公司将派专人配合区域促销活动安排，以提供赠品制作、POP 内容设计等多种方式配合代理商促销，以期共同打开市场；卫家公司此次将销售人员缩减为 18 人，各区域分别派驻 3～4 人，同时总部保留一定人员联系各区域人员。

经过两位经理 3 个月的精心部署，卫家公司的通路设置日趋清晰完善：四个区域的重点城市共设代理商 8 个，各区域派往的销售人员也开始与代理商正式合作，准备在 1996 年 7 月至 1997 年 1 月的半年间放手一搏。改革后的渠道结构如图 2-14 所示。

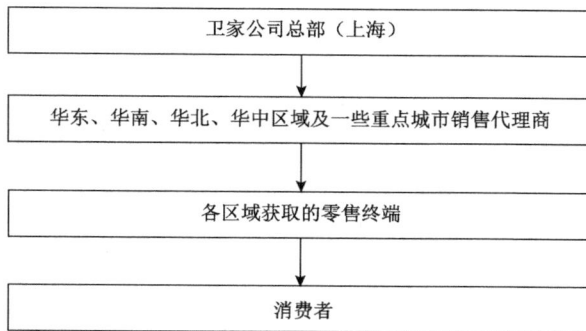

图 2-14　企业改革后的渠道结构

对于这些在所辖区域内与大型终端有良好稳定合作关系的经销商而言，在原有供货基础上增加一类产品进入终端，不是一件很困难的事情。加之卫家公司此番决心以多种优惠手段集中力量促销推广，代理商在买断货物后的销售积极性被充分调动起来，双方都希望卫家产品可以打开市场，成为获利之源。

结果比姚经理预期的还要理想：其中三个重点城市的代理商还将卫家产品送入了次级城市的中高档零售终端，消费者开始在有规律的终端内促销人员的宣传、海报宣传下对卫家这种价廉质优产品产生了兴趣，购买潮随着产品概念在消费者间的扩散而逐步形成。

截至 1997 年 1 月，卫家公司虽然在促销方面投入了比以往多 2～3 倍的资金，但原有的物流费用、销售队伍支出、进入终端的公关费用大幅降低，各城市市场销售回款总额突破 800 万元，令卫家公司在半年间一举扭亏为盈。成功的合作开始之后，卫家公司与各代理商彼此接纳了对方，快速增长的市场需求也促使两者的联系更为紧密。

（2）渠道合作矛盾显现。有了前期的成功合作，卫家产品的市场需求大幅提高，很快将初期滞压也送进了市场。卫家公司的生产设备、人员全部投入了生产中。林总经理与生产部经理给姚经理商议后决定：为了适应市场快速增长的需要，卫家公司将利用向当地工商银行申请的项目贷款 400 万元，购建厂房设备、配置生产人员，建设期为 6 个月，还款期限为 3 年。卫家公司同时也与各代理商达成协议，在未来 4～6 年内由各代理商在所辖区域内独家代理卫家公司产品。

在接下来的 3 年中，卫家公司产品销量仍呈增长态势，但增长速度明显减缓，最终几乎停留在 950 万元/年的水平上，林总经理十分焦急。

在这 3 年的合作中，代理商一直不断要求更优惠的进货价格，毕竟进价下调后，代理商的利润空间可能会大幅增加，也会增加提高促销支出的可能，但这一举动恰恰会将卫家公司的毛利润大幅降低，而利润率可能也会受到一定影响。

市场对卫家产品的需求似乎已经进入"稳定期"，消费者对产品概念随着终端供销、宣传及其他企业相似产品的介入而熟悉，但在购买时由于选择可能非常多而更理性，原有消费群购买量稳定，而新进入的消费者没有达到预期数量。

卫家公司全力投入促销活动的费用（包括给代理商的优惠措施）的增长比例远大于产品销量的增长，这部分支出占据了卫家公司成本的较大部分，而收效却不理想。

卫家公司新增的生产能力并未达到理想的产出效率，至少有 50%左右的闲置，如果全力生产，将会带来相当大的仓储压力与费用。

偿还贷款本息后，卫家公司对大量资金用于支出的承受力被削弱很多，面对利润下降、生产能力闲置、市场趋于饱和的态势，其资金流转可能出现短期的危机。

林总经理此时开始对代理商的模式产生怀疑，增加中间环节会降低利润空间的道理是不言而喻的。虽然姚经理与这些经销商有一定的人际关系基础，但不断扩大利润空间是经销商的理念，也是维系双方合作的决定因素，代理商不会因为卫家产品销量增长放缓、生产发生闲置或是资金流转不畅而给予特殊优惠。即使不要求降低进价，代理商也会要求更多的促销支持以提高销量，这对卫家公司来说同样是一种成本支出。

同样，对于代理商而言，卫家公司产品在旗下众多的代理产品中渐渐成为一块鸡肋——食之无味，弃之可惜。家用防霉烂产品流量不大、周转速度不及很多生活消费品。即使定位于中高档价位，商品的毛利润空间仍不是很大。毕竟这一产品概念尚未被消费者广泛接受，加上品牌、价格等多种因素影响，天然防霉蛀产品占主流地位的时机还未成熟，而卫家公司此时要遍地开花显然是难上加难。因而，一部分代理商没有再以合作初期的力度为辖区内的卫家产品销售给予支持，期望其销售保持一种平稳上升的态势。如果卫家公司不能再给出有力的进价优惠和促销支持，则很有可能放弃卫家产品，选择其他产品生产者，或是将资源集中到旗下其他代理产品上，寻求更大的利润来源。

卫家公司与代理商的合作从 3 年前的一拍即合到由浓转淡。林总经理对这种合作模式渐渐失去信心，他相信：市场对天然防霉烂产品已有一定的认知度；终端、消费者对卫家产品也有了一定了解，如果收回中间环节代理商取得的那部分利润，卫家公司完全可以自主销售，进一步加大促销力度。这对于卫家公司比较成熟的产品将带来新一轮的、更大的市场需求。

3）渠道重组引发危机

（1）渠道重组。在 2001 年初，林总经理不顾姚经理的竭力反对，坚持恢复卫家公司最初的自建渠道模式，中断并放弃与代理商的合作关系，公司支付了一定违约金，收回货品和促销材料。这虽然对大多数代理商来说损失不大，但影响并不好，特别是姚经理认为他很难面对业内朋友，卫家公司的成功离不开业内朋友们当初的大力支持。而他更清楚的是：对于卫家公司这样主攻生产而其他环节力量薄弱的企业也只有选择代理合作的模式才是真正有效的。姚经理对林总经理的决定很失望，认为没有必要继续留下来坚持违背初衷、预期不利的事业，辞职离开了为之奋斗了几年的卫家公司。

卫家公司在林总的带领下重组、招聘了销售队伍，很快恢复了原有区域派驻的销售模式，但终端范围做出了一定调整，放弃了一些农村市场中由代理商铺货的终端，主攻重点城市的各种大型终端，开始了新的挑战。

一些同类产品以更优惠的条件得到了原卫家代理商的支持，借助卫家产品概念的宣传顺利进入了市场；而卫家产品为了留在原来的大型终端，必须和其他进入者一样，根据大型终端的要求重新调整自己。卫家公司开始感受终端的"冷淡待遇"——这种产品对终端而言是必需但不重要的，给予关注的可能性是极低的，仅凭单一而非重要产品的供应者在与终端的合作中地位差距是可想而知的。

（2）危机爆发。2001年9月，在北京市场上，卫家公司终于爆发了一场危机，这也是隐患积聚的必然。家乐福作为卫家公司在北京销售的重点终端，其对供应商有着严格的断供货要求，以适应其"零库存"的营运需要。卫家公司作为长期合作者，自然也十分清楚，自主销售后不敢怠慢。但家乐福北京各分店相距很远，与其他卫家公司选择的终端没有任何比邻；每次要求的进货量均不是很大，一般为2~3箱，自主销售后，卫家还没有自己的物流配送合作伙伴，配送活动管理较为混乱，有些销售员甚至叫出租车送货，而北京交通情况是不允许夏利出租车运送箱式货物的，一经交警发现会处以50~200元不等的罚款。于是卫家公司销售员由原来的"不辞辛苦""不计成本"为家乐福"有求必送"，渐渐转为拖延，等家乐福门店及北京其他终端有较多供货需求时才雇用专用运货车辆一并发货，这着实令家乐福无法接受。经过门市再三反映卫家产品架上数量低于应采购标准，不能按照规定及时补货，造成货架空间利用率降低后，家乐福于2001年10月正式提出与卫家公司解除合作关系，这使卫家公司销售遭受重创。

更严重的是，北京几家大型终端，如京客隆、亿客隆等，也对卫家公司的供货情况提出警告。一些终端在不十分清楚家乐福驱逐卫家公司具体原因的情况下，甚至怀疑卫家产品或企业存在问题而暂停补货，计划待产品出空后更换品牌。这一连锁反应令卫家公司在北京市场一蹶不振。林总经理亲自到北京协调，希望缓和态势。终端的拒绝合作令卫家公司在北京市场上的销售举步维艰。而其他重点城市也不同程度地存在这种隐患，销售业绩难以令人满意，林总经理管理的卫家公司在不到一年的时间内陷入了困境，前方销售受阻，后方的生产、仓储亦成难解之题。

3. 尾声

让卫家产品迅速重新登上终端零售的货架，可以将卫家公司从目前面临的资金流转危机中解救出来。但是，林总经理希望找到一种更好的方法，可以在未来的发展中为卫家公司打下一个良好的渠道基础，毕竟卫家公司现在和今后很长的一段时期内都还只是一个专门生产家庭用防霉烂小商品的民营小企业，寻求一种有效的渠道合作模式，找准一种合适的渠道位置，做好自己应该扮演的角色，对未来发展是相当重要的，不能仅为了眼前而慌不择路。

林总经理的心绪很难平静，但他默默地告诫自己：静下心来，一定可以为卫家公司找到一条很好的出路，一定可以渡过这次难关。

资料来源：郭毅. 市场营销案例. 北京：清华大学出版社，2006

问题

1. 该公司有必要进行渠道重组吗？渠道重组失败给我们什么启示？

2. 假如你是林总经理，应该如何解决所面临的困境？

（二）校内外实训

1. 根据项目导入的案例，你认为 A 公司的渠道模式还应该如何完善？

2. 某企业经营的"基尔米"是一种由中国水稻所研发而成的大米，这种大米富含伽马氨基丁酸和矿物质维生素，营养成分是普通大米 100 倍左右。实验证明，这种"基尔米"还可以制成果冻、浓饮料、饼干等派生产品，营养及科技含量均十分高。现在企业准备在销售原产品的同时推出一系列派生产品，快速打造品牌。

实训任务：请针对其派生产品进行渠道模式设计。

四、知识拓展

渠道设计理论

1. 渠道系统理论

保持和发展与环境系统的适应关系，是企业营销战略的要旨，也是分销渠道战略管理的核心。企业在设计分销渠道时，首先要将渠道作为开放系统，认识渠道环境对渠道变化的影响。

由许多相互依存的组织构成的渠道自身组成一个系统。这个系统的各个成员共同创造渠道的服务产出。一条分销渠道包含两大部分：经营者和最终使用者。前者为垂直结合的营销组织，主要由制造商、批发商和零售商组成，是渠道系统的经营亚系统；后者由相关市场的消费者（集团购买者和家庭）构成，是渠道系统的用户亚系统。经营亚系统的存在以满足用户需求为前提。其成员要彼此协调，才能实现渠道功能并达成各自目标。

与其他系统一样，分销系统有它的边界，包括地理边界（如区域市场）、经济边界（如处理产品或服务的能量）和人力边界（如相互交往的能力）。同时所有分销渠道也是一个更大系统，即经济分配结构系统的一部分。经济分配结构又是国家环境的一个亚系统。国家及国际环境包括实物、经济、社会、文化和政治等亚系统。这些系统即渠道环境系统影响着渠道效率、效益和形态变化。

2. 渠道设计总成本理论

设计理想分销渠道系统需要考虑的因素多而复杂。近年来，各国学者通过大量研究，提出了许多渠道战略设计理论模型。了解和借鉴这些理论，对提高渠道管理水平具有重要意义。

美国渠道问题专家巴克林（Louis P. Bucklin）在20世纪80年代提出"分销系统总成本最低原则"理论。他认为，分销系统设计面临两大相反相成的制约因素。其中一类因素如消费者需求多变、市场日益细分、产品花色品种越来越多等，要求渠道系统尽可能推迟订货时间，即"延后订货"，使订货时间更接近消费时间，减少订货后需求变化带来的货不对路风险。对制造商来说，延后订货意味着它能根据更为确定的需求（订单）来组织生产，将市场风险降到最低，并能减少产品储存费用。因此，分销系统效率的提高，可以通过最大限度的"延后订货"来实现。另一类因素如生产的规模经济性、消费者购买的随机选择、减少多次进货的较高成本、减少存货断档带来顾客"跳槽"的机会损失等，又要求渠道系统通过"尽早订货"来实现。显然，"延后订货"有低风险的好处，但增大了机会成本；"尽早订货"可以产生规模经济效益，但风险较大，分销成本较高。这两类因素相互作用，决定了分销渠道的组织特征，即是由生产者组织流通，还是由中间商来组织流通，才能更加合理。

3. 交易成本理论

面对不同的经济环境，生产企业的不同产品要采用不同的产销结合方式。例如，是采用更市场化的方式，让中间商更多行使分销功能，还是用内部化方式，将销售活动更多纳入企业组织体系内？显然，玩具厂商和机械设备生产厂商通常会考虑采用很不相同的方式。厂商究竟选择何种产销组织方式，主要取决于交易成本的高低。

交易成本理论认为，组织与协调商品交换会产生一系列交易费用。这些费用主要来源于三项经济活动：一是买卖双方互相寻找，比较产品质量、厂商信誉等过程引发的调研活动费用；二是与买卖双方商定供货条件的谈判签约活动相关的管理费用；三是协约执行费用。不同类型的产品，其交易费用可以有很大差别。例如，质量等级简单的矿产品，交易费用很低，而技术复杂的专利产品，交易费用就高得多。企业应根据交易费用的高低及市场环境的要求，具体分析影响交易成本的各种因素，选择不同控制程度的渠道模式（高度控制、中度控制、低度控制），以取得长期最佳效益。

4. 进入市场的战略行为理论

成本最低的分销方式，并不一定能为企业带来最高利润或最大竞争优势。企业在渠道设计中，还应当重视竞争因素。很多时候，企业选择进入市场的方式，并非因其进入成本低，而是因其能增强企业的竞争地位，使企业获取垄断利润。

企业战略行为理论认为，竞争优势和超额利润的存在，是因为该市场存在某种使业外企业无法进入的"进入壁垒"。否则，各类企业源源不断涌入，就会使这种超额利润消失。因此，企业进入市场时，首先要考虑的问题就是如何占领有利的战略地位。"进入壁垒"主要表现为两大类型：成本劣势和报复威胁。这就要求企业在进入市场时，要做好战略选择并尽量避免报复威胁。一般可以采取两种战略：一是选择进入行业的特异部分，或新的细分市场，以差异化产品与市场降低相对成本劣势；二是兼并该行业中的现有企业，尽量避免行业总生产规模过分扩大而导致价格战，尽可能不改变行业现有结构，避免与行业巨头正面冲突。

资料来源：卜妙金. 分销渠道管理. 北京：高等教育出版社，2006

渠道设计需要考虑的因素

分销渠道设计受多种因素的影响，包括产品、消费者、竞争者、中间商、企业自身、经济形势及相关法规等。

1. 产品特性

（1）产品的理化性质。对一些易腐易损商品、危险品应尽量避免多次转手、反复搬运，宜选用较短渠道或专用渠道。一些体积大的笨重商品，如大型设备、煤炭、木材、水泥构件等，也应努力减少中间环节，尽量采用直接渠道。

（2）产品单价。一般而言，价格昂贵的工业品、耐用消费品、享受品均应减少流通环节，采用直接渠道或短渠道；单价较低的日用品、一般选购品则可采用较长、较宽的分销渠道。

（3）产品标准化程度。高标准化产品应该比低标准化产品使用更长、更宽的渠道。而标准化程度低，尤其是定制的产品，顾客数量少，企业可以进行直接销售。

（4）产品技术的复杂程度。产品技术越复杂，用户对其安装、调试和维修服务要求越高，采用直接渠道或短渠道的要求越迫切。对需要安装调试的产品或者要维持长期售后服务的产品，一般采取企业直销或独家经销商来销售的销售策略。

2. 消费者特性

（1）消费者数量。消费者数量的多少构成市场容量的大小，不论是消费品市场，还是工业品市场，消费者数量是企业决定是否采用中间商的一个重要因素。当消费者数量多时，对于分销能力有限的企业来说，在满足消费者的需求这一点上存在相当大的困难，因此，企业可以考虑采用经销（代理）模式。相反，当消费者数量比较少时，则可考虑采用直营或直销模式。

（2）消费者集中度。消费者集中度指消费者在特定地理空间上的分布密度，又称为人口的地区密度。当消费者市场比较集中时，则可采用短渠道，适宜采用直营或直销模式；反之，当消费者市场分散，则应采用长而宽的渠道，发挥中间商的作用，采用经销（代理）模式。

（3）消费者购买习惯。消费者购买行为体现在很多方面，如购买批量、购买频率、购买的季节性和购买的介入程度等。购买批量越大，单位分销成本越低，因此可以考虑采用短渠道分销，采用直营或直销模式，相反，消费者购买批量越小，越需要利用长渠道分销，采用经销（代理）模式；购买频率高的产品，需要通过中间商来分销，采用经销（代理）模式；季节性强的产品，制造商很难在短时间内达到较高的铺货率，在淡季会造成渠道闲置浪费，因此，应使用较长的渠道来分销；购买的介入程度高时，可选用短而窄的渠道，反之，选择长而宽的渠道。

3. 竞争者特性

行业不同，企业间分销渠道的竞争方式也不同。竞争者的分销渠道对企业的分销渠道设计有重要影响。企业不仅应对竞争对手的销售地点、渠道类型、产品和服务特点、市场规模、消费者特点与规模等进行分析，还要对竞争对手的分销策略，如销售密度、销售性质、渠道成员及渠道结构等进行分析，从而设计适合自身的分销渠道。

一般来说，企业可以采用积极竞争或标新立异两种竞争策略，即选择与竞争对手相同的分销渠道去积极竞争或采用不同的分销渠道去回避竞争对手。例如，消费品生产厂家如果觉得自己的产品在品牌、价格、质量上有竞争实力，就可以将其产品和竞争对手产品在零售店摆放在一起销售；另外，如果竞争对手在其传统的分销渠道中占据了绝对优势，企业的实力无法与竞争对手竞争传统的分销渠道时，就可以采取完全不同的分销渠道策略。例如，日本石英电子表在进军美国市场时，避开了瑞士名表占据绝对优势的传统的钟表销售渠道——钟表店，而根据产品价廉物美、样式新颖的特点，建立了由零售商、超级市场所构成的销售渠道，迅速获得成功。美国雅芳公司也避开了传统的分销渠道，训练漂亮的年轻妇女，挨家挨户上门推销化妆品，建立直销形式的分销渠道，也获得了成功。

4. 中间商特性

在考虑市场基础时，渠道结构设计者应着重考虑现有分销商的现状、特点及要求，在能够兼顾和发挥现有分销商资源优势的前提下选择设计合理的分销渠道结构模式。

（1）可得性。考虑分销商的可得性需要提出两个问题：一是在现有分销商中是否存在可以经营本企业产品的分销商？二是如果存在，它们是否可以有效地经营本企业产品？如果现有分销商不能有效地销售公司产品，企业不得不重新建立自己的销售渠道，这时要考虑所选渠道模式能否找得到合适的分销商。

（2）成本。分销商所需要承担的成本是评价渠道的重要方面。如果采用某类分销商而使得企业承担过高的费用，在设计渠道时就可以考虑不采用这类分销商。但是，要注意不能把成本因素看得过重而忽视了渠道目标。过分看重成本是渠道结构设计的一个误区，它可能导致企业倾向于利用成本最低的分销商而舍弃一些高端渠道（如大卖场、购物中心），进而使得产品不能有效覆盖市场和提供必要的服务，最终造成顾客的不满意和销售不力。渠道结构设计要考虑渠道效益（销量、利润、品牌价值）与渠道成本之间的平衡。

（3）服务。在选择分销商类型，甚至设计渠道长度时，涉及分销商可以为顾客提供的服务问题。考察分销商的服务情况，就是比较分销商所提供的服务与顾客对分销商的服务要求之间的关系。企业在进行渠道结构设计时，要考虑分销商的服务水平和顾客的服务期望之间的平衡问题，既能够提供顾客服务，又能够让顾客满意的分销商才是好的分销商。

5. 企业自身特性

企业在设计营销渠道时，还需要考虑下列企业自身的条件因素，有多少能力办多少事情，企业经营不是儿戏，要实事求是，不能好高骛远。没有绝对好或坏的营销渠道模式，只有适合自己的才是最好的。所以，企业需要根据自身情况进行选择。

（1）企业的规模与实力。企业规模大、实力强时，对渠道模式就具有更大的选择余地，可以考虑采用直接渠道，建立分公司直营或者建立专卖店进行连锁经营，也可利用中间商进行分销，这样渠道建设的规模、范围更大。而中小企业则常常需要依赖中间商来经销其产品以节约成本，还需要选择进入部分市场以降低风险。

（2）企业的管理人才与管理水平。管理人才与管理水平是企业管理的重要因素，不同渠道模式对人才及其管理水平的要求不同。例如，建立分公司和建设专卖店就相对复杂一些，对管理人才及公司的管理水平要求就高一些，相对来讲，找经销商进行分销就会简单一些，因为可以将很多市场问题留给经销商处理。企业需要根据自身人才储备及管理水平选择渠道模式。

（3）企业产品组合状况。具有很多条产品线的大型企业，在营销渠道设计时可以有多种选择，可以直营、可以分销、可以连锁经营，也可以根据不同产品线特点选择不同的渠道模式。这类企业市场占有率高、销量大，能够分担分销成本，所以往往可以直接向大型零售商供货；而产品种类少、规模小的企业则不得不依靠批发商和零售商来销售其产品。此外，产品组合的关联度高，往往可以利用同一营销渠道；而产品组合关联度低，则常常需要对不同产品线设计不同的营销渠道模式。

（4）企业控制渠道的愿望。短而窄的渠道特点是容易控制，如直销、连锁经营；而长而宽的渠道特点是难以控制，如经销、代理、批发等。企业可以根据自身对渠道控制愿望的强弱偏好选择和设计不同的分销渠道模式。

除以上因素外，制造商的产品信誉、资金状况、经营管理能力等也会影响企业选择什么样的渠道设计模式。大制造商信誉好、实力强，可以建立自己的销售力量，随心所欲地选择渠道成员。反之，小制造商力量小、财力弱，或缺乏管理销售业务的经验或能力，则只能借助中间商销售产品，并施加有限影响。

6. 经济形势与有关法规

（1）经济形势。经济景气，发展快，企业选择分销渠道的余地较大；经济萧条、衰退时，市场需求下降，企业就必须减少一些中间环节，使用短渠道。

（2）有关法规。国家法律、政策，如专卖制度、反垄断法规、进出口法等也会影响分销渠道选择。在一些实施医药、烟草和酒类专营国家，这些产品的分销渠道选择就会受到很大的限制。

资料来源：郑锐洪. 分销渠道管理. 大连：大连理工大学出版社，2013

电子商务线上与线下冲突解决之道

目前，互联网已成为人们生活、工作、学习不可或缺的工具，正对社会生活的方方面面产生深刻影响。互联网产业持续发展。电子商务、网络广告、网络游戏、搜索引擎等将成为互联网产业主要增长领域。

1. 新渠道新优势：电商发展新动力

从网络用户的角度来说，随着网民规模的扩大和网民的日益成熟，网络对于网民的价值正在由"娱乐平台"向"商务平台"转变。从企业的角度来说，企业主对网络本质的认识日趋理性和科学。

从品牌传播的角度来说，网络只是一个信息传播的渠道，但是这个渠道整合了传统意义上的所有的媒介形式，同时聚合了大量的年轻消费族群。

从产品营销的角度来说，网络是一个营销与传播整合的通道，在网络媒体上把传播和销售之间的距离进一步拉近，也就是实现了品牌传播与产品销售的整合。正是基于网络媒介对品牌营销传播与销售的整合，电子商务越来越受到企业的重视，一方面企业通过电子商务的模式上线，让网络营销的效果更为直观和实效；另一方面电子商务业务的开展能有效缩短品牌与消费者之间的距离，使品牌与受众之间的沟通更为直接，特别是与年轻消费族群的沟通。电子商务之所以会日益受到品牌方的重视，在于网络销售的发展具有传统品牌运营模式不可比拟的优势。

首先，网络媒体整合了品牌的营销传播和产品的销售，因此让品牌的营销传播活动效果更为直接、更为实效。所以，网络营销的效果不再看品牌曝光度、受众参与率等难以量化的指标，而是看实实在在的销售转化率。

其次，网络销售压缩了传统营销的中间环节，让消费者与品牌之间的距离缩短。这一方面可提升企业的快速反应能力，使企业能根据市场的销售情况调整产品策略；另一方面有效压缩了中间环节，从而降低了传统渠道建设的成本，有效降低了产品的销售价格。

再次，网络销售给消费者更大的产品选择面。在一家传统的线下专卖店，如果上 600 个 SKU（stock keeping unit，保存库存控制的最小可用单位），那么就是一个很大的店铺了，这么大的店铺，其库存、物流、场地租金、人员等是一笔很大的开支，但是在网络专卖店，消费者可以轻而易举地做到 1000 个 SKU，因此网络销售让消费者的选择面进一步扩大，从而可有效满足消费者的个性化需求。

最后，网络销售让品牌的销售覆盖面进一步扩大。有网络的地方就有我们的销售终端。在传统的代理加盟体系中，县级市场对于代理商来说是一个很尴尬的市场，如果开专卖店，很可能出现的情况是入不敷出，如果不开，又很可能被竞争对手占据先机。但是网络销售解决了这个问题，打破了地域和终端数量的限制。

因此网络作为一个新的销售渠道，正在日益显现出其巨大的市场竞争潜力和优势。对于大多数传统品牌来说，其主力消费群体已经在网上了，如果企业的有效体系还是以线下方式为主，那么必然出现企业的销售渠道与目标消费者群体的直接背离，因此企业是否把网络当作一个重要的产品销售新渠道来发展，将决定企业在未来的市场地位和生存空间。

2. 线上与线下：共生还是互毁

对于风生水起的电子商务浪潮，无论是中小型企业，还是国内外大型企业，都无法等闲视之。事实上，很多企业已经积极行动起来，试图在网购市场上分到一块蛋糕。国美推出了网上商城。而与国美一样越来越重视电子商务渠道的企业还有很多。平均每天纯利润达到 2 亿元的中国移动 2008 年就在大力推广自己的电子渠道，希望可以尽快将自己的业务通过网络甚至移动网络销售。

然而，目前企业涉水电子商务时面临的一个尴尬的问题是：网络拥有独特的营销魅力与庞大的市场潜力，如果不发展线上渠道，很有可能被竞争对手甩在身后；可是传统的线下渠道竞争已经很激烈了，再发展线上渠道的话又会冲击自己苦心经营的线下渠道体系，传统的线下渠道可是它们目前的安身立命之本！

在 20 世纪 90 年代末，康柏公司是全球个人电脑业的霸主，为了狙击处于第二位的戴尔公司直销模式的威胁，于 1998 年发布了官方电子商务网站，直接销售电脑。尽管康柏公司小心翼翼，但线下渠道商们依然恼怒。渠道商并不认为康柏公司这是与对手在竞争，而是觉得这是康柏公司想绕开渠道商，取代自己的地位。

具体来说，线上渠道与线下渠道的冲突主要体现在两个方面：消费者的争夺和价格的冲击。

（1）消费者的争夺。线上渠道与线下渠道的竞争首先是消费者的争夺，这也是造成冲突的本源。由于网络传播的快速、便利，以及中间环节简化带来的价格优势，线上渠道作为新兴的渠道模式在吸引消费者的同时自然也就造成了对传统渠道的挤压，让线下渠道怎能不对线上渠道怀有敌意而进行强烈抵制呢？

（2）价格的冲击。由于网络营销传播的特性和优势，线上渠道销售的商品由于不存在物流和仓储成本，也无需负担昂贵的营销成本，同样产品在线上售卖的价格比线下零售店的要便宜。来自淘宝的数据显示，网上开店和传统物流相比，店主可以节省60%的运输成本和30%的运输时间，营销成本比传统的线下商店降低55%，渠道成本可以降低47%。综合上述成本因素考虑，同样的商品在线上和线下渠道存在20%～30%的差价完全正常。20%的差价足以让线下渠道产业链产生巨大的动荡，传统线下渠道商苦心经营的实体店面系统和励精图治的窜货管理，在线上渠道的冲击下束手无策，这是非常可怕的，也是线下渠道商们反应最激烈的症结所在。

无论是消费者的争夺还是价格的冲击，这些归根到底都是利益的冲突。所以，涉足电子商务的中国企业，目前急需解决的主要矛盾也是如何平衡线上渠道与已有线下渠道的利益冲突。

3. 线上与线下的和谐共存：电子商务可持续发展

线上渠道和线下渠道的利益如何平衡？其实这是一个资源整合利用的问题。电子商务不仅仅是一个前端界面的概念，后端还有很多资源需要整合。例如，供应链、产品制造流程、物流、数据营销、信息技术平台等。

实际上，在如今的竞争生态环境下，企业所有的营销思考模式都应该面对消费者市场，分销渠道不是由企业决定，而是由消费者决定何时、何地、如何购买其所需要的商品。方便性策略是网络平台竞争力的关键点。所以在决定是否构筑线上渠道的时候，需要从"渠道策略"向"消费者购物便利"转化，然后以"消费者购物是否便利"作为决策的一个依据。线上线下没有绝对的冲突，关键是如何"以消费者便利购物"为依据进行有效整合。只有建立在线上线下互动互通的零售渠道的基础上的电子商务模式才是真正具有实效意义的。

而要真正做到这些就需要企业把线上和线下渠道建设放到战略高度进行定位。只有战略定位清晰、明确才能够充分利用、整合所有的可利用资源。

已经涉足电子商务，并取得不菲业绩的李宁公司，其电子商务部完全按照独立的方式进行运作，并且由公司的首席运营官（chief operating officer，COO）直接领导。很显然，电子商务被李宁公司纳入到了公司的战略部署。相应地，李宁公司对于自己的线上销售与线下渠道定位就很精确。

关于线上和线下渠道建设的战略定位，企业必须明确线上渠道在企业的整个渠道体系中究竟应该占有什么样的位置，发挥什么样的作用。目前，涉水电子商务的企业主要是把线上渠道定位为线下渠道的补充，但是未来的发展趋势绝对是线上与线下的融合。无论是作为补充还是相辅相成，都需要在战略上进行清晰定位。企业只有在确定线上和线下渠道两者的定位关系之后，才能采取合适的策略。

1）线下为主：线上与线下渠道实现产品差异化

目前看来，在处理线上和线下渠道的关系时，很多企业的思路主要以线下渠道为主，把线上渠道仅仅作为线下渠道的补充。线上与线下渠道的冲突归根结底是对渠道商利益的冲突。如果线上只销售特定类别的产品，与线下渠道就有了差异化，不至于引起渠道商们过度恐慌而反水。同时，也对线下渠道进行了有效弥补，能够扩大企业的销售份额。

康柏公司当初在规划实施线上战略时，就把现有的渠道商们的利益切实地考虑进去，值得借鉴。康柏公司为了平衡线下渠道商的利益，不至于线上和线下打起来，采取了一个"聪明"的做法：专为线上开发了一套产品，就是后来的 Prosignia 系列电脑，即专门面向中小企业的商用电脑。虽然后来，康柏公司最终被惠普公司兼并的结局，从某种程度上说，并未从电子商务中形成狙击对手的巨大竞争优势；但康柏公司处理线上与线下的经验是非常有参考价值的。

李宁公司对于自己的线上销售与线下渠道定位就实现了差异化。例如，线下的李宁旗舰店专门销售正价新品，有些店铺销售库存商品；李宁官方电子商务平台 e-lining.com 主要销售限量版产品，包括明星签名等可以典藏的商品。可以说，李宁公司的线上和线下差异化之道，为更多进军电子商务的中国本土企业提供了一个参考坐标。具体来看，为了实现差异化，企业可以采取多种方式。

（1）线上是处理线下渠道存货的平台。这就是把线下销售的库存拿到线上来扫货，减轻品牌的库存压力。这也是很多传统企业的选择，线上既可以卖适合网络的低价商品，又和线下渠道的专卖店等形象与价格都不冲突。曾经很出名的美国高科技电子产品零售商 Sharper Image 在开拓线上渠道的时候，就只在线上销售库存过剩的产品及反季的产品，销售效果也很不错。

（2）线上是线下经典产品的复刻平台。当往年的经典款式在线下渠道已经断货时，把这些经典款式进行追单，只在线上销售，对线下渠道也不造成冲突，但是会有助于提高企业的总销售份额。

（3）线上提供网络特供款产品。这是指专门针对网络销售开发产品款式，这些款式不在线下渠道铺货，终端无法买到，只在网上独家销售，这样的差异化设置，自然能从根源上避免渠道间的利益冲突。

2）相辅相成：线上和线下融合

未来企业肯定是线上和线下渠道的融合，这是一个必然的发展趋势。因为消费者需求的多样化，不可能只有一种模式满足所有的需求。特别是当企业愿意认真考虑消费者便利的购物体验时，线下和线上的整合更应该起到的是互补作用。

七匹狼董事长周少雄考察美国零售市场后，就特别重视七匹狼电子商务的发展；其助理胡军也曾表示，七匹狼已投资几千万元在做企业资源计划（enterprise resource planning，ERP），"规划三到五年，实现从一个传统企业转入传统营销和电子商务共存共融的新型的经济实体"。同时，值得关注的是很多线上 B2C 网站也纷纷开始考虑线下拓展，毕竟80%左右的线下人群还未上网购物，如何覆盖到80%还未上网购物的人群，有些前瞻性的电子商务网站开始在探索。淘宝就推出了被称之为"大淘宝"的新战略，开始试水线下销售的 2688 网站也在发展线下代购点。今后，一个传统企业单靠线上或单靠线下都是不行的，线上渠道要拓展到线下，线下要拓展到线上。现在几乎所有传统线下企业都想发展线上渠道，这是个大趋势。如何把线上销售与成百上千的实体店整合起来，形成一张完整、结实的网，不是互不相干的两张皮，是企业迟早必须面对的问题。

那么线上和线下渠道的融合具体可以怎么操作呢？有以下几方面可以参照。

（1）统一定价，灵活促销。现在，很多知名网购平台上，几乎所有产品都比市场终端上的价格便宜。便宜幅度少则 10%～20%，多的甚至可狂降过半。这是吸引网购消费者的最主要诱因之一。但是，现在网上价格低，是因为还没规范，运营成本相对低很多，一旦规范起来，成本必定就上去了。线上与线下渠道的成本会趋于一致。

而随着人均 GDP 的提高，网购的消费理念也将会得到彻底改变，便捷、高效、选择面广等核心理念将被消费者提上议事日程，逐步代替如今偏离轨迹的"低价等于网购"的消费理念。

所以，不仅要具有渠道概念，更应该看到渠道背后的人——消费者！当我们从"渠道策略"转向"消费者购物便利"这个视角，着眼于"消费者购物是否便利"时，会发现线上与线下渠道针对的消费者是有很大区别的。线上购买的重度消费者其实是偏重于有钱没时间的目标群体。

因此，完全可以制定统一、严格的价格制度，产品线上线下一个价。但是线上和线下的促销策略可以更灵活，如线上包邮、赠送相关饰品等。这也就不存在渠道冲突问题，而对消费者的覆盖面其实更广了。网上平台和实体店各有特点，可互为补充、和谐共存。

（2）无缝对接，和谐共赢。线上渠道与线下渠道结成共同利益体，消费者线下看货，线上订购，线下再交钱取货，享受相应的服务，可以让消费者更放心、得到更多便利。这一模式可以参照成立于 1901 年的美国服装公司 Nordstrom。Nordstrom 目前在美国有 175 家专卖店，也通过目录册及互联网销售产品。2008 年，Nordstrom 公司有效融合了电子商务平台的库存系统与实体店库存系统。在该公司的线上和线下渠道有了统一的库存系统的基础上，开始推出"网上购物，店铺取货"的服务。这样，形成了线上线下的融合优势，给客户带来更多的便利，充分发挥了多渠道运营的综合竞争力。该公司2008 年电子商务收入 6.8 亿美元，比前一年增长了 8.4%。在美国经济艰难时刻，能取得如此成绩，"网上购物，店铺取货"服务的推出可以说是功不可没，在一定程度上也说明了这种融合模式的实效性。

（3）个性服务，多元增值。对于消费者来说，在网络上购物与到实体店购物在花钱的层面上是一样的，不一样的意义在于哪一种购物方式能够带来更多的便利和优质的服务。

随着互联网从以信息展示为中心的 1.0 向以互动为中心的 2.0 及以"随时随地随身"为中心的 3.0 演进，为消费者提供个性化的、定制化的全方位专属服务，已经成为大势所趋。而作为互联网的商务型应用，全方位的个性化服务更是电子商务下一步发展的重要方向之一。例如，提供一系列特色上门服务、免费送货上门服务、在线产品个性化定制服务、手机用户专享优惠服务、产品售后维护保养等。通过为消费者提供更多贴心的、个性化的服务来寻求企业销售时线上与线下的有效融合，以及开拓更多元化的增值领域。

资料来源：http://www.100ec.cn/detail--5592421.html[2011-01-05]

任务二 渠道系统设计

一、任务描述

渠道系统是在渠道模式所呈现的渠道成员间合作关系框架的基础上，深化解决渠道成员间合作关系紧密程度及其达成形式的配套工作，其涉及的渠道成员类型也有所扩展，既包括中间商，也包括同业的制造商。该工作对渠道模式的运行质量起着直接的影响作用，具体而言，既直接影响着渠道成员对企业产品销售的努力程度，也直接决定着企业对渠道的掌控程度，甚至影响着企业渠道的扩展方向。A 公司渠道成员间当前的合作关系是比较松散的，到底构建何种合作关系及该关系应达到何种紧密程度，换言之，应该构建何种渠道系统，是 A 公司在解决渠道模式的同时必须解决的问题。

二、知识学习

渠道系统是指分销渠道成员之间相互联系的紧密程度及成员相互合作的组织形式。根据渠道成员之间结合的紧密程度，可将营销渠道组织模式分为传统渠道系统和整合渠道系统两大类型。

（一）渠道系统的类型

1. 传统渠道系统

传统渠道系统是指由各个独立的生产企业、批发商、零售商和顾客组成的营销渠道，渠道各成员之间是一种比较松散、不稳定的合作关系。该渠道系统的优势是具有较大的灵活性，可以随时、任意地淘汰或选择分销渠道成员。缺陷是由于彼此独立，各成员均追求自身的利益最大化，即使这种利益最大化是以损害系统整体利益为代价也在所不惜，相互之间缺乏配合，因此很容易导致整个渠道效率低下。具体表现在生产企业难以有效地控制营销渠道，销售回款困难，分散的多个环节妨碍信息的快速传递，渠道各环节层层盘剥导致最终产品缺乏价格竞争优势，终端管理缺乏力度，促销活动得不到积极配合和执行，售后服务质量得不到保证，窜货、相互杀价倾销现象屡禁不绝，还有店大欺客、货架争夺、灰色交易、与业务员联手欺诈等现象发生，厂家维护市场的有序性和调动中间商积极性的成本越来越大。

20 世纪 70 年代以前，在流通领域中占统治地位的是传统渠道系统，之后，随着市场经济的不断发展及市场竞争的日趋激烈，传统渠道系统整体效率低下的弊病日益显露出来，从而导致了营销渠道组织模式的变革，由此产生了整合渠道系统。

2. 整合渠道系统

整合渠道系统是指渠道成员通过一体化整合而形成的分销渠道系统，包括垂直渠道系统、水平渠道系统、复合渠道系统三种类型。对制造商而言，渠道整合体现在两个方面：一是对企业内部资源的整合；二是对企业外部中间商营销中心体系的整合。而从"无边界"的战略管理工作的要求来看，区分内部和外部并无必要，因为要整合好渠道资源，必须把从原料供应商到终端零售商等所有的环节视作一条完整的产业价值链，只要是这条价值链上的成员，都是整体中的不可或缺的个体，都应该被视为内部客户，而非外部中间商。渠道整合的最终表现是渠道系统的设计，如垂直一体化渠道、混合渠道或双重渠道的构建等。

1）垂直渠道系统

垂直渠道系统是指由生产企业、批发商和零售商纵向整合组成的统一的联合体。在联合体内，成员同属一家公司，或通过合同，或通过管理整合在一起，通常是以某个有实力的成员为主，其他成员与之合作。垂直渠道系统的营销系统可以由生产企业支配，也可以由批发商或零售商支配。这种组织模式的主要优势是拥有专业化管理和集中执行的网络，可以使渠道成员的行为协调一致，消除渠道成员为追求各自利益而造成的冲突，能够依靠其规模、谈判实力和减少重复服务获得较高的效益等。如今在消费品的销售中，垂直渠道系统已经成为国际上一种占主导地位的渠道组织模式。例如，在美国，垂直渠道系统已成为消费品营销渠道的主要模式，覆盖了全美市场的70%～80%。这种组织模式的主要缺陷在于维持渠道的成本较高，中间商缺乏独立创造性。

垂直渠道系统根据其整合方式的不同，可以划分为公司式、管理式和合同式三种类型。

（1）公司式垂直渠道系统。公司式垂直渠道系统是指一家公司拥有并统一管理若干生产企业、批发机构和零售机构，综合生产、批发和零售业务，以此控制营销渠道的若干层次，甚至控制整体营销渠道的垂直渠道系统。实际上，当一条营销渠道中两个或两个以上环节存在着共同所有权，或者一个层次的职能被另一个层次的成员所取代时，也就形成了公司式垂直渠道系统。

公司式垂直渠道系统根据主导者不同，又可分为两类：一类是生产企业主导的公司式垂直渠道系统。该渠道系统中，生产企业拥有并统一管理若干生产单位、商业机构，采取工商一体化方式进行经营。例如，美国胜家公司在美国各地设有缝纫机商店，自产自销，并经营教授缝纫等服务项目。另一类是以中间商为主导的公司式垂直渠道系统，这种中间商一般是大型零售公司。该渠道系统由若干生产企业、商业机构形成，同样进行工商一体化经营。

【案例 2-5】

格力渠道模式——股份制区域性销售公司模式

1. 组织结构

（1）省级合资销售公司。格力电器股份有限公司的区域销售公司由省（自治区、直辖市）内最大的几个批发商同格力合资组成，向格力电器总部承担一定数量的销售任务，并同总部结算价格。销售公司负责对当地市场进行监控，规范价格体系和进货渠道，以统一的价格将产品批发给下一级中间商。除了与总部有货源关系，听从总部"宏观调控"外，价格、服务、促销实行"区域自治"。省级销售公司的毛利率一般可以达到10%左右。

（2）区级合资分公司。各地市级批发商也组成相应的合资分公司，负责所在区域内的格力空调销售，但格力在其中没有股份。合资分公司向省级合资销售公司承担销售任务，两者之间结算价格。

（3）零售商。合资销售分公司负责向所在区域内的零售商供货，零售商在此模式下显得没什么发言权，它们的毛利率较低。

2. 渠道分工

格力模式中生产企业由于不再建立独立的销售分支机构，很多工作转移给了合资销售公司。

（1）促销。格力电器负责实施全国范围内的广告和促销活动，而当地广告和促销活动及店面装修之类工作则由合资销售公司负责完成，格力电器只对品牌建设提出建议。有关费用可以折算成价格在货款中扣除，或上报格力公司总部核定后予以报销。

（2）营销。营销工作全部由合资公司负责，它们制定批发价格和零售价格，并要求下级中间商严格遵守，物流和往来结算无需格力电器过问。

（3）售后服务。由合资公司承担并管理，它们或自建或与第三方服务公司签约，监督其执行。安装或维修工作完成后，费用单据上报合资公司结算，格力电器总部只对其中一部分进行抽查和回访。

资料来源：解析格力渠道策略的前世与今生. http://www.docin.com/p-1489127385.html
[2016-03-15]

（2）管理式垂直渠道系统。建立公司式垂直渠道系统往往需要较大的投资，大多数企业或者缺乏财力，或者在很多情况下没有必要这样做，所以在西方国家采用公司式垂直渠道系统的企业只是少数。为了既获得公司式垂直渠道系统的好处，同时又不进行大的投资，一些享有盛誉的大生产企业往往建立管理式垂直渠道系统。综合来看，管理式垂直渠道系统就是指以一家龙头企业为核心，由处于渠道价值链不同环节的众多中小企业自愿参与而构成的、在核心企业的控制下运作的营销渠道系统。例如，美国克拉夫特（Krah）食品公司积极改善产品包装，广泛开展销售促进业务，对食品杂货商提供购销业务指导，帮助它们改进商品陈列。

在管理式垂直渠道系统的运行中，通常都有一个由生产企业与批发商、零售商共同制订的全面的商品交易计划；生产企业需要建立一个统一的管理中心，通过这个中心与营销渠道上的有关成员在促销策略、库存管理、定价与成本控制、商品展示、购销活动等方面协调关系或给予帮助和指导；为了加强营销渠道内各成员之间的联系，建立长期稳定的合作关系，在资金融通、技术咨询、管理协助等方面，生产企业通常给渠道上的成员提供一定的优惠条件。由于管理型系统不是通过所有权和合同，而是在有关成员自愿加入、互利合作的基础上，通过相互尊重、相互支持来协调与维持系统的存在和运行，所以担任"管理者"的核心企业常常是名牌商品的生产企业。它们凭借其强大的实力、信誉和品牌知名度，可以赢得中间商的全面合作与支持，中间商愿意接受核心企业的指导、建议和管理，进而形成了一个统一的营销渠道网络。

【案例 2-6】

雷士照明的管理式垂直渠道系统

雷士光电科技有限公司是国内最大的照明品牌供应商，飞利浦（中国）投资有限公司、通用电气公司、欧司朗（中国）照明有限公司将其视为在国内市场上的强劲对手，雷士照明与飞利浦相比，其产品不能说是质量最好的，但其渠道能力却非常突出，渠道能力是雷士照明获得成功的最重要因素之一。

雷士照明选择经销商的原则是一个省（自治区、直辖市）一个经销商，而且经销商都是用"雷士运营中心"的名义开展业务，这样能够将雷士照明的品牌和资源发挥到最大。雷士照明对运营中心的要求是透明、公开，在理念上彼此认同。只有达成这种共识，才能进行合作，才能实现快速发展。厂商如果有博弈的心态，是很难长期合作下去的。只要他们有能力，积极主动，跟得上雷士照明的发展步伐，雷士照明都会尽量帮助他们，每年都要拿出几亿元的信用额度给他们。在产业链上，大家不是博弈，而是基于用户需求进行深度合作。雷士照明给了运营中心利润空间，而运营中心帮助雷士照明打开了市场，大家各取所需。为了帮助经销商开拓市场，雷士照明在销售政策、品牌推广及客户服务上给予经销商全方位的支持。雷士照明派出大约 150 人的队伍，长期驻扎在运营中心，由雷士照明发工资，帮助经销商制定目标、管理过程、提供服务，这让经销商和雷士照明的黏合度更高。这样，雷士照明的经销商队伍非常稳定，在 2009 年，离开雷士照明的经销商仅有两家，进入的也只有两家。同时，雷士照明通过影响设计师资源推广其产品，积极参与国家重大工程、光环境方案展示。雷士照明还在各地设立了大区经理，并通过不同的客户群划分职能，如工程部、零售部等。他们根据不同的客户属性研究营销策略，总部对他们进行关键绩效指标考核，其业绩是通过最终卖给用户而不是经销商的销售额来考核的。雷士照明的销售队伍是以客户为导向的，摒弃了厂商之分，是一群做事的人。他们和公司总部、经销商是一家人。

资料来源：雷士的核心竞争力之一来自于渠道. http://www.dooland.com/magazine/article.php?id=66452[2010-07-21]

（3）合同式垂直渠道系统。合同式垂直渠道系统是指不同层次的独立的生产企业和中间商，以合同为基础建立的联合渠道系统。也就是说，生产企业或中间商与各渠道成员之间通过契约来确定它们之间的营销权利和义务关系，形成一个独立的营销系统，因此也被称为契约式垂直渠道系统。合同式垂直渠道系统与公司式垂直渠道系统的最大区别是成员之间不形成产权关系（没有上下级的隶属关系），与管理式垂直渠道系统的最大区别是用契约来规范各方的行为，而不是用权利和实力。

合同式垂直渠道系统的关键是合作契约。对中间商来说，契约就是商品供应或采购合同，而对生产企业来说，契约就是商品营销合同或代理销售合同。合同规定了渠道各成员的权利义务关系，各成员都必须按照合同的规定严格执行，任何一方都不能强制对方接受合同之外的要求。合同式垂直渠道系统的优势主要体现在渠道建设成本低、分工与合作关系明确、运作效率高和灵活性强。其缺陷是控制程度低、渠道的稳固性较差。

在当今社会，合同式垂直渠道系统已从个别契约结构转向群体契约结构。按照签订合同的渠道成员的不同和合同内容，合同式垂直渠道系统可分为批发商倡办的自愿连锁系统、零售商合作系统和特许经营系统三种类型。

第一种类型：批发商倡办的自愿连锁系统。其是指以批发商为核心的自愿连锁销售网络。在实践中，许多批发商将独立的零售商组织起来。批发商不仅为零售商提供各种货物，还在许多方面提供服务，如销售活动的标准化、共同店标、订货、共同采购、库存管理、配送货、融资、培训等。在自愿连锁的形式下，联营各方仍然是相互独立的经济实体，但都承担着合同规定的权利和义务，在共同的批发采购中心的统一管理下实行"联购分销"制。这种自愿连锁系统往往集中在日杂用品、五金配件等领域。例如，德国的自愿连锁是由一个独立批发商和一群独立中小零售商组织的；英国、比利时的自愿连锁是由一个或一个以上独立批发商和一群独立中小零售商组织的。

自愿连锁与零售商业的一般连锁商店不同。首先，自愿连锁是在批发商倡导下，由若干独立中小零售商为了和连锁商店这种大零售商竞争而自愿组成的联营组织，参加联营的各个中小零售商仍保持自己的独立性和经营特点。而连锁商店是属于一家大零售公司所有的某种类型的零售商店（如百货商店、超级市场等）集团，这些零售商店是这家大零售公司的分店。其次，自愿连锁实际上是参加联营的各个独立中小零售商的进货由采购中心统一管理、统一进货，但分别销售，实行"联购分销"。而连锁商店的总公司虽设有批发机构，但连锁商店本身是零售组织。最后，西方国家的自愿连锁通常是由一个或一个以上的独立批发商倡办的。而连锁商店则是由一家零售公司经营管理的。这些独立批发商为了和大生产企业、大零售商竞争，维护自己的利益，往往帮助与其有业务往来的一群独立中小零售商组成自愿连锁，统一进货，分别销售批发商经营的商品。

【案例 2-7】

批发商合同式垂直渠道系统的创建

（1）安徽某公司从十年前一个小批发市场的店铺，逐渐发展成规模化的公司，于是开始考虑除了经营快速消费品之外，能否再把酒、饼干、牛奶等日用产品经营起来。此时该公司手中掌握着 80 家著名的品牌，100 多家二流品牌，加上其他产品细分起来共有上万种。公司决定形成一个配送中心，让下属的经销商加盟，并使经销商在保证信誉的基础上注入资金，使资金共享、品牌共享，并在配送过程中加以技术指导，以促成配送中心的形成，这些做法使得公司的发展又进入了新的阶段。

（2）在终端变革的背景下，大多数企业都将目光投向了超级终端，上海某公司却采取了逆向思维，不去盲目地跟进超级终端市场，而是锁定小零售店，并采取了以下的具体措施：对上海的所有零售店进行调查，然后选出其中两万多家在居民区内销售烟酒糖果的、以夫妻合营为主的零售店进行拜访。将这两万多家小商店统一起来，成立一个368购系统。

资料来源：分销渠道管理. http://www.hb0376.com/218497.html[2017-07-03]

第二种类型：零售商合作系统。其是指由众多中小零售商为了和大零售商竞争，自愿合作而形成的联合经营的批发机构（各个参加联营的独立中小零售商要缴纳一定的股金）。在这一系统中，各个成员通过零售商合作社这一商业实体统一进行集中采购、宣传广告活动及培训职工等，有时还进行某些生产活动。成员间最重要的合作是集中采购，集中采购可获得较大的价格折扣，所得利润按采购比例分配。例如，荷兰中小零售商组成"采购联营组织"，直接向国外订购货物，并有自己的仓库，这种组织实际上是中小零售商联合经营的进口批发机构；瑞典超市连锁集团是由5000多家零售商联合经营的批发机构；美国联合食品杂货商公司实际上也是一个零售商合作社。

第三种类型：特许经营系统。在西方，特许经营是发展最快、地位最重要的一种模式，它是指拥有某种独特产品或服务，或某种经营方式，或某个商标专用权的特许人和受许人根据契约而联合组成的渠道网络。特许人根据协议授予受许人使用特许人已经开发出的品牌、商品、经营技术、经营规模的权利，而受许人必须向特许人支付"特许使用费"，包括最初的收费、按销售额收取的特许权使用费、特许人供应的设备装置的租赁费，有时还会包括许可证费和咨询费、利润分成等。美国可口可乐公司（清凉饮料制造商）与某些"装瓶者"（即批发商）签订合同，授予在某一地区分装的特许权和向广大零售商发运可口等的特许权。这是大制造商与独立批发商联营。特许经营系统中，系统成员之间的联系主要是特许经营合同，这种合同体现的既是一种知识产权的转让，也是特定品牌市场份额的转让。特许人不仅要向受许人转让商品生产技术、专利、商标、经营管理制度等知识产权，同时还要对其进行管理、指导和支持，帮助其达到相应的经营水平，获得一定市场份额。所以，就其本质来讲，特许经营是一种将无形资产转让通过有形资产整体转让的形式表现出来的方式。

2）水平渠道系统

水平营销（lateral marketing），也称横向营销、共生营销。菲利普·科特勒（Philip Kotler）是现代营销的集大成者，在30余年的营销学研究历程中，科特勒敏于把握市场趋势，提出了反向营销、社会营销、全方位营销等概念，将市场营销的重要性提升到战略高度，并把市场营销扩展到一般的传播和价值定位等领域，如将城市营销、国家营销应用于非商业领域。2005年，科特勒正式推出其最新营销理念——水平营销。

水平渠道系统是指由两家或两家以上的公司横向联合，共同开拓新的营销机会的分销渠道系统，由两个或两个以上非关联的公司把它们的资源或计划整合起来开发一个营销机会。这些公司因资本、人力、经验、技术、营销渠道等资源不足，无力单独开拓市场，或为规避风险，或因与其他公司联合可实现最佳协同效应而组成联合渠道系统。其特点是两家或两家以上的公司横向联合，发挥各自优势，实现营销系统有效、快速运行，实际上是一种横向的联合经营。例如，珠江啤酒股份有限公司与英特布鲁集团合作，利用它在国际市场上庞大的销售网络，将珠江啤酒销往海外市场，借以实现"借船出海"的目的。同时英特布鲁集团旗下的"贝克"啤酒则可以借助珠江啤酒的销售渠道，进一步打开中国高端啤酒市场。水平渠道系统具有的优势是可通过合作实现优势互补和规模效益，节省成本，快速拓展市场。当然，水平渠道系统也具有一定的缺陷，就是合作过程会有一定冲突和困难。水平渠道系统比较适合实力相当而营销优势互补的企业。

【案例 2-8】

西门子移动与波导战略联盟全面启动

西门子信息与移动通信集团（以下简称西门子移动）总裁蓝普新（Rudi Lamprecht）和宁波波导股份有限公司（以下简称波导）董事长兼总经理徐立华 2004 年 6 月 20 日在上海共同宣布，双方的战略联盟正式启动。

当天，双方在上海签署了设立培训中心及技术与营销合作的协议。西门子移动与波导签署建立长期战略合作伙伴关系的协议，旨在发挥联合优势，共同开发及销售手机，力求在未来的手机市场中占据竞争优势。西门子移动董事会总裁蓝普新表示："借助波导的销售网络，将有效扩展西门子移动对中国市场的覆盖，西门子移动手机的市场渗透力将得到全面提升，这是西门子移动实现对中国手机市场长期发展承诺的最佳途径之一。"

德国著名的手机制造商西门子移动将通过波导遍布全国的 3 万家店铺销售手机，以求在这个全球人口最多的国家获得更高的市场占有率。到 2004 年底，西门子移动投入 500 万欧元，对波导现有的 1.6 万个零售店进行产品和店面准备，至 2005 年完成 3 万个零售店产品和店面准备，总投资超过 1000 万欧元。根据双方的合作协议，西门子移动将与波导携手共同研发和生产基于西门子无线技术平台的波导手机，并通过西门子移动的全球网络，使波导手机加快进入国际市场。

双方将共同建立设在上海的总部，共同在宁波建立培训中心，每年将投入 100 万欧元培训费用进行员工培训。双方还将共同拓展售后服务网络，整合目前西门子移动服务中心和波导的 450 个服务中心、1500 个维修点，在全国 300 个城市为西门子移动和波导品牌手机的顾客提供服务。

资料来源：http://news.sina.com.cn/o/2004-06-22/10102873506s.shtml[2004-06-22]

3）复合渠道系统

过去，很多企业只采用一种分销渠道将产品送达单一的市场。由于市场细分和可选择的分销组织增多，企业开始认识到有必要也有可能在不同时期、不同地点对不同产品采用差别化的分销渠道，即一个企业通过两个或两个以上的渠道到达一个或几个细分市场的多元化渠道，从而形成了多渠道的分销系统。这意味着制造商要根据各目标市场的具体情况，与形形色色的批发商、零售商及市场中介机构发生关系，有经销也有代理，有大型零售商场也有小型专卖店等，条条渠道通市场，形成最有利于企业产品销售的复合渠道系统。

复合渠道系统也称多渠道系统，是指对同一或不同的细分市场，采用多条渠道的分销体系。目前生产企业大多采用复合渠道系统销售其产品，企业可以选择的复合渠道系统包括以下三种基本类型。

（1）集中型复合渠道系统。集中型复合渠道系统是指在同一产品市场上同时运用多种分销渠道。多种渠道服务于同一细分市场，能够提高市场覆盖率，通常也能够给企业带来更高的销售额。但是如果一种渠道的引入仅仅是从另一种渠道夺取客户，并没有给企业带来新的业务，那就说明渠道过于密集。例如，销售代表从分销商处获得业务，网络渠道从电话渠道中夺取客户，两者都没有为企业带来新的收益，相反由于渠道的增加，企业付出了更高的成本。

因此，只有在面向大规模的消费用户时，集中型复合渠道系统才能在相对较低的平均交易成本下获得更高的销售额，使收入增长率高于渠道成本增长率，为企业带来更多的利润。

（2）选择型复合渠道系统。选择型复合渠道系统是指为了适应不同细分市场的消费者的需求，企业为每个细分市场配置不同的分销渠道，各种渠道彼此独立，不会产生竞争。因为每个细分市场有相对独立的分销渠道，所以企业虽然采用了多种渠道，但是每个细分市场实际上只有单一渠道。对于有些细分市场，为其匹配单一渠道对企业是有益处的，如为固定大客户提供区域销售队伍；但是对于由地域广大、分布分散的客户组成的细分市场而言，更具灵活性的复合渠道系统可能是更好的选择。

（3）混合型复合渠道系统。混合型复合渠道是上述两种方式的组合运用。集中型复合渠道系统服务于较大规模的产品市场，几乎每一个客户都能得到来自这些渠道中任何一种渠道的服务，其目的是尽可能多地达成交易；而选择型复合渠道系统服务于某个或某些具有优先权的产品市场，即为大型客户提供特殊服务，其目的不在于扩大服务覆盖面，而在于为客户提供可控的、特定的优质服务。这样一种渠道战略，它在提高产品销售量的同时保留了一支独立的分销渠道致力于为企业的核心客户提供优质服务，大多数企业特别是大企业都倾向于采用这种混合型复合渠道系统。

混合型复合渠道系统可以为生产企业带来三个方面的利益：第一，扩大产品的市场覆盖面。每个产品的市场都可以再进行细分，仅靠单一渠道不可能覆盖整个市场。通过多条渠道，就可以使产品信息到达不同的顾客群，从而扩大产品的市场覆盖面。例如，销售学习机的企业通过在数码城、新华书店、网络等多种渠道宣传和展示产品，可以让有不同媒体偏好的顾客都能注意到产品信息，从而更多地选择该产品。第二，降低渠道成本。从表面上看，建设复合渠道系统的投入比单一渠道系统绝对数额增加不少，但在实际运行过程，平均下来单位产品的渠道成本会下降。对于生产企业来说，以较小的成本增加额较大幅度地提高市场份额是明智的选择。第三，更好地满足顾客需求。选择复合渠道系统是因为不同细分市场的顾客有不同的需要，采用复合渠道就可以更好地满足顾客需要，特别是当通过不同渠道销售的是差异性的产品时，会更令顾客满意。但是，复合渠道系统也有很大缺陷:第一,复合渠道系统会给企业增加负担。短期看,建立复合渠道系统势必会增加企业的投入、增加企业负担。一方面,企业增加营销渠道时要么会遇到成本上升,要么会遇到销售额下降的尴尬。另一方面,企业在花费巨资建立新渠道后会被竞争对手低价复制过去,并且有可能失去对客户的控制,造成企业财务上的巨大损失。第二,复合渠道系统难以综合运用。复合渠道系统可能会扩大市场的覆盖面,但如果企业渠道之间只是互相争夺客户的话,反而会造成企业销售量下降、渠道混乱不堪。因而,企业在采取复合渠道系统的时候必须协调不同渠道间成员的行为,这样才能实现企业的长远发展目标。第三,复合渠道系统会造成渠道成员间的冲突。渠道成员各自目标的差异会造成渠道冲突。渠道成员在有关目标顾客、渠道功能分工和技术等方面也会存在矛盾与差异,这些矛盾与差异若处理不当,将导致渠道冲突。

(二)渠道系统的选择

企业到底应该建立什么样的渠道系统,必须根据影响渠道的产品、市场、顾客购买行为、中间商和企业等因素的差异来加以选择。

1. 产品因素

1)产品识别度

产品识别度是指顾客对产品形态、利益、使用范围等的识别程度。若顾客对有些产品如日用消费品的识别度很高,就可以通过任何渠道模式销售,若顾客对有些产品(如ERP软件)的识别度很低时,在销售产品时,就需要更多地解释和说明产品的使用目的和收益,需要的渠道服务就比较多,因此,需要设计短渠道,这时垂直一体化模式更好。

2)产品的替代性

产品替代性程度高,容易被其他产品替代,中间商对产品的重视程度差,中间商渠道就不够稳固,需要控制性强的渠道,如公司式垂直渠道系统。

3)产品定位的消费者数量

产品定位于大众消费者,可以通过大众分销渠道销售。产品如定位于高端用户,就要求渠道的高接触性和独特性,公司式垂直渠道系统最适合。

2. 市场因素

1)市场区域

市场区域就是指目标市场的地理位置及与制造商的距离。从渠道战略制定的角度看,就是要考虑发展什么样的渠道结构才能有效地覆盖目标市场,并向这些市场有效供货。制造商与市场间的距离远时,使用管理式和契约式垂直渠道系统其成本也许比使用公司渠道系统成本低。

2)市场规模

市场规模越大,企业可能越倾向于公司垂直渠道系统。如果市场规模既小又分散,企业就可能需要中间商渠道,则可能更多地选择管理式或契约式垂直渠道系统。

3）市场密度

市场密度是指单位市场区域内购买者的数量。市场密度高的市场,能够降低渠道成本。总体说来,市场密度越低,分销的难度越大,使用管理式或契约式垂直渠道系统可能性就越大。而市场密度越高、顾客越密集,使用公司式垂直渠道系统的可能性就越大。

3. 顾客购买行为因素

1）购买时间

许多产品销售有淡季和旺季之分,旺季供不应求,淡季供过于求。生产者常常希望淡季保持生产,希望渠道成员能够在淡季保持一定的存货。因此,是否能够保持存货,成为生产商挑选渠道成员的一个标准。这时,制造商更倾向于管理式或契约式垂直渠道系统。

2）购买地点

顾客喜欢在什么样类型的销售点购物及销售点的位置决定了购物地点。首先,顾客会选择最方便的购物地点,因此,好的销售地点是使顾客方便的地点,如离顾客很近,顾客步行或驾车不需要多少时间就能够到达;或靠近大的中转站,顾客下班路上可以顺便购买。此时,管理式和契约式垂直渠道系统,或者复合渠道系统比较适合。其次,顾客还会对店家的形象给予关注,如对于选购品而言,顾客更关心店家的形象,如是否时髦、是否实惠、是否高档等。这种情况下,首选公司式垂直渠道系统,其次是契约式和管理式垂直渠道系统。

4. 中间商因素

能否获得适宜的中间商会影响渠道模式,如果没有适合的中间商,企业常常要被迫选择公司式垂直渠道系统,如雅芳最初想将其化妆品销售给珠宝店,结果珠宝店都不愿意销售它的产品,无奈之下雅芳走向了直销之路,形成公司式垂直渠道系统。在没有合适的中间商,而企业又不具备建立公司式垂直渠道系统的资源时,可能采用水平渠道系统;当企业感到中间商不够理想,并期望与同业企业互享对方的资源时,也可能采用水平渠道系统,如 TCL 向松下共享自己的销售渠道和终端网络以换取先进的技术与设备支持,而松下则可以获得 TCL 开发中国市场的网络渠道支持。

5. 企业因素

尽管 20 世纪 70 年代以后,整合渠道系统成为一种主流,但在以下三种情况下,企业仍然会采用传统渠道系统:一是小型生产企业。小型生产企业因为资金实力有限,产品类型与标准处于不稳定状态,很难以自己为核心建立起联系紧密的渠道系统,只能采用传统渠道系统,和中间商讨价还价,维持一定的交易关系。二是小规模生产。无论何种规模的企业可能都会有一些小规模生产的产品,因产品数量太少,无法完全满足中间商的利益要求,从而不能形成一个稳定的渠道系统,所以只能采用传统渠道系统,以交易的形式进行营销。三是企业避免受制的选择。有些中间商为避免受制于一家生产企业,或生产企业为避免受制于强大的渠道,从而有意采用传统渠道系统。

　　在未来很长一段时间内，传统渠道系统仍会与整合渠道系统并存，目前在生产较为分散的日常用品、小商品领域，普遍存在着传统渠道系统。

三、能力训练

（一）案例分析

比德文电动车渠道系统

　　2002 年比德文动力科技有限公司进入电动车市场至今，一路披荆斩棘走过了三个不同的阶段：第一阶段：2002～2005 年。比德文在山东市场先入为主，应用了县级代理商模式，并通过专卖形式，抢占了第一的战略制高点，迅速在山东大部分区域市场建立了利基优势。在行业发展的早期，各小品牌质量不稳定的情况下，比德文成功建立了山东根据地。第二阶段：2005～2006 年。比德文对市场集中渗透，立足区域性市场进行营销深耕，通过专卖扁平化的渠道策略，增加了原来产品的普及率，完成了区域市场的消费者品牌教育及培育过程，抢占了山东市场较大的市场份额，成为"区域性强势品牌"。第三阶段：2006 年至今。比德文调整发展意图，试图突破"区域性"品牌烙印向全国品牌进军。可是比德文的"山东模式"却不灵了！问题在于：新进市场已经不是当初山东市场的环境，比德文丧失了"先入为主"的战略制高点，产品同质化、渠道无优势、品牌缺乏影响力，遇到先入品牌的对抗自然难以为继。而在山东根据地市场局面也不容乐观。市场调查显示，山东电动车市场的格局正在发生变化，经销商们已经感受到来自强势品牌和地方杂牌的双重压力。

　　事实上山东市场销售占到比德文总体销量的 90%以上，网络覆盖率达到 80%，显然，比德文品牌过于依赖山东市场，这是非常危险的。2006 年是电动车市场的一个分水岭！行业里流行一种说法：电动车行业洗牌随时都可能发生，绝大多数现有电动车品牌要么在行业洗牌时爆发，要么在行业洗牌时消亡。

　　比德文同样面临十字路口：要么实现从区域品牌向全国品牌的突围，迎接爆发，要么偏安一隅，等待诏安。

　　据权威机构统计，1999 年全国电动车行业产销量只有 26 万辆，而 2005 年已达到 960 万辆左右，仅六年的时间数量增长近 40 倍，2006 年全行业产销量达到 1500 万辆左右。在中国个人代步工具中以自行车为主导，中国有将近 5 亿辆的自行车，如果将其中的 10%以电动车替代，就是 5000 万辆，以平均每辆 2000 元来计算，最保守的估计也是 1000 亿元的大蛋糕，市场前景十分广阔。

　　由于中国经济发展的不平衡，纵向存在城乡差异和一、二线市场与三、四线市场比较的差异；横向存在东部、中部、西部的差异；电动车发展时间有早晚差异，南方早、北方晚，东部早、西部晚，造成各地市场成熟度不同。深度剖析行业，我们发现电动车行业存在以下三大趋势。

　　趋势 1：有品牌优势、有运营经验、有资源优势的厂商陆续进入市场，行业的竞争态势升级，形成群雄逐鹿中原的局面。实力较小、经营不擅的企业必将逐步且迅速被市场所淘汰。

趋势 2：现有大部分电动车企业，上游受到核心供应商的技术控制，面对客户时由于产品同质化议价能力低，陷入价格战。

趋势 3：价格竞争无法维持企业发展，自然增长随着市场空白点的填充将不复存在，价格竞争将转为核心竞争力和战略制胜的竞争。

一句话：乱世出英雄。电动车正由自由无序竞争向有意识的有序竞争过渡，初级市场面临升级，而市场升级就是最大的"跑马圈地"机会。比德文能圈到自己的领地吗？

（1）产品竞争优势缺失。比德文产品结构单一，划分为 F 和 BF 两大系列，除了配套件选择不同导致的价格差别和贴花不同以外，在车型的其他方面没有清晰的区别，容易引起消费者的误解；没有明星产品，在行业低层面的价格竞争面前缺少竞争优势，并导致经销商的销售积极性也有一定程度的下降；产品开发配套主要依赖"模仿"，市场产品同质化严重，在市场中你有我有大家有；产品没有核心技术，同时也没有其他差异化技术特点；面对众多品牌在销售过程中普遍采用"同等款式拼价格，同等价格拼卖点"的策略，这从另外一个方面彰显比德文产品创新不足。

（2）渠道扩张缺失。通过市场的走访，我们发现山东省内渠道出现一些特征：专卖不专，电动车超市雏形初现；渠道门户品牌出现。我们可以清晰地感觉渠道的变革正在悄然进行，对于这种发生在眼皮底下的变化，比德文如果视而不见是非常危险的。渠道优势是重要的先发优势之一！比德文作为山东市场的先发企业在企业前期发展过程中具备这个优势，随着山东市场竞争加剧，比德文的渠道竞争优势逐渐弱化，目前的渠道策略正受到巨大的冲击！！比德文依托于现有的产品，通过广告开路实现渠道扩张的策略已经明显受阻！比德文采取的县级市场专卖（代理）模式，规避了电动车市场目前销售代理"专卖不专"的经营现状，取得了明显的效益；随着市场发展和竞争状况日益激烈，单一专卖代理制在某种程度上也限制了企业的发展。

（3）服务先天缺失。企业没有核心技术的优势支持，售后服务受制于上游企业，导致核心配件的供应链受制于人；售后服务人员较少，售后服务人员的培训不专业、不系统；同时比德文的售后服务体系尚待完善；依托于配套企业的售后服务必然弱化企业售后服务能力，比德文缺乏长期的售后服务战略，必然限制企业的竞争能力。

如果把企业比作一艘帆船，那么战略就是目标，战术则是达到目标所应采取的方式、方法，而对于没有目标的帆船来说，市场汪洋中的任何风都会是逆风。

面对电动车竞争现状，如果企业无法实现全面突破发展，可采取"非对称发展战略"，即"优先发展战略"实现突破。我们一直在思考：如何形成比德文电动车的核心竞争力，规避价格战的陷阱，让比德文走上一条持续、健康的发展道路。论品牌，比德文是区域性强势品牌，离全国性品牌还有一段距离；论品种，比德文虽然有完善的产品系列，但和有研发能力的企业比还是有差距；论车型，比德文依靠的是"复制+小改造"，车型开发无法做到最快；论价格，在以价格战为主导的市场，比德文受到核心件配套商的限制；在产品日益同质化、价格战日益激烈的行业发展道路上，电动车品牌最终的胜负将由品牌、渠道、服务、技术来决定。对于比德文，我们将优先发展的核心定为：一个中心，两个基本点。一个中心，即品牌；两个基本点，即渠道和售后服务。

比德文的专卖独家代理制，既是摆在比德文面前的一面旗，也是设在比德文面前的一道"槛"。

资料来源：比德文电动车区域品牌向全国品牌突围营销策划. http://www.docin.com/p-468123262.html[2014-02-08]

问题

1. 比德文应如何利用现有与挖掘潜在渠道资源？
2. 比德文应建立什么样的渠道系统？

（二）校内外实训

1. 根据项目导入案例，你认为 A 公司的渠道系统还应该如何完善？
2. 选择一个小企业，分析其渠道系统，并对该企业的渠道系统提出进一步的建设方案。

四、知识拓展

建立正确观念，正确看待厂商之间的关系

1. 厂家和经销商关系的实质是什么

这是一个很初级的问题，你也许觉得很可笑，但实际上就是这么初级的问题都有很多人答错，不信你试一试。

党的十一届三中全会前后，中国人的能力没有变，物产资源没有变，但是经济发生了翻天覆地的变化——这说明人的观念决定行为，观念上有针孔大的洞，行为上就能吹进斗大的风。

大多数业务代表在经销商管理工作上的低效，不仅是技能问题，他们甚至对自己作为一名厂家业务代表在和经销商打交道的过程中，到底应该扮演什么角色都没搞清楚，对厂家和经销商之间的关系也没摆正，于是就会出现以下两类业务员。

（1）极"左"派业务员（目前这种业务人员已经越来越少，因为已经"混"不下去了）。观念：厂家和经销商之间是买卖关系、贸易关系。

行为：千方百计、花言巧语地让经销商压货，以为只要销量任务完成，货款追回来就万事大吉了，之后，人也不见了踪影。至于经销商的货卖得怎么样、卖什么价格、卖到哪里去了、有没有即期的危险等，他一概不管。经销商要想再见他，除非打电话说要进货或者回款。

（2）极"右"派业务员（80%以上业务人员属此行列）。

观念：经销商是客户，客户是上帝。经销商管理就是做客情，做客情就是讲江湖义气，酒量大销量就大，关系好销量就好。

行为一：标准化操作。见了经销商只有老三句——货卖得咋样，钱啥时候给，这次公司有买百送二政策，你要多少。

行为二：以客为尊。在经销商面前犯"软骨病"，对经销商的种种恶意操作（如砸价、冲货、截留费用）视而不见。

行为三：业务技能熟练。江湖气十足，酒场上妙语连珠、来者不拒，牌桌上花样百出、样样精通，业务工作主要内容就是陪着经销商吃吃喝喝、洗头按摩、麻将赌博——做客情。

行为四：善于双赢。帮经销商向公司哭穷，要政策，甚至帮经销商冲货，截留促销品，最后经销商赢得销量和利润，业务员得到业绩奖金，认为这才是双赢。

行为五：大智若愚。围着经销商转，天南海北地闲聊，跑前跑后地帮小忙，但就是不讨论市场下一步怎么做，不掌握经销商的库存，不帮经销商分析市场、策划市场方案，对经销商的出货价格、下线网络等更是一无所知。

显然上述两类业务人员在经销商管理工作上都不会取得好结果：极"左"派只顾压货而没有服务，经销商甚至会对厂家（业务代表）产生轻视、怨恨的情绪（厂家不负责任，老是让我多进货，卖不动他们一点也不管）；极"右"派与经销商私人关系倒是不错，但对经销商的管理只停留在"讨好"客户的层面。最终两种做法都是殊途同归的结果。

结果一：厂家业务代表的市场工作仅限于拜访经销商，对经销商下线市场的网络、库存、价格等一无所知，市场完全被经销商反控。

结果二：厂家的各种终端促销资源完全交给经销商执行，没有辅导，没有监控，导致促销不能有效落实，终端表现无法提升。

结果三：不能有效制止经销商的冲货、砸价等恶意操作，市场价格秩序混乱。

2. 厂商之间的关系到底该如何定位

我多次在培训课堂上提出这个问题，学员的回答大多是——厂商之间是"鱼水关系""夫妻关系""双赢关系"，甚至在一次公开课上有个老总级别的学员回答"经销商是厂家的衣食父母，不是亲人胜似亲人"。

中国营销30多年的现实告诉我们，厂家对经销商不仅要积极服务、大力扶持，更多的时候应该是六个字："斗智"（引导经销商按厂家市场策略行事），"斗勇"（制裁恶意操作、不听劝阻的客户），甚至"斗狠"（对恶意扰乱市场、拖欠货款的客户要及时坚决取缔乃至诉诸法律）。厂家和经销商之间一直都是互相仰仗又互相利用，互相扶持又互相提防。

"鱼水关系""夫妻关系""双赢关系"谁说的？

书上！

营销界专家学者们怀着善良的动机创造的片面舆论，误导了销售人员，使销售人员在经销商面前犯了"软骨病"，以跟经销商搞好私人关系和纵容经销商违规操作换取"客情"，而对真正可以帮经销商创造效益、改善经营状态，真正可以塑造专业客情的工作（如经销商的库存、价格、网络、内部管理、市场操作方面的协助、辅导、掌控）却一点不做，最终既害了自己（业务技能无法提升），又害了厂家（市场混乱、销量降低），也害了经销商（产品做不起来，经销商自己也只贪图眼前小利，不能成长）。

3. 多维度看厂商关系

厂商关系不是一维的，两者之间不是单纯的贸易关系——厂家退化为加工车间，单纯依靠经销商做市场大多做不起来。两者更不是"鱼水关系""双赢关系"。"鱼水关系""双赢关系"只是逢场作戏的官方语言而已。利益出发点不同，注定了二者不是冤家不聚头——谁离开谁都不好受，在一起时又因为利益不同、眼界不同、动机不同而斗智斗勇，冲突在所难免。

厂商关系是动态的，在不同市场时期、品牌的不同阶段、厂家在市场上的不同介入阶段，厂商之间存在不同的利益纠结，厂商关系也就随之改变。对不同层面、不同维度的问题采用不同的原则，才能寻找双方共同利益的契合点。综合来看，厂商之间呈现四个维度的关系。

（1）厂商关系第一重：经销商是厂家细化市场的入场券。

做终端的人一定越来越多，市场维护一定越来越细。这就意味着经销商的趋势一定是小型化和专业化。

小型化：经销商的代理区域会越来越小，珠江三角洲、长江三角洲发达城市经销商已经开到了乡镇级，只有经销商区域小的时候才能真正做到精耕细作、维护市场。

专业化：厂家会在一个区域开几个渠道经销商——专门做餐饮的经销商、专门做超市的经销商、专门做流通的经销商、专门做团购的经销商……

这种趋势意味着什么？意味着经销商的区域还会进一步缩小，甚至缩小到一个县城乃至一个乡镇的一个特定渠道。

经销商成了厂家不断做细市场的一张"入场券"而已！

就像一张电影票，进门之前有用，进门之后往往就会被"撕票"——被撕成小块，最后被扔掉。一样的道理，厂家必须依靠经销商的力量才能低成本启动新市场（用电影票进场），随着产品在当地市场的成长，厂家会逐渐加大在当地的人力投入和市场主控权，也可能会密集分销增设经销商（把一张大票撕成小块），在部分区域有可能直营（有可能把电影票扔掉）。

（2）厂商关第二重：经销商是厂家在当地的销售经理。

厂家会帮经销商做促销吗？

会！当然会！

请问帮经销商做促销的目的是什么？为了提升销量？

错了！

可口可乐在全中国有两万多名员工，其销量主要还是依靠经销商、批发商完成，你们公司才几个人？

销量靠谁完成？当然是靠经销商的人、车、货、钱、网络、客情。

经销商的网络和客情是厂家人员根本比不了的。厂家业务人员也许更专业，但厂家人员和终端接触的界面有限。就算一周拜访一次也只是拿个订单，不送货、不赊销，搞个促销陈列活动，奖品还是经销商给送过去的。经销商和终端的客情是天天送货十几年送出来的客情，是同宗同族、沾亲带故的客情，是逢年过节礼尚往来、一起大碗喝酒的客情，是多年换破损、解决问题的客情，甚至是赊销卖货、资金支持的客情。

没有经销商的资金承担账款压力,厂家无法广泛覆盖商超、餐饮等月结货款的大终端。没有经销商的低配送成本和产品线分摊配送费用,厂家无法广泛辐射中小终端和四、五级市场。更重要的是如果没有经销商的网络和客情,厂家的铺市和销售立刻就会大大减速。

那么,厂家帮经销商做促销是什么目的?

说白了是为了让经销商"更高兴"。厂家帮经销商做促销,有时候根本就是为了做给经销商看——经销商对新产品没信心,厂家一做促销,经销商一看,这个新产品一做促销能卖呀!而且利润还这么高!等厂家走了,他就会大张旗鼓地发动自己的队伍去销售。厂家帮经销商做促销,经销商会感觉到厂家对自己很重视,一高兴,卖得就更起劲。其实就是这么个道理。

厂家寻找经销商,主要是为了利用后者成熟的网络把产品迅速铺出去。把经销商的网络纳入厂家的销售网络之中,在当地真正的销售工作是由经销商的人、车、物、钱、网络等资源实现的,经销商才是当地真正的销售经理,厂家的区域经理实际上是个经理"助理",或者叫"专管区域经理"。

(3)厂商关系第三重:经销商是"地方武装力量"。

同一个经销商,为什么把另一个品牌做得很好,把你的产品做得很烂?他能把另一个品牌做得很好,说明这个经销商的资金、网络没有问题,把你的做得很烂是因为经销商提供的是一个舞台,另一个品牌在这个舞台上唱的是主角,你唱的是配角!金丝猴糖果、康师傅方便面、金龙鱼食用油、飘柔洗发水都是你的竞品吗?不是?也许它们不是你的直接竞品,但是它们都在跟你抢经销商的资金、运力、仓库、人员等资源。

厂方业务代表和经销商之间就像是党(厂家)的特派员(业务代表)和地方武装力量(经销商)的关系。

党(厂家)的特派员(业务代表)去地方武装力量(经销商)那里,就是要特派员(业务代表)通过自己的智慧、自己的专业沟通技巧对地方武装(经销商)产生影响,使地方武装(经销商)跟党(厂家)走,让地方武装的十几个人、七八条枪(经销商的人、车、货、钱、网络)都朝着党指的方向(厂家的市场策略)去努力。

(4)厂商关系第四重:经销商是厂家的商业合作伙伴。

经销商跟厂家在很多根本利益上是不一致的,经销商和厂家是商业合作伙伴、是谈判桌左右的甲乙方。厂家业务代表是代表厂家来跟经销商谈生意的,在厂商利益一致时(经销商配合厂家策略开发市场)要对经销商热情服务、大力扶持,尽可能减少厂家违规操作给经销商带来的负面影响(如送货不及时、爆仓、断货等),帮经销商创造效益;在厂商利益发生冲突(经销商的各种恶意操作)时,要坚持原则,维护厂方的利益(如追收货款、制止经销商砸价、"逼"经销商给超市供货、调换不合格经销商等)。厂方业务代表管理好经销商的最高标准和终极目的就是:通过业务代表的专业技巧,协调厂商这两个根本利益不同的个体之间的利益,引导经销商的人、车、货、钱更多地投入到厂家的市场工作上来(即经销商有十几个人、八九辆车在送我们的产品……)在实现厂方根本利益(如经销商守约付款,不冲货乱价、不截流市场费用,全品项推广等)的前提下,帮经销商创最大效益,实现相对意义上的厂商双赢。

资料来源:魏庆.经销商管理动作分解培训.北京:北京联合出版公司,2011

项目三

经销商管理

【项目目标】

➤知识目标

1. 掌握经销商甄选的基本条件。
2. 掌握经销合同的核心条款与签订程序。
3. 掌握经销商管理的基本内容和注意事项。
4. 掌握经销商激励的主要方法。
5. 掌握渠道冲突的类型、成因及防范对策。
6. 掌握控制经销商的方法。

➤能力目标

1. 能够综合考虑企业内外条件以确定经销商甄选条件并予以实施。
2. 能够草拟经销合同并予以签订。
3. 能够指导经销商进行价格、订货、促销、利润等日常管理。
4. 能够初步设计出科学合理的经销商激励政策。
5. 能够有效化解渠道冲突。
6. 能够设计经销商控制政策并予以实施。

【项目任务分解】

任务一　选择与开发
任务二　合同签订
任务三　业务管理
任务四　激励
任务五　冲突管理
任务六　控制

【项目导入】

　　N 企业是一家中大型的红酒企业，主打产品凭借高度的差异化和良好的品质，赢得了许多消费者和经销商的青睐，产品于 2005 年全国上市以来迅速成为业内的一匹黑马。但自 2007 年以来，一直保持旺销的酒类重点消费市场——东三省连续换了六任营销总监（副总），导致销售政策频繁调整，许多中小型经销商担心利益受损而停止了和公司的合作。辽宁鞍山经销商是当地有名的大户，老板老魏做事沉着、冷静、圆滑，自经销N 企业产品后，他发现该产品前景广阔、利润丰厚。当他又发现大部分经销商由于担心公司政策不稳定而不敢进货时（其实这部分不敢进货的经销商很不甘心放弃N 企业的产品），他感觉商机来了！于是他与当时负责辽宁的经理谈判，建议成立商会，由他担任秘书长，并向时任经理保证，将组织广大经销商按进度完成区域任务。时任经理迫于任务压力，就答应了老魏的条件。事后，老魏组织其他经销商到自己名下分销，由他统一向公司进货，并且每次进货时都要求 N 企业给予很大力度的市场支持，支持随货物发放（老魏知道 N 企业产品不愁销售，卖掉就是人民币）。此时，老魏轻松地间接成为辽宁省的总经销商。

此事延续半年，老魏的胃口越来越大，原来答应的政策已不能满足他日益膨胀的野心，于是提出了远超出公司承受能力的投入要求。公司如果答应其条件，老魏就大量进货，一旦不答应其条件，全省基本会连续几个月"颗粒无收"！同时，老魏拿货政策远优惠于省外经销商，使其有很大的空间向外批发，因此一度变成了 N 公司设在东北的"第二仓库"，不但使东三省许多地区的价格穿底，同时产品流向了距东北较近的京、津、冀地区，此时的老魏已成为 N 企业的心腹大患！原来与老魏谈判达成协议的经理自然早被撤换，中间又连派了四任也一直无济于事。赵正是 N 公司的老员工了，因多次临危受命而声名远扬，公司于 2007 年 10 月份紧急将其从华中市场调往沈阳任辽宁分公司总经理，来啃辽宁这块硬骨头。临来之前，企业董事长和分管营销的副总裁曾专门找赵正谈话，希望赵正能不辱使命，并给予其很大的"生杀大权"。

赵正于 2007 年 10 月 2 日到沈阳上任。上任后，正赶上国庆长假，赵正也就没有惊动其他同事，但自己来不及休息，先通过内勤电话通知全省各业务经理于 10 月 8 日上午 8：00 到沈阳开会，自己则首先到几大重点城市做了初步的市场调研。沈阳—鞍山—盘锦—大连—抚顺，一圈下来，赵正简单总结了对各地终端和部分二级批发商走访的调研结果，初步汇总如下。

（1）产品在沈阳和大连的终端能见度基本为零，经与大连大商、沈阳乐购、家乐福等卖场沟通，产品曾于 2005 年进店，但后于 2006 年退出，沃尔玛一直未曾进店。产品退出卖场的主要原因为淡旺季销量相差悬殊，卖场费用高，厂家政策不稳定，供应商放弃了经销。餐饮渠道一直未曾操作，沈阳曾于 2005 年操作过部分士多店，至 2006 年基本萎缩完毕。沈阳的南二环批发市场有货，生产日期为 2006 年底。大连下面的大石桥曾为辽宁省的样板市场，但销量于 2006 年下半年后急剧下滑，主要原因是外来冲货导致价格体系混乱。

（2）鞍山市大卖场均有较好的陈列，其他渠道能见度不到 15%，卖场由鞍山经销商鞍山湖南贸易公司供应。鞍山下面的海城终端能见度低，但批发市场有 4 家门店有货，供货价均基本和公司各品项出厂价持平。

（3）盘锦、抚顺超市均有货，但店内形象维护差，其他渠道能见度低，抚顺批发市场有货，出货价与公司对卖场的指导供货价持平。盘锦批发市场无货，据卖场终端反应，该地经销商对公司产品投入精力较大，对产品前景较看好，但对公司的操作手法缺乏信心。

（4）各地二级批发商有约 80%知道鞍山老魏的来头，认为老魏是 N 公司的总经销商，与老魏打过交道的二级批发商都认为老魏比公司讲信誉，所有的承诺基本均能兑现，而公司则一直拖拖拉拉，信誉度很差。

赵正将调研结果整理出来后，又简单回顾了一下这几天走访市场的过程，基本做到了心中有数。为将情况了解得更清楚一些，赵正决定将上午的会议以茶话会方式召开，以便各业务经理敞开心扉。2007 年 10 月 8 日上午，N 酒业集团辽宁分公司会议室，辽宁所有业务经理正与他们的新任领导赵正以茶话会的形式讨论着各自区域市场的问题。

"盘锦的武经理经营我公司产品已近三年了，但今年以来一直在鞍山老魏那里拿货，每次老魏都承诺给予比公司更优惠的政策！赵总，我也想要业绩，但我说服不了经销商啊"，负责盘锦的庞亮情绪激动，满肚子的苦水一下子全倒了出来。

"你那儿好多了，我那边大石桥的刘经理不买老魏的账，老魏就发动海城的分销商使劲窜货，现在好端端一个大石桥市场基本被外来低价货冲死了！"提起老魏，负责大连的宋雨情绪更加激动，"这个老魏真……希望公司能好好想办法控制一下，不然连我的铁岭也保不了啦！老魏已经和铁岭的经销商有了合作，中秋节前铁岭本计划打到公司的货款被老魏给半道截走了！"负责铁岭的刘剑提起老魏也直皱眉头。

紧接着负责抚顺的王悦、负责丹东的付冲、负责阜新的潘扬，一个个都表达了自己的担心。所有的问题基本都围绕着一个人，那就是辽宁鞍山的经销商老魏！待大部分业务人员都发言完毕（同时也是发泄完毕）时，赵正将目光移向了一直保持沉默的鞍山地区业务经理常泳。看得出来，常泳的神经一直绷得紧紧的。虽然同事们将所有的怨气主要都发到鞍山老魏和总公司身上，但做过销售的人都知道，经销商冲货，当事的业务经理肯定难辞其咎。常泳是个性情爽快、心地善良的小伙子。当赵正看着他时，他以东北人特有的方式开了腔："经理，同事们讲的都是实际情况，确实，因为我负责的客户扰乱了我们整个省的市场，我心里也很内疚，但说实话，我实在拿老魏没办法。自从去年以来，老魏每次打款谈政策都直接和总部打招呼。不过，现在老魏也遇到了一个难题，去年公司在经销合同里面规定，凡全年回款额排在前三名的经销商，都会给予奖励一辆价值至少 15 万元的福特轿车。因为公司去年销售下滑，所以一直未将各经销商的销售情况张榜，但据说排在首位的福建福鼎的经销商已经拿到了奖励。老魏认为他进了前三名，所以一直在和公司争取奖励，公司至今没有答复，就在您来以前，他还请季经理（赵正的前任，任务达成率不到 30%，三个月试用期结束后辞职）吃饭，但没办成，所以和季经理闹翻了。老魏曾私下和我唠过，他将这个期望值寄在您身上了！""等会儿，你是说老魏因这事找总部张副总也不灵了？"赵正打断了常泳的谈话，插了一句。"是，因为老魏现在公司名声不太好，加之奖励金额偏高，所以一直没有结果。"

……

时间过得很快，一转眼就到中午了。此时的赵正陷入了困境之中，他该如何来解决辽宁市场经销商冲突、激励及市场的开发与管理问题呢？

资料来源：如何与区域坐大经销商打交道. http://www.doc88.com/p-592324854947.html
[2012-09-16]

任务一 选择与开发

一、任务描述

经销商素质对企业市场开拓和市场提升起关键作用。确保经销商素质的优良一方面要通过培训与管理，另外一方面也需要把握好源头关，即在经销商开发中要合理确定其甄选条件并严格执行。N企业早期在开发辽宁市场的过程中，没有一个科学规范的经销商甄选约束系统，导致个别经销商坐大并扰乱整个市场。此外，公司在市场陷入被动的情况后也没有积极实施市场的再开发以削弱坐大经销商从而扭转不利的局面。赵正需要根据企业和市场的现实，重新审视公司现有经销商甄选条件的合理性，在必要的时候对条件进行完善并完成对经销商的调整与开发。

二、知识学习

经销商的选择与开发是一项技术性很强的工作，一方面考验着企业的智慧——如何设定甄选条件，另外一方面也考验着企业的执行能力——如何找到合适的经销商。不论如何开展这项工作，都离不开对基本理论知识的掌握。本任务中，我们需要从资金实力、网络实力、经营理念、经营经历、产品结构等方面清晰构建合适经销商的基本条件，并了解这些基本条件在不同阶段、不同战略目标下的权重构成。此外，本任务还将对如何找到合适经销商的几种途径进行介绍，这些途径包括广告宣传、熟人介绍、经销商再开发、集中招商等，本任务对其中的集中招商进行重点介绍，从产品选择、招商组织、招商培训及招商会议四个环节进行学习。

（一）经销商甄选条件的设计

经销商的素质直接关系到企业的市场绩效，但在考察经销商的时候并不能一味追求"高大上"，而要结合企业自身的情况予以合理设计。一般情况下，企业要从经销商的网络覆盖能力、资金实力、信誉状况、经营理念、合作意向、产品组合、经营特长与经验七个方面进行分析，选择符合企业需要的经销商成员。

1. 网络覆盖能力

经销商的网络覆盖能力是指经销商现有的网络体系能够影响到的目标市场大小，包括两个方面：首先是区域方面，即该经销商能够在多大的区域范围内开展分销；其次是销售目标对象方面，现在的市场细分已经达到了较高的程度，依靠单一经销商通吃所有客户基本上不现实，但作为厂家来讲还是希望经销商能够尽可能多地覆盖到各个细分市场。市场网络覆盖能力是选择中间商的关键因素。

在对经销商的条件进行甄别的时候，我们要具体进行分析。如果合作经销商的网络覆盖能力较差，则会直接影响公司产品的上市及销售，不利于公司快速抢占市场，完成对竞争对手的挤压，如果选择一个网络实力较强的经销商对企业产品进入市场则有很大的好处。就企业快速提高市场竞争力而言，则倾向于选择网络覆盖能力强的经销商，对于一些资源不足以支撑强势经销商需要的企业而言，则需要回避过于强势的经销商。

【资料链接】

布控力越强越好吗？

经销商无论是在构建网络的初期，还是后期维护阶段，布控能力并非越强越好，而是越稳固越好。尤其是在初期的布点阶段，每个点分别落在哪里非常关键。这需要经销商有大局观。点与点之间布局恰当、联系紧密，经销商的网撒出去，要收得回来。这就需要与每个销售点建立稳固的合作关系。因此，网络的控制力不是源于强大约束力，而是源于网点的均衡分布、产品的匹配、利润的分配、服务的到位与否。

资料来源：经销商营销的六大关键因素. http://www.wendangwang.com/doc/41260f6f20af42fcf8655351/2[2015-09-10]

2. 资金实力

资金实力是衡量一个合格经销商的重要因素。作为企业来讲，资金实力雄厚的经销商在网络建设、货品供给、资金流通周转、品牌推广等方面就具有了物质基础，而一个资金实力有限的经销商是很难将市场建设和品牌推广工作做得气势宏大。因此，在现实中，各企业选择的经销商伙伴均要求具有较强的资金实力，如不具备该条件，各企业将不会将其作为选择的对象。对于具体企业，在对经销商的资金实力进行要求时，也需要结合实际情况进行考虑。

企业应通过自我定位后再来寻找适合自身发展的经销商，而不是总紧盯着几家有资金实力的经销商。有资金实力的经销商抗风险能力强，网络优势明显，但并不是说有资金实力的经销商是所有企业的选择，有资金实力的经销商其手头一般都有几个品牌在运作，他们并不能将精力都放在你的产品之上，更有可能是为了制约你的产品在他所在地区的发展而来拿经销权的。因此，只有适合企业发展的经销商才是最好的合作伙伴，是企业的最佳选择。

【资料链接】

资金成衡量卫浴经销商硬指标

卫浴经销商是否有充足资金是衡量其实力的主要指标之一。现在，很多经销商习惯于"空手套白狼"，自身没有任何资金实力，靠拼凑或银行贷款来冒险经营。

所以，卫浴企业在区域市场选择经销商时，应该提前仔细查看、了解该经销商的真正资金实力，包括注册资金，在银行的借贷数额，在当地业界的信誉、口碑及给企业打款是否及时到位等，最后综合得出一个结论。一般而言，企业若选择那些自身资金实力雄厚的经销商，经营风险相对来说会低许多。在外开拓市场时，要详细了解各个经销商的资金实力，然后再决定是否与之合作，合作程度又有多深，这样可最大限度地降低企业经营风险。

资料来源：卫浴企业如何选择优质经销商？ http://www.bmlink.com/news/946179.html [2014-12-26]

3. 信誉状况

守信是市场发展与合作关系建立的保证，如选择的经销商不守诚信，将给企业带来不良影响。例如，某知名企业在开发地级市场时，有一经销商积极申请当地经销权，该企业对此经销商的资金实力、网络辐射能力考察合格后，就与其签订了经销合同。几个月后，该经销商从公司进货额迅速下降，公司在例行的市场寻找中发现了大量的假冒产品，寻其根源，竟出自此经销商。原来该经销商借用该企业的授权，从销售假冒产品中获得暴利，从而对该企业品牌与市场造成了恶劣影响。财务状况良好并且重视信誉的中间商，不仅能及时付款，还可能在财务上向生产商提供一些帮助，如预付货款、分担一些促销费用等，此外，还可以直接向顾客提供某些资金融通，如允许顾客分期付款等，从而有利于扩大产品销售。

4. 经营理念

随着市场不断细分，渠道网络也在不断发展。有部分经销商确实能够通过自己辛勤耕耘，随着企业的发展而不断完善自己的网络渠道建设，增强自己的服务功能，进而不断发展；也有部分经销商秉持小富即安的思想，认为目前做得不错，没有必要再继续打拼了；还有一部分经销商为一些蝇头小利而不惜做出损害品牌和市场的事情。以上这些都涉及经销商的经营理念。所以，企业在选择经销商的过程中一定要关注该问题，这关系着企业的持续发展。

【案例 3-1】

A 企业该怎么办?

A 液态奶企业在初创期时，产品相对单一，只有四小包产品及儿童系列产品，这些产品因其价格较低的原因，较适合在传统的流通渠道销售，而且容易取得业绩。随着企业的发展，其高端的杯装产品和利乐包产品陆续上市，其对经销商提出了更高的要求。企业发现前期所开发的一部分经销商已经无法跟上公司发展的需要，导致其新产品的上市工作受到了严重影响。

问题

A 企业该如何调整对经销商的选择条件？

5. 合作意向

合作意向是选择客户最关键的因素。经销商愿意与生产商合作，就会积极主动地推销其产品，对双方都有好处。有些经销商希望生产商也参与促销，以扩大市场需求，并相信这样会获得更高的利润。因此，生产商应根据销售产品的需要，确定与经销商合作的具体方式，考察被选经销商对生产商产品销售的重视程度和合作态度，再选择最理想的经销商进行合作。同时，生产商应尽量向自己的目标经销商展示产品的销售优势，使其对自己的产品有信心，相信生产商的产品有很好的市场潜力，从而积极销售，使双方获取利润。如该经销商其他条件都达到要求，但对生产商的产品毫无兴趣，则生产商所做的一切都白费心机。

6. 产品组合

中间商销售的产品种类及其组合情况是中间商产品政策的具体体现。很多企业希望中间商专卖自己的产品，但在实际市场运作中，中间商往往不可能只经营一家生产商所有的产品，而是同时经营多家企业的产品。中间商产品种类的多少，常常决定着顾客的多少，也决定着产品销售机会的多少，所以中间商的产品种类较多并不一定是坏事。在经销产品的组合关系中，一般认为如果中间商经销的产品与自己的产品是竞争关系，应避免选用；但是如果产品组合中有市场空档，或者自己产品的竞争优势明显，也可以选取。

【资料链接】

正确寻找经销商的产品空隙

按照 STP 理论，每一个产品和消费者群体中，都存在着高、中、低不同的消费层次，以牙膏为例，高端的有黑人、LG 竹盐、云南白药等品牌，中档的也有佳洁士、高露洁等，低端有不少国产品牌。它们都满足着不同的消费层次需求，这就是它们存在的理由。对于经销 LG 竹盐的经销商来说，为了满足不同消费层次的顾客，还可以经销中华或者冷酸灵等品牌，因为其目标群体并不冲突——使用 LG 竹盐的高端客户很少尝试冷酸灵等品牌，因此 LG 竹盐和冷酸灵在一个经销商的产品组合中就形成了明显的层次互补。

资料来源：李玉国. 超级经销商打造策略. 北京：机械工业出版社，2008：6

7. 经营特长与经验

生产商选择经销商，还要考虑经销商的经营优势与生产商的产品特征是否相符。例如，生产商的产品是体育用品，则选择体育用品专业经销商就会比选择一般的混合经销要好得多。此外，从业经验也是生产商选择经销商的重要因素，许多经销商被知名企业企业选中的一个主要原因就是他们某种产品经营经验丰富。选择有经验的经销商有利于快速打开产品销路，所以专业的经销商就容易被生产商所青睐。

选择经销商是一个复杂的过程，除了上述七个基本条件以外，还有必要考虑经销商的促销能力、地理位置、综合服务能力等。总之，生产商对经销商的选择是否适当，不仅关系到分销渠道是否畅通，而且关系到生产商营销活动的成败，生产商应慎重选择。

（二）选择经销商的策略

对于上述标准，强势品牌可据此选择符合高标准的经销商，但弱势品牌据此选择可能既不现实也不明智。从经销商的角度来说，高标准的经销商通常不愿意经销弱势品牌的产品，从而难以与弱势品牌达成合作；从厂家的角度来说，当厂家品牌比较弱势时，不宜选择通路能力很强的经销商，因为其经营品种太多，有数个大品牌，对知名度低的新品牌不会全力经营，也不宜选择通路能力太弱的经销商，因为其没有能力把产品铺到终端。因此，厂家应该遵循门当户对或实力对等的基本原则选择与自己实力匹配而且能全力经营的经销商。基于上述分析，弱势品牌具体应该如何选择经销商呢？

1. 两步走策略

第一步，在进入市场的初期，弱势品牌先选择与自身实力相匹配的低标准的经销商与之合作；第二步，待弱势品牌成长为强势品牌后，原来低标准的经销商可能形成了分化，一部分低标准经销商伴随着厂家的发展及指导培训成长为高标准的经销商，另一部分则成长缓慢，于是相对于厂家后期对经销商的要求来说仍然是低标准的经销商，此时，厂家便可淘汰低标准的经销商或选择高标准的经销商。

【案例 3-2】

索芙特的两步走策略

索芙特股份有限公司进入日化行业时，对于经销商的选择，企业的策略是"一个原则，分两步走"。"一个原则"就是要求经销商商业信誉良好，有较强实力，销售网络细密而畅通。"分两步走"是指企业推出新产品伊始，消费者和经销商没有认同感，优秀的经销商门槛太高甚至对新品牌不予理睬，此时暂且降低对经销商的选择标准，通过一段时期的市场推广，终端消费开始大面积"解冻"，足以引起优秀经销商的兴趣时，再适时更换网络更广、能力更强的经销商。

资料来源：索芙特的网络整合. http://www.docin.com/p-56990736.html[2010-05-30]

2. 倒做渠道策略

弱势品牌在进入市场的初期，可能招不到愿意与之合作的经销商或符合其底线标准的经销商，此时，厂家可以先越过经销商，从其下游入手，使经销商看到下游客户对厂家产品的旺盛需求，经销商自然就愿意经销了。据此，品牌弱势但资金实力雄厚的厂家可以直接针对消费者开展大规模的广告、营业推广等促销活动，直接启动终端需求，促使经销商对产品销售产生良好的预期预判，同时也可能会接到零售商的寻货信息，从而产生经销厂家产品的愿望。对于品牌和实力都很弱的厂家来说，可以先从零售商入手，选择几家目标零售商，将产品铺进这些零售店，同时通过各种努力在这些零售店形成较好的销售局面，向目标经销商进行销售状况展示与说明，甚至表明可将已开发的零售店客户移交给目标经销商，此时，目标经销商通常会产生强烈的合作意愿。

【案例 3-3】

戴维的倒做渠道策略

戴维是某化妆品企业的销售主管，负责四川市场的开拓。根据公司的一贯做法，开拓新市场的第一步工作就是先找经销商，有了经销商后再来启动终端市场。由于戴维所在企业的产品在外埠市场没有一点知名度，戴维跑了大半个月，才好不容易在一地级市找到一个有点经销意愿的经销商，戴维就像找到了一根救命稻草，抓住了就不放手，但通过与该经销商的洽谈发现，该经销商提出的各项合作条件简直苛刻得让戴维无法忍受……

戴维意识到，一个没有知名度的企业在一个新的区域市场寻找经销商是很被动的。要掌握主动权，就必须改变以前"我去找经销商"的被动方式，转为让"经销商来找我"。如果能做到这一点，就掌握了主动权，就不会被经销商所控制。但是，怎样才能做到"让经销商来找我"呢？经过一番思考，戴维决定倒过来做渠道，从启动终端市场入手，先把终端市场做起来，再来解决经销商的问题。要把终端市场做起来，就首先要解决产品进入各超市和卖场的问题。戴维把零售超市分为三类：C类超市是社区小型超市，虽然这些超市也跟别人学着收进场费，但毕竟底气不足，稍讲究点策略估计就能拿下来，对于这类超市要争取不交一分钱进场费；B类超市是稍大一些，有点规模的中型超市，只要给予大量的宣传与促销支持，自己的产品好卖，就可以在谈判上至少不被动，有可能不交或少交进场费；A类超市是当地最大的卖场超市，是最难谈判的，如果没有一点谈判的筹码，很可能会"脱层皮"。对于A类超市，先绕开它，然后慢慢布局造势，逐步积蓄力量，待时机成熟再来拿下这块硬骨头。

就这样，戴维决定先从C类超市突破，不求一步到位，只需一步步滚雪球似的打开局面。针对C类、B类、A类这三种类型的超市制定了三种不同的策略，分别是先打后谈、以打促谈和围而不谈策略……终端市场启动后，产品的销售前景看好，这时就有不少经销商来找戴维，要求做产品的一级经销商，而且每个经销商都说自己实力如何大，并邀请戴维到他们公司去考察……

资料来源：中小企业专用的"渠道倒立法". http://www.doc88.com/p-5106822209466.html [2014-04-15]

3．嵌入策略

经销商科学的产品组合结构应该包括销量导向的品牌形象产品、利润导向的发展性产品、渠道导向的补充性产品和竞争导向的高性价比产品，简言之，包括走量产品、走利产品、热点产品和战斗产品。弱势品牌的产品虽然初期销量不乐观，但与走量产品相比，走量产品"好卖不赚钱"，弱势品牌产品"赚钱不好卖"，但经销商需要这种品牌虽然弱势但能够为其提供利润空间大的产品，如果经销商的走利产品不足，则为弱势品牌提供了嵌入机会。另外，经销商如果经销的产品与厂家的产品具有销售或消费的互补性，特别是与其现有产品走同一个销售渠道，则能使经销商的产品线更为完整并能实现低成本销售，在此情况下，经销商便会产生经销厂家产品的积极性。

（三）招商活动的组织与实施

招商的目的是利用经销商在当地市场的资源，加快产品渗透步伐，提高市场拓展效率。招商不仅是初创企业的快速拓展之道，也是成熟企业实现传统销售模式不断升级和市场突围的重要途径。实践中，招商是一个复杂的系统工作，牵一发而动全身。要使招商工作运行有序，需要对招商工作进行细致规划和全局统筹。一般而言，招商工作的基本流程如图 3-1 所示。

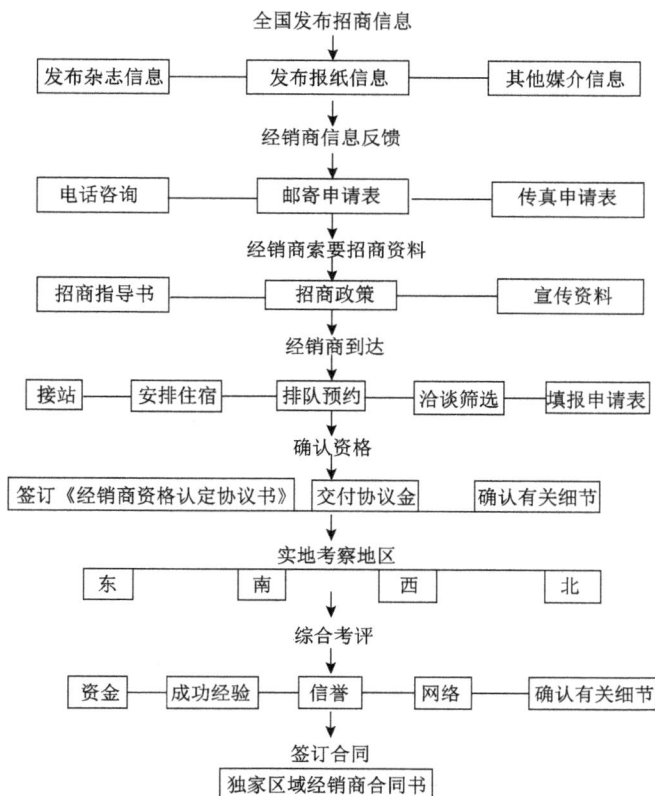

图 3-1　招商工作流程图

要成功运作一次招商活动，需要高效开展以下四个工作任务。

1. 确定招商产品

产品是合作的根本，选择一个优秀产品，是成功招商的第一步。招商企业要精选诉求点明确且差异化明显的产品来开展招商活动。

（1）选择特色明显的产品。一个能吸引经销商的产品一定要与众不同，能在同质化的市场中脱颖而出，该类产品往往具有以下特征：①产品概念具有颠覆性，如主打青春牌的"江小白"酒；②产品造型或包装具有创新性，如灌装牛肉汤；③营销组合具有创新性，如小米手机。

（2）选择功能过硬的产品。从企业招商实际效果看，凡是功能过硬的产品都取得了不错的成绩，而在招商败北的产品中，一些热衷于制造概念的产品占很大的比重。不论是经销商，还是消费者都不会对纯粹概念性产品产生持续兴趣的。因此，没有良好效果的产品，只能造成市场投入的浪费，如果选择一个功能过硬的产品，市场就已经成功了一半。

【资料链接】

概念性产品的构建

成功的概念性产品（可以是形象产品，也有可能为走量产品）推广，不仅能够提升品牌形象，更能够给企业带来巨大的经济效益。概念性产品好比一把剪刀、一颗钉子，打进消费者的大脑，引起晕轮效应，带来全线产品的销售提升，全面提升品牌形象。成功的概念性产品包装非常关键，包装一个概念性产品可以从以下几个方面入手。

（1）概念点——直接向消费者说明了它是什么，与其他产品有什么不同。概念点必须新颖、独特、能够引起消费者的兴趣。产品的概念点，要好记忆、易传播，并且能代表产品发展趋势，或代表新的一种生活方式（消费观念）。产品概念不是技术意义上的概念，而是消费意义上的概念。另外，在进行概念性产品包装的时候一定要注意你的概念必须是有内涵的，能够延伸的，为你下一步的支撑点找到可行的方向！

（2）利益点——向消费者表明它能给你带来什么。利益点必须是消费者所关心的，而对手不能或较难提供的。

（3）支撑点——支撑点要足，让消费者找到相信概念产品的理由。任何一种概念性产品必须在消费者心智中解决三个阶段的问题：认知、认同（认可）、认购。可信问题解决不了，只能是竹篮子打水一场空，如被竞争对手抓住把柄弄不好还会搬起石头砸了自己的脚！

（4）记忆点——概念产品给消费者一个代表性符号、产品标识、产品符号、人物形象、物品形象。该记忆符号必须易接受、易记忆、易传播，并且最好是能够将概念与企业（品牌）锁定在一起。

资料来源：谈谈概念性产品的"四点式". https://wenku.baidu.com/view/0a782fb065ce05087632130d.html[2012-08-13]

（3）选择能满足市场需求的产品。企业要实现产品顺利招商，不仅要关注经销商的需求，还要关注消费者的市场需求，只有把两者的市场需求有效结合，才能确保招商目标的顺利启动。只关注经销商的需求，无视消费者，无法保证后期市场的启动；只关注消费者，无视经销商，产品就不能顺利进入市场。在某种程度上讲，经销商的需求就体现了消费者的需求，因为他们需要考虑产品最终的购买者，以解决买进后再卖出的问题。

（4）选择具有广阔利润空间的产品。进销价差是经销商获取利润的主要途径，从投资安全性的角度考虑，进销价差空间就成为经销商做出是否经销的关键性指标。对于经销商的利润需求，企业要想方设法予以满足，以保证经销商具有和企业合作的动力。企业和经销商的关系从根本上讲就是一种利益关系，如果缺乏了这种利益上的关系，两者的合作就失去了基础和意义。实际中，企业还可以通过相关激励政策来保证经销商获取利润，而不一定依靠进销差价。

2. 打造招商团队

打造专业的招商团队是企业实现高效招商的核心措施。招商团队的构建需要做好以下三项工作。

1）建立团队组织体系

招商作为营销工作的一项重要内容，需要企业在组织设置上体现出来。依据企业的规模，招商的组织体系大小也不尽相同，在招商的组织体系中一般包括招商总监、企划部、商务（招商）部，在商务（招商）部一般又设有招商经理、区域招商经理、区域协销经理、商务助理等具体职位。

2）加强团队沟通与管理

加强团队沟通与管理不但能教会员工如何运用各种技巧去招商，更重要的是能统一思想、凝聚人心。招商企业必须强调全员招商的观念，除了招商核心人员，物流、财务等辅助人员也要懂得公司产品的经销政策、产品知识。同时，招商团队中要建立业务管理制度以规范操作流程和个人行为；建立业绩考核、绩效挂钩的薪资政策以激励员工的积极性，确保招商目标的实现。

3）完善团队培训

通过团队培训，可统一思想，统一全体成员的内在共识和言行标准。因此，招商培训是打造一支优秀招商团队必不可少的"内功"，所有招商人员不但要领悟到公司的战略思想，而且要掌握公司招商的核心优势在哪里，对经销商输出的市场投入预算、广告进程、操作方案，必须是口径一致的，这些目的的达成必须依靠统一的培训。招商培训的四大核心内容包括：企业及产品知识培训；沟通技巧培训；招商专业知识培训；招商要领培训；等等。

3. 确定招商政策

企业根据自己的经营目标和意图，以及对经销商调查出来的资料的整理，就可以制定对经销商有吸引力的招商政策。招商政策同产品一样也要具有基本的特征和USP，它反映的是企业的经营意图、经营模式和盈利模式。在确定招商政策时，除经销方式这一最为直接的内容外，还有以下几个方面的政策需要关注。

1）确定市场准入政策

市场准入政策是指企业根据营销渠道战略所确定的通路成员条件。这个政策是在经销商遴选条件的基础上，对和经销商首次合作中的资金投入所做出的规定，主要包括两个方面：首批进货量和市场保证金。首批进货量的规定能有效锁定经销商的经营精力，使其积极开拓市场。而市场保证金可以使经销商投鼠忌器，不敢轻易违背经销合同而做出不利于企业和市场的事情，如窜货、损害形象等。首批进货量属于经销投资门槛，定得太高涉嫌圈钱，也不利于市场开拓，而定得太低不利于加强对经销商的甄选和控制。最佳的门槛应该兼顾厂商双方的实际需求和市场的需要。例如，对于快速消费品地级城市的独家经销商，其首批进货量控制在 15 万元以下。有些企业要求经销商的首批进货量很大，这很容易导致"一锤子"买卖。所以，首批进货量一定要与经销商进行充分沟通，以确保进货量不给经销商带来太大的资金压力，又能够很好地支持市场需要。

【资料链接】

湖北草酒王酒业有限公司招商条件——首批进货款

（1）实行省级总代理：首批进货达 200 万元以上，按公司有关规定供货。

（2）实行区域范围内三级（省市、州市、县市）代理，即在某一区域内，均可形成一、二、三级代理商：①一级代理，首批进货额达 50 万元以上，按公司有关规定供货；②二级代理，首批进货额达 20 万元以上，按公司有关规定供货；③三级代理，首批进货额达 5 万元以上，按公司有关规定供货。

（3）营销中心月累计进货量达到代理商相应的额度，可享受代理商折扣优惠。

资料来源：http://www.caojiuwang.cn/zsjm/&i%3D15&comContentld%3D15.html

2）制定价格管控政策

价格策略是营销 4P 策略中最为灵活也最为敏感的策略。经销商在考虑与企业的合作时，也会重点关注价格政策。而作为企业来讲，如果在价格管理和控制策略上出现失误，将可能导致市场失控，招致经销商和消费者的抱怨甚至抵制。一个好的招商方案应该合理确定与经销商合作的价格策略。具体包括如下几个方面：制定规范的价格制定程序；预留合理的利润空间；制定遏制竞品的定价策略；合理预留风险投入。

在实际遏制竞品的定价中，既可以采取高价策略也可以采取低价策略。高价策略主要是在产品品质、品牌形象等方面具有优势情况下采用，既体现"优质高价形象"，还可以通过高价操作拥有更大的操作空间，调动经销商、终端商的积极性。而低价策略有两种情况：一是产品入市时采取低价，为竞品进入设置壁垒；二是发现有竞品即将进入，于是把价格降下来。这样使竞争对手难以高价入市，利润空间小，难以吸引经销商的兴趣，起到遏制竞争者的作用。

【资料链接】

企业稳定价格体系应注意的内容

（1）企业不能急功近利，为眼前的利益而自乱阵脚，要彻底杜绝各种不良现象。生产"金龙鱼"食用油的南海油脂工业（赤湾）有限公司在全国有 400 多个一级经销商，为了保证网络的任何一环都是"一口价"，公司实行全国统一报价制，距离远的由公司补贴运费，防止产品在区域间窜货。为了保证经销商的利益不受损害，公司规定非经销商客户到公司拿货的价格比在当地向经销商直接拿货的价格还要高。

（2）制定政策。企业在和经销商签订合同时就要明确规定稳定价格的条款。对不履行稳定价格义务的，要取消经销资格。

（3）监督。要及时掌握价格状况，发现经销商违犯价格行为就要立即处理。亚洲啤酒（苏州）有限公司啤酒零售价为每瓶 2.5 元，要求经销商不能降低一分钱，谁违反了规则，就取消谁的经销资格。为此，他们在下岗职工中招聘了 45 名"价格监察员"，每天的任务就是在商店内转，监督经销商是否遵守公司的价格政策。这样，全市大小商店价格一个样。

资料来源：销售渠道价格管理. http://www.doc88.com/p-7485435303847.html[2014-04-26]

3）制定市场支持政策

企业在招商活动中，一般都会根据实际情况给予经销商一定的市场支持。支持的政策往往有下列几种：给经销商提供样品试用；给予经销商一定的退货保证；给予经销信用赊销；提供以旧换新活动；举办展示、展览、演示等推广活动；给经销商提供相关培训；特殊情况下的价格折让；功能性的返利措施。

4）科学制定退出机制

企业与经销商的持续合作取决于双方的合理利益得到实现，一旦这个过程中出现预期目标难以实现，不论企业还是经销商都可以选择退出合作。在一般的厂商合作中，处于强势地位的是厂家，因此，经销商在合作之前肯定要考虑厂家所制定的退出机制是否合理，这是经销商选择是否合作的重要影响因素。

4. 开好招商会议

招商会议是招商工作中的常见环节，也关系到招商工作的成败。招商会议包括会前工作的周密细致、会议期间的精心设计和会后的积极跟进。

1）会前工作的操作

一次成功的招商应是在招商会议的前夕，通过地面的有效走动沟通、高空的支持配合、电话的有效跟踪沟通来精确掌握招商签约的人数与质量，而不是仅仅借助招商会议的规模气势与营销策划高手"洗脑"来达成签约。就一个具体的招商会议来讲，需要进行周密的筹备，具体的工作内容包括会议场所选择、议程安排、资料准备、接待布置、外联宣传及突发事件处理等工作。

2）会中工作的操作

招商会议的内容流程不能简单地按经销商所关心的问题为顺序。在具体安排中，首先将经销商最关心的问题放在后面谈，因为这是最难以完美回答、最易产生洽谈矛盾的地方。其次，经销商所关心可能是几个"点"，但对这几个"点"的理解需要"面"的支撑。如果撇开公司的全面描述这个"面"的背景，孤立地就事论事，双方很难达成共识。最后，前面的沟通是为后面沟通作铺垫的，如果在前面的沟通中已经充分引起了经销商的共鸣，则后面问题的解决就水到渠成了。基于此，我们可以将招商会议的流程布局作如下安排：欢迎词、公司介绍、市场介绍、经营模式培训、产品介绍、政策介绍、客户交流、商务代表跟进客户、会议总结。

3）会后工作的操作

很多企业往往很重视会前准备和会中操作，认为能否签约就在这两个环节，其实会后工作也对签约有着极其重要的意义。对于在会议上没有签约的客户，并不意味着就没有机会了，如果我们能够做好会后工作（包括会后保障工作）仍然可以有效提升经销商对企业的满意度，进而促进其后续签约。会后工作一般围绕以下内容进行操作：积极跟进尚未签约的重点客户；妥善安排来宾的离席与返程；总结开展招商会议的经验教训；编辑和制作会议材料。

三、能力训练

（一）案例分析

合 作 冲 突

某品牌休闲服饰企业，在创立初期，由于品牌知名度不高，在开发东北市场时很难找到经销商。经过努力，一位在沈阳五爱市场长期从事牛仔裤批发生意的经销商成为公司在辽宁市场的品牌经销商，该经销商原来旗下的批发网络覆盖了半个辽宁省，批发牛仔裤的规模每年在 30 万条，大多从江苏、广东进货。可合作不久后，企业与该经销商发生了激烈的经营冲突，最终解约。

资料来源：销售渠道与终端管理.http://www.doc88.com/p-7058073449690.html[2012-12-08]

问题

1. 导致冲突的原因可能有哪些？
2. 如果你是公司拓展经理，你会和该经销商合作吗？为什么？

（二）校内外实训

某企业为国内知名文体用品零售连锁品牌，在全国一、二线城市有加盟店铺100余家，现公司计划推出不同类型的加盟店铺来开发三、四线市场。请根据渠道开发的相关知识，设计该企业的渠道开发方案。

要求

1. 要设计经销商甄选的基本条件。

2. 要按照规范的招商工作程序来策划招商会议。

四、知识拓展

优质经销商的必备条件

任何一个准备招商的企业，都对优质经销商梦寐以求；任何一个求上进的经销商，都想把自己锤炼成优质经销商，那么怎么才算优质经销商呢？笔者根据营销实践，就优质经销商必备的几点做一阐述，以飨读者。

（1）非常重视信用。人无信不立，经商没有信用更是无法立足。优质经销商必定信守"一诺千金"的原则，遵守商业规则、维护商业秩序，说话算数，办事到位，践行承诺，这就是古人所说的"言必信，行必果"。重视信用是优质经销商最起码的一点，也是非常重要的一点。

（2）敢于尝试创新。市场无时无刻不在变化当中，因循守旧、不思进取，只能坐失良机。优质经销商要敢于尝试新生事物，如代理或投资新项目、新行业等，他们在做好本身已代理产品的情况下，不会局限于眼前状况，而是主动出击，寻求新的发展机会。优质经销商在营销管理中，勇于实践，不断推陈出新，创新营销，因此能够在营销中游刃有余，屡创奇迹，不断引领经销商和行业的发展。

（3）有思想，擅营销。优质经销商往往比较有思想，他们不会人云亦云，更不会生搬硬套，他们非常重视市场的实际情况，喜欢深入一线、调查研究、分析决策，因此他们总能在厂家营销战略的指引下，灵活变通，因地制宜，即使市场比较难做，他们也都能找到市场的切入点，摸索出一套适合本地市场营销的具体策略。

（4）资金链非常好。资金是经销商的血液，没有资金，经销商就成了"无源之水，无本之木"。优质经销商一般来说，资金都比较充裕，即使一时自有资金不足，他们也会很快筹集到资金，因为他们的信贷能力、融资能力、拆借能力都比较强。

（5）能够驾驭现代渠道。超市、大卖场等现代渠道，经常令普通经销商头痛，不做现代渠道是等死，做了现代渠道是找死，而驾驭现代渠道，恰恰是优质经销商的强项，他们懂得如何跟现代渠道相处，知道该如何影响、指导、配合、支持现代渠道，他们在现代渠道的营销中，如鱼得水、伸缩自如，他们与现代渠道并驾齐驱、互惠互利、共赢共荣。

（6）靠团队赢市场。优质经销商不再是那种小规模的家族经营模式，他们从社会上招聘大量优秀人才，分配至各个岗位，组建成良好的经销商团队，靠团队来做市场，靠团队来创造巨大的利润。优质经销商不再是老板和其家人亲自跑市场，而是充分授权下属，他们上升到管理和领导的位置，不再亲力亲为，实现了"有自己干到领导别人干"的角色转换。"众人拾柴火焰高"，对优质经销商来说，只有靠优秀的团队，才能发展自己、壮大自己。

（7）向管理要效益。优质经销商非常重视管理，他们十分清楚只有管理好了，才能赚取更大的利润。优质经销商有规划、有计划，他们既有长远的发展规划，也有具体的工作计划；他们有效率、有效益，他们工作讲求效率，但他们更讲求工作的效益；他们有指导、有反馈，他们对下属有具体的培训指导，也有对其工作过程的监督、校正、考核、反馈，从而不断地完善工作流程；他们不仅能很好地控制成本支出，也能很好地控制投入产出比；他们善于试点、总结、提升、完善……向管理要效益，是经销商由粗方式管理走向精细化管理的重要一环。

（8）有规模，有影响。优质经销商多数已过了创业期，进入快速发展期，他们具备了一定的规模，资金实力比较雄厚，他们在业界、社会上已经比较有影响力，甚至在一定区域里举足轻重，其影响力非同小可。

（9）口碑形象俱佳。优质经销商口碑是比较好的，这从消费者、合作伙伴、经销商员工、政府机构等处都能得到充分印证。优质经销商也比较注重自身形象建设，他们除了对自己和团队严格要求之外，也非常在意外部对自己的评价和认可度。例如，优质经销商已经开始关注办公环境、员工风貌、社会责任、参与公益、慈善捐款等方面。

（10）人际关系良好。优质经销商一般都很会做人，他们非常善于交际和公关，在当地都算是头面人物，他们无论跟上游的厂家，还是跟下游的终端，以及政府和社会的方方面面，都总能把关系处理得很好，可以说几乎没有他们办不了的事。

（11）时刻不忘学习。优质经销商都把学习看得非常重要，即使原来他们没有上过多少学，没有多少文化，但是他们能放下身段，一方面向别人学（向下属、同行、厂家、领导等学习），另一方面自学，在学习方面，他们谦虚谨慎、不耻下问。在他们看来，在今天这个竞争异常激烈的市场和社会环境中，只有不停地学习才能跟上市场和社会的脉搏，如果不坚持学习，就会落伍，被无情淘汰。所以优秀经销商总是利用一切可能的时间来学习，他们不仅自己学习，还带领自己的团队一起学习。

总之，从经销商升华到优质经销商，不是一朝一夕之事。优质经销商能够化蛹成蝶，都是经过了千锤百炼，练就了一身硬功夫。只有具备了优质经销商必备的条件，才能够成为优质经销商。

资料来源：优质经销商必备条件. https://wenku.baidu.com/view/97933419a8114431b90dd8a6.html[2011-09-16]

任务二　合同签订

一、任务描述

要将招商行为转化为招商成果，合同的签订率是最核心的衡量指标。经销合同是厂商双方合作的纲领性文件，对双方的合作方式、合作内容进行了必要的约定。如果合同设计不合理，或者双方在签约前没有进行充分的信息沟通，就会导致一系列的合作困难。从案例可以发现，N企业与经销商签订了经销合同，明确了双方之间的权责利关系，该合同可以为赵正出台《经销商管理方法》提供有力的法律依据。但对于辽宁市场，赵正不仅要依据原有合同来解决老魏给市场带来的冲击问题，更要从根源上重新构建经营思路，完善现有经销合同，进一步规范与经销商之间的合作关系。

二、知识学习

经销合同是企业与经销商签订的法律文书，它能有效规范和调节合作双方的经营行为，确保双方义务的履行和权利的实现。依据合同法规，标的、质量、价款等是合同的一般条款，也是合同发生效力的必备条款。根据实践，经销（代理）合同往往需要明确经销区域、任务指标、首批进货款、价格条款等核心条款。此外，经销合同不同于一般的销售合同，为提高签约的效率，需要注意细节问题。

（一）经销合同的关键条款

1. 经销区域

作为企业来讲，是希望经销商能够在指定的区域内经销产品，但基于对利益的追求，经销商经常会跨区域销售产品，如果是降低价格、恶意窜货则会对市场造成严重危害，因此，企业需要在合同中明确经销区域。确定经销区域需注意以下三点。

（1）经销区域要具体明确，要写清是某省、某市、某县（区），以免产生销售交叉区。

（2）要规定相应的违约责任，让合同真正起到管控作用。

（3）不同区域的市场潜力存在差异，经销区域的确定不能完全以行政区划来确定。

2. 任务指标

经销合同明确的任务指标是招商企业获利及持续经营的基础，也是保证产品市场份额扩大的硬性指标，合理的、科学的任务指标将促进经销商积极运作本产品。例如，在合同中规定："乙方自签订本协议之日起至××年××月××日止，以供货价从甲方购进某产品的总购货额为××万元人民币，以乙方达到甲方账户的货款为准。"在确定总任务额后，要将其分解到季度或月份中以便执行与考核。

【资料链接】

"铁血政策"遭经销商抵制，雷诺暂停批发量考核

随着车市增速放缓，市场竞争加剧，部分品牌经销商和厂家再度陷入剑拔弩张的状态。继2014年底多家豪华车品牌曝出经销商抵制提车事件后，这一矛盾还在蔓延。

近日，雷诺品牌经销商负责人李齐（化名）向《每日经济新闻》记者表示，作为一

家经营雷诺品牌多年的经销商，2014 年是其所在企业压力最大的一年。据了解，2014年 10 月起，全国多地出现经销商集体抵制提车事件，不久前，还出现华东、山东等地的雷诺经销商退网事件。

面对经销商的抵制，雷诺暂停了对经销商批发量的考核。"2015 年 1～2 月，厂商已经停止对我们的批发量考核，改为只考核终端销量。"李齐说。一位接近雷诺的消息人士介绍，雷诺的商务政策几乎照搬东风日产过去的关键绩效考核捆绑式考核方式，如强行对经销商压库、下达硬性提车指标，被经销商称为"铁血政策"。但眼下的市场环境与几年前不可同日而语，经销商赔钱卖车仍难以完成任务。该人士透露，2014 年底，有经销商库存占用资金上亿元，部分经销商陷入亏损。

有观点指出，在汽车市场增速不断放缓的背景下，目前宝马等豪华品牌的经销商已陷入盈利困境，对于后来者雷诺而言，再一味地沿用过去传统的管理方式已不合时宜。

资料来源：东风雷诺经销商集体抵制铁血政策：赔钱仍难完成任务. http://business.sohu.com/20150108/n407630654.shtml[2015-01-08]

3. 首批进货款

首批进货款是招商企业与经销商第一次实质性的交易，首批进货款到账意味着合作正式生效。招商企业应认真结合行业、产品等具体特点确定合适的首批进货额度，并督促经销商如期打款进货。例如，在合同中注明："本协议自签订之 15 日内，乙方须将首批货款××万元汇入甲方指定账户内。逾期未交足上述款项，则视为乙方解除本协议；甲方有权对该地区更换经销商。"

4. 价格条款

价格是招商企业与经销商共同关注的焦点，是市场管理的重中之重。如果价格失控，就会引起价格大战或者价格混乱，影响经销商和招商企业的整体利益，最终会影响整个渠道的运行。合同中规定的价格有招商企业规定的批发价、一级批发价、二级批发价和零售价，指导价和价格调动幅度要有明确的规定，才有被严格执行的可能。最为重要的是要有对结算价的明确界定，要清楚地注明结算价格是否含税、是否包括运费（何种运输方式的运费）。这些都要通过合同明确规定，严格监督实施，实现招商企业对经销商在价格领域的掌控。

5. 让利约定

一般包括批量让利、成长让利和管理让利三部分。批量让利的目的是鼓励经销商严格按照合同的规定，完成甚至超额完成年度销售额，完成得越好，得到的招商企业返利额也越多。批量让利应按合同规定及时兑付，这样才能调动经销商的积极性，不按时支付甚至久拖不付，就会挫伤经销商的积极性。

市场的开拓是循序渐进的，开拓市场初期，销量不会很大，随着市场被打开，销量会逐渐增大，成长让利条款遵循了这一规律，并给予经销商返利奖励，有效地调动了经销商的积极性，也方便招商企业安排生产。

管理让利是对经销商关于价格执行情况、遵守不窜货情况等招商企业对市场管理要求的执行好坏所给予的奖励返利。

让利条款一定注明相应的考核标准，不能用含糊语言，并将兑付时间与兑付形式界定清楚，以免出现误解和争议。

【资料链接】
墙纸企业返利考核的设置

1. 根据企业市场开拓阶段

墙纸企业处于市场开发的初级阶段时，销量自然是最重要的甚至是唯一的。因此，此时企业返利制度的制定，应将销量考核作为考核的重点。

但随着市场开拓的进展，销售进入稳定阶段后，诸如品牌形象、消费者忠诚度则成为企业考虑较多的部分。此时销量考核的权重可适当降低，应开始陆续加入终端形象、价格执行等考核内容。

2. 根据经销商的即时市场综合表现

墙纸企业可把经销商不按公司销售政策办事的现象罗列出来，将这些"违法现象"中对销售影响较大的部分列为返利考核内容。例如，经销商窜货现象比较严重时，则可给"窜货考核"较大的权重等。

3. 根据企业即时市场战略

如果企业本年度重点是大力建设终端形象，则此时返利制度考核内容中，诸如终端位置、装修、生动化应占有较大的比重；如果企业本年度重点是大力推广新品，则此时就可将新品销量从总体销量中单列出来进行考核。

总之，墙纸企业要巧妙地将本阶段的市场工作重点，设置入返利考核内容中，以对经销商起到控制、引导作用。

资料来源：墙纸企业慎选经销商：资金实力与网络覆盖能力. http://news.newhouse. com.cn/a/2013/11/05/20131105093453154.shtml[2013-11-05]

6. 铺货要求

终端资源的稀缺性迫使企业要对经销商施加一定的压力，以便更快更好地抢占各类终端资源，对终端资源的拥有情况也成为衡量经销商实力的核心指标。随着市场的日益发展，终端形式也越来越多，以医药保健品为例，典型的终端就有药店、医药超市、便利店、大商场、诊所、医院等。在合同中，对经销商铺货的区域、速度、数量和价格等应有明确要求：一是督促经销商按时按量完成；二是隔离没有能力的经销商。

7. 违约条款

违约条款是经销商违反合同规定，但还没有达到应该解除合同的程度时所执行的处罚条款。例如，没有完成任务量、没有按合同规定的价格出货、铺货终端数量不够、少量窜货等行为。根据事先谈判约定及公司的规定，将其详细地注明到合同中，关于处罚的程度一定要数字化，犯到哪条能找到相应的处罚额度，这样能够方便执行和避免争议。

（二）签订合同应注意的事项

（1）考察经销商是否合法存在，是否具有独立法人资格，如果对方是无独立法人资格的挂靠单位，或单位产权不清，或是根本不存在的虚假单位，不要与其合作，以免造成不必要的损失。

（2）签订合同时，经销商公司名称一定要和营业执照上的名称一致，并加盖公章；不能使用简写或法律上根本不承认的代号；不能以私人章或签字代替公章或合同专用章。

（3）要严格限定授权期限、区域，并明确经销商的权利和义务；严格规定产品的价格、退换货流程及责任。

（4）详细规定违约事项及规则问题；限定货款清算方式及日期。

（5）签订前要进行区域市场调研。招商企业要组织团队到签约经销商所在区域市场进行市场调研，进行市场评估。开展调研的核心目的是：一是研究市场，为制定区域市场政策及营销策略奠定基础；二是根据市场潜力，确定恰到好处的首批进货量。因为经销商进货多了，长期压仓，会打击经销商的积极性，亦会造成商家资金压力，这不利于长期合作。

（6）制定区域市场策略。很多招商企业在新产品上市推广时，习惯于"天下一盘棋"地制定市场政策和营销策略，结果导致在一些区域市场上的水土不服。其实，采取"一地一策"是既现实又可行的，但是这样制定市场政策和营销策略时，要注意的一点就是维护整体市场秩序，保护经销商利益的同时，也要顾全企业大局。

（7）对区域经销商进行培训。对经销商进行培训，这是企业必须输出的资源。即使是行业内资格较老的经销商，生产商也要针对产品、品牌、文化、服务、业务流程、市场操作等方面内容对经销商进行培训。同时，要对经销商的操盘手、市场管理人员、一线代表、促销员等不同群体层提供不同的培训。

（8）进行样板市场考察。目前，业内很多企业都注重样板市场建设，并积极组织经销商进行参观考察、经验交流研讨，这样既可以增强招商的可信度与说服力，让经销商树立信心，又可以很好地总结市场经验，供后加盟者学习，在经销过程中少走弯路。

（9）确定首批进货量（额）。招商企业有责任科学地帮助经销商确定进货量，而不是鼓励首批进货越多越好。其实，对于以下几个指标，如平均库存、安全库存、配送周期等，也有必要替经销商把关。那些不去考察市场而过度追求首批进货量、月度最低进货量等指标的生产商，注定要遭受市场的报复。

（10）提供销售宣传物料。在签完合同后，厂商要把营销手册、宣传单（折页）、光盘、免费赠品、试用装产品等宣传资料及时提供给经销商。这里强调一点，在销售物料方面，招商企业也可以定向地为经销商策划、设计及制作，乃至投放，因为对于不同区域市场实效宣传与传播工具可能并不相同。

招商中面临的未来市场充满变数，有很多方面需要详细论证、周密考虑，如果急于求成、仓促订约的话，必定后患无穷。一定要有规范、标准的协议，如对窜货、违约金等问题必须明确无误地写入合同中，出现问题时如何终止合作也要有具体约定。

制定缜密、完善的经销合同是保障双方利益的前提，是解决纠纷的有效凭证。企业经销合同、违约条款的设计应体现双方共赢的主旨，在违约责任、仲裁方式、利润分配、双方责权、促销策略、市场支持、销售体系等条款上应公平、合理，确保招商价值链的每一个个体都有合理的价值增值空间，以达到合作共赢的目的。《加盟意向书》不能预先设置陷阱，也不能收取高额的所谓"保证金"，套牢经销商。

在拟定经销协议的时候，企业应该尤为注意对以下几个方面进行约定：其一，终端建设方面的条款，如铺市率及进度的要求，陈列、卖场生动化的要求；其二，销售信息方面的约定，如规范的报表系统；其三，建立产品专营小组的约定；其四，对品牌管理、市场管理、销售管理的约定；其五，对经销商实施支持的约定；其六，何种情况下企业可以发展新经销商以促进不达标区域业务的增长等。

【资料链接】
经销合同签订中需要坚持的原则

在经销合同的签订中商家应注意把握以下五个原则，这样才可以充分有力地保证商家利益。

原则一：签订合同前，要对一切合同条款都持怀疑态度，然后再一条条地分析，直到没有疑问为止。总的来说，商家应尽量与那些正规的大企业合作，少与那些弱势品牌合作。

原则二：法律中规定："行为人没有代理权，超越代理权或者代理权终止后以被代理人名义订立的合同，未经被代理人追认，对被代理人不发生效力。"这就是说，商家与厂家业务人员打交道的过程中，临时签订的合同要加盖法人公章后才确切受到法律保护。

原则三：化整为零，分散风险，销售任务大的经销合同可以分几次履行。例如，新品市场由于对市场销量无法把控，商家可以选择与经销商半年签订一次合同，这与一次全部成交的风险概率是绝对不一样的。

原则四：同时履行的原则，即商家将合同的权利义务，如交货方式、付款期限等划成对等的几个"子合同"，分步骤、有计划地履行，一旦对方在约定时间内未履约，即可及时终止或变更合同。

原则五：同向收发原则，即商家在履行付款义务时，若采用票据结算，汇款人与收款人应对应一致，而不是将款项汇到对方账号上，以免其提款潜逃。

资料来源：经销商在签合同时的注意事项. http://www.doc88.com/p-999532955084.html [2012-11-01]

三、能力训练

（一）案例分析

李先生于 2014 年 4 月 15 日与西樵的×华陶瓷有限公司（以下简称厂家）签订了区域总经销合同书，其授权李先生为雷州市产品总经销商，而李先生发现厂家早在 2013 年已经授权他人经营雷州市场，并且合同至今仍然存续有效，李先生认为厂家存在合同欺诈行为，于是向工商部门投诉。

　　工商部门接到投诉后联系双方了解情况，双方均表示愿意就合同争议展开调解。调解当日，厂家代表罗先生表示，虽然其在 2013 年已经与另一家商家"×利建材专卖店"签订经销合同，授权其在雷州区域的区域总代理权限，但该商家连续两个月未能完成合同约定的销售任务，根据合同的有关条款，厂家有权取消商家的经销权。而且，在决定取消经销商的代理资格前，厂家已在 2014 年 4 月提前口头通知该商家自行销售库存，并于 2014 年 7 月 10 日以公函方式通知该商家，从 2014 年 8 月 1 日起，厂家取消其在雷州区域的区域总代理权限，即该商家的"经销资格"到 2014 年 7 月 31 日前（含 7 月 31 日）结束，而厂家与投诉人李先生签订的经销合同正式生效期为 2014 年 8 月 1 日，厂家不存在欺骗行为，认为是李先生签订合同时未看清合同条款所致。如果李先生在合同生效日前因故退出，自行取消预订经销合同，厂家可考虑退回合同保证金，并在友好、体谅的情况下，可考虑退回李先生所购的产品样品费，但不能满足李先生的补偿金要求。而且，厂家认为，李先生在经销合同生效前的销售行为冲击了厂家的雷州市场，厂家保留起诉李先生因侵害经销商的合法权益而使经销商蒙受损失的权利。李先生不同意此说法，他表示与厂家签订合同的日期为 2014 年 4 月 15 日，厂家要求李先生购买了六批货，又要求李先生在合同签订之日起 30 日内完成销售任务，但合同书生效日期却是 2014 年 8 月 1 日，这是明显的不平等条约，存在前后矛盾。李先生认为厂家未与"×利建材专卖店"解除合同的情况下，就与自己提前签合同，是欺诈行为。李先生已无心继续与厂家合作，要求厂家补偿已投入的宣传广告费、装修费、档口损失费等。

　　资料来源：http://www.nanhai.gov.cn/cms/html/7961/2014/20140728084055251556171/20140728084055251556171_1.html[2014-07-28]

　　问题

　　1. 以上合同涉及了经销合同的哪些条款？

　　2. 如果你是工商部门，你会怎样调节双方的矛盾？

（二）校内外实训

　　通过前期市场招商运作，有多位符合 L 企业招商条件的客户意欲与企业签订经销合同。请根据经销商合同的草拟要求，拟定一份 L 企业经销合同文稿。

　　要求

　　1. 要体现经销合同的必备条款。

　　2. 具体数据和情节可以虚拟。

四、知识拓展

如何设置特许权条款

　　授予特许权条款是特许经营合同的核心，是首要条款。特许人同意授予受许人特许经营权，应包括特许经营权的内容、范围、期限、方式和地域等。

1. 经营许可方式条款

特许人应明确向受许人授权的是独占实施许可、排他许可、一般许可还是分许可。一般而言，特许人授权的商标许可不是排他许可或独占的，这样特许方就可授予多个受许方使用其商标，而不是仅为一个受许方所使用。

2. 商圈保护和授权区域条款

商圈保护，一般是指在单店加盟商经营地点的一定区域范围，特许人不能同时开设另一家使用相同品牌、经营同类产品并与加盟商相竞争的另一家加盟店或直营店。商圈保护的设定通常有两种方式：圆心加半径、按行政区域划分。而授权区域，通常是指在分特许或区域特许中，特许人将一定地理范围内发展加盟店的权利进行分许可或将受许人开设加盟店的权利授权他人行使，即受许人有权在该区域内进行再授权或自行开设多家加盟店；同时，特许人不能在该区域内同时发展其他分特许人或分受许人。可见商圈保护是对开展具体特许业务的加盟店的保护，而授权区域则是对分特许或受许人的保护，防止特许人侵犯分特许人或受许人的权利，但也是对分特许人及分受许人的限制，即限制分特许人及分受许人超出授权区域进行分许可或自行开店。

因此，特许人在设定商圈保护或授权区域时，如果未全面考虑整个经营体系的实际情况则可能导致自身的权利受到限制，所以，特许人需要注意在设定该条款时不应对受许人授予过大的地域权。在设定商圈保护时，采用圆心加半径方式的情形，可以缩小半径的范围，为特许人留下较大的授权空间；尽量不采用行政区划的方式，因为这种方式对特许人的权利束缚太大，如果非得采用时，一定要明确商圈的地理范围；此外，对于繁华商业区的授权可以去掉商圈保护条款，使特许人不受商圈保护限制，以扩大加盟店数量，增加经济利益。

资料来源：特许经营中对受许人的法律保护问题. http://www.doc88.com/p-176473633067.html[2013-03-16]

任务三 业务管理

一、任务描述

在选择好经销商后，对其日常业务进行科学管理就成为提升销售、扩大市场的重要举措。导入案例中，经销商老魏利用企业的短板和漏洞迅速完成了自身实力的壮大，并形成了对市场的掌握控制，严重影响了企业渠道和市场工作的正常开展。究其原因就在于企业早期进入市场时缺少一个有效的管理体系规范经销商的日常经营行为。因此，赵正接手辽宁的销售业务后，就需要从经销商的日常业务管理入手，认真解决经销商订货、物流、价格、促销等方面的问题，这样一方面能够重新掌控对市场的主导权，另一方面也能规范公司的经销商管理行为，确保市场稳定健康地发展。

二、知识学习

经销商业务管理的主要内容依据经销商性质、产品类型及企业渠道模式差异而有所不同。但从一般意义上来看，经销商业务管理主要是对经销商的价格、促销、订货、利润等进行针对性的管理，具体包括以下主要内容。

（1）价格管理包括：设计差别化的价格结构；设计合理的返利政策；制定稳定价格体系的方法。

（2）促销管理包括：选择合适的渠道促销形式；确定合理的渠道促销时效；安排好促销的力度和频率；促销的区域联动设计；渠道促销的执行。

（3）订货管理包括：制订订货计划；分析影响订货量的因素；制定合理的进货步骤。

（4）利润管理包括：建立正确的利润意识；经销商利润管理方法。

（一）经销商价格管理

在渠道管理中，价格管理往往是让人头疼的问题。如果价格管理不好，不仅会给企业造成损失，也会影响分销商的满意度。因此，一方面要制定完善的价格政策，以从源头上解决乱价问题；另一方面也要加强分销中的价格监督，在过程中去规范价格问题。

1. 设计差别化的价格结构

销售价格设计要解决的关键问题就是价差利润在渠道成员间的合理分配。因此，在价格设计中要制定差别化的价格策略。

生产企业必须设计好销售渠道各环节的价格体系，即处理好出厂价、一批价、二批价、零售价之间的关系。由于销售渠道各个环节的价格设计直接影响到各级中间商的利益，从而影响中间商的积极性，并决定着产品在市场上的前途，所以生产商要给予高度重视。实际操作中可以按照客户等级和产品线两个维度来设置价格。例如，一家电器生产厂商，有电视机与豆浆机两条产品线。电视机利润非常低，即使是 1 级经销商也只能是以零售价的 9 折拿货，豆浆机的利润较高，1 级经销商可以 7 折拿货。

【资料链接】

ABC 管理法

ABC 管理法的原理是按巴雷托曲线所示意的主次关系进行分类管理，广泛应用于工业、商业、物资、人口及社会学等领域，以及物资管理、质量管理、价值分析、成本管理、资金管理、生产管理等许多方面。它的特点是既能集中精力抓住重点问题进行管理，又能兼顾一般问题，从而做到用最少的人力、物力、财力实现最好的经济效益。后来，1951 年，朱兰将 ABC 管理法引入质量管理，用于质量问题的分析。1963 年，德鲁克将这一方法推广至全部社会现象，使 ABC 管理法成为企业提高效益普遍应用的管理方法。

2. 设计合理的返利政策

返利，就是供货方根据一定的评判标准，将自己的部分利润以现金或实物的形式返还给经销商。对经销商采取返利政策是提升经销商积极性的常用方法，它具有滞后兑现的特点。但在制定返利政策时要考虑周全。如果返利过大，则可能造成价格穿底或者窜货等后果，如果返利不足，则失去刺激销售的作用。

1）合理确立返利目标

在品牌导入期，返利的目标在于鼓励经销商铺货率、开户率、卖场生动化指标的完善和经销商提货量的完成；在品牌成长期，返利的目标在于打击竞品，因此返利应加大对专销、市场反馈、配送力度、促销执行效果等项目的奖励比例，同时辅以一定的销售奖励；在品牌成熟期，返利的目标在于维护渠道秩序，因此返利应以遵守区域销售、价格规定及回款等为主，销售量奖励为辅。

2）确立返利类型

按照不同的标准划分，返利可分为不同的类型。

（1）根据返利的计算期不同，分为年度返利、季度返利、月度返利和批返四种类型。

年度返利是对经销商完成当年销售任务的肯定和奖励。一般是在次年的第一季度内，由厂家选择一定的奖励形式给予兑现。年度返利便于企业和经销商进行财务核算，容易计算营销成本，且便于参照退换货等政策因素及制定明确的销售任务目标。年度返利金额往往比较大，对经销商有一定的诱惑。年度返利能够有效缓解分期付款和按揭贷款给企业结算造成的压力，同时有利于企业资金周转。但是，对经销商来说，年度返利周期比较长，对其的即时激励性不够，制定的销售任务难以及时进行调整，而且，如果经销商在前几个月中发现返利无望后，就可能会对返利失去兴趣。

季度返利既是对经销商前三个月销售情况的肯定，也是对经销商后三个月销售活动的支持。这样就促使厂家和经销商在每个季度结束时，对前三个月合作的情况进行反省和总结。季度返利一般是在每一季度结束后的两个月内，由厂家选择一定的奖励形式予以兑现。

月度返利有利于对经销商进行即时激励，让经销商随时可以看到返利的诱惑，相当于给业务人员配备了一把有力的武器，而且，也比较容易根据市场的实际情况、淡旺季等来制定合理的任务目标和返利目标，操作起来非常灵活。但这种返利方法对公司财务核算有比较高的要求，而且月度返利金额往往较小，诱惑力不够，还容易出现投机心理、市场大起大落等不稳定现象。例如，经销商往往为了追求本月的高返利而拼命压货，进而导致下月的销售严重萎缩。

批返是在购货时即进行返利，一般采用票面折扣的方式。其优点是计算方便，缺点是影响市场价格。

（2）根据返利的依据不同，可分为销售返利和过程返利两种类型。

销量返利是根据经销商在销售时段内（或月、或季、或年）完成厂商规定的销售额，按规定比例及时享受厂商支付的返利。这种返利形式对厂商而言，优点在于容易操作，易于管理，缺点在于销量越大，返利越高，必然会使经销商不择手段地增加销售量。当各经销商在限定的区域内无法在限定的时间完成一定的目标时，他们很自然地会实行跨区窜货。经销商还会提前透支返利，不惜以低价将产品销售出去，平进平出甚至低于进价批发，容易出现恶意窜货，导致价格体系混乱。

【案例 3-4】

王华该怎么办？

经理王华为经销商制定了三个不同的年销量指标，底限任务、中档任务、冲刺任务，完成的年销量指标越高，则年底返利的百分比越大，而且返利激励与经销商的年销售量的绝对值挂钩。如果经销商分别完成底限任务 200 万元、中档任务 250 万元和冲刺任务 300 万元，返利比例为 1%、3%、5%。相对的返利金额为 2 万元、7.5 万元、15 万元。

经销商的积极性很高，但是市场上出现了经销商不惜代价打击其他经销商并大肆向其他地区窜货的现象。王华对违规行为进行斥责，并威胁扣除返利，但是无效，因为厂家的货款还压在经销商手中。窜货和甩卖越演越烈，连原本守秩序的经销商也参与进来。经销商之间的投诉不断，价格越卖越低，经销商利润越来越薄。无奈，王华只得将低价甩卖的产品买回，并痛下决心，断掉窜货经销商的货，但是经销商不服，为了报复，又将手中的货以更低的价格抛向市场。

资料来源：分销渠道案例分析. http://bbs.vsharing.com/Management/Consulting/1585213-1.html[2012-05-28]

问题

1. 分析王华制定的返利政策的合理性。

2. 你该如何制定该公司的返利政策？

过程返利是企业为了市场的长远健康发展，将考核依据设计为既考核销量，也考核销量形成过程中的若干过程指标，如遵守区域销售状况、遵守价格秩序状况、规范执行企业的促销活动状况、铺货率状况、售点生动化状况、全品项进货状况等，根据销量和销售行为进行返利激励。这样既可以帮助经销商提高销量，又能防止经销商的不规范运作，还可以培育健康有序的市场环境。

【案例 3-5】

厂商返利博弈

制造商给经销商确定的销售配额是 200 万元，如果经销商超额完成规定销售量，返利 1%；经销商不违价销售，返利 2%；经销商不窜货销售，返利 1%；经销商较好执行市场推广与促销计划，返利 1%。

问题

1. 如果规范销售，只能完成 180 万元，如窜货并砸价销量可达 220 万元，经销商将如何选择？

2. 如果规范销售，只能完成 180 万元，如窜货但不砸价销量可达 220 万元，经销商将如何选择？制造商该如何调整其返利政策？

（3）根据返利的透明度不同，可分为明返利和暗返利两种类型。

明返利是指明确告诉经销商在某个时间段内累积提货量对应的返点数量，是厂家按照与经销商签订的合同条款，对经销商的回款给予的定额奖励。明确的按量返利，对调动经销商的积极性有较大的作用，但需要有配套的考核体系，并对经销商比较熟悉和了解。但明确的按量返利也容易陷入恶性循环。明返利的最大缺点在于，各经销商事前知道返利的额度，如果厂家控制不力，原来制定的价格体系很可能就会因此瓦解。为抢夺市场，得到奖励，经销商不惜降价抛售，导致恶性竞争。最终，厂家的返利不但没起到调节通路利润的作用，反而导致乱价、窜货的恶果。

暗返利是指对经销商不明确告知，而是厂家按照与经销商签订的合同条款，对经销商的回款给予的不定额奖励。暗返利不公开、不透明，就像常见的年终分红一样，在一定程度上确实消除了一些明返利的负面影响，而且在实施过程中还可以充分地向那些诚信度高的经销商倾斜，比较公平。但是，暗返利在实施过程中是模糊、不透明的，可是当实施时，模糊奖励就变得透明了。经销商会根据上年自己和其他经销商的模糊奖励的额度，估计自己在下一个销售年度内的返利额度。

3）确定返利力度

为了使返利真正成为激励力量而不是破坏力量，生产商在制定返利政策时必须参照两条标准：一是行业的平均水平；二是不至于引起冲货。此外，生产商一般设置的是"阶梯返利"，即销量越大，返利越高，这种方式要设置封顶数量而不能无限制，否则会刺激经销商铤而走险。

4）合理设置返利条件

销量返利是被采用得最多的返利方式，但这种返利方式是一种变相降价，只能提高即时销量，其实质是库存的转移。简单的销量返利会助长短期行为，对市场发展不利，所以需要采用过程导向的综合指标（如目标销量达成、价格体系保持、市场秩序维护、终端质量建设、品牌推广支持等）分解考核返利。在实际操作中把返利总额分解到多个指标上分别予以考核，以弱化销量指标，强化市场维护和市场支持指标，以实现市场的良性、持续发展。

3. 制定稳定价格体系的方法

稳定的价格体系不论是对生产商还是对销售商都是大有好处的，因此二者都不希望价格大起大落，影响正常的价格秩序。一旦价格发生混乱，生产商必须要在尊重市场规律的前提下对价格进行引导，以确保价格稳定在一定的水平上。在具体的实践中，有以下稳定价格的方法可供使用。

1）生产商统一定价

统一定价是指生产商为各级渠道成员制定订货价格，这样可确保分销各个环节的价格被生产商所掌握，以避免渠道恶性价格竞争，保护绝大多数渠道成员的利益，使经销商能够获得合理的利润水平。

2）签订价格规范协议

生产商与经销商签订不乱价协议，通过契约的方式规范各方之间的价格行为。这为价格管理提供了法律依据，也能对经销商的乱价行为产生有效威慑。

3）合理制定区域销售目标

生产商应该根据市场、竞争、产品等情况制定合理的销售目标。在销售目标中不仅包括销售量的绝对增长，也包括相对增长的幅度；不仅要纵向比，也要横向比。确定合理的销售目标，一方面可以激励经销商提升业绩；另一方面也使经销商不至于过分追求量的增长而低价销售。

4）加强市场监督

生产商要及时掌握市场价格状况，加强对经销商的管理和控制，发现经销商违反价格规定要立即处理。在具体实践中，生产企业要成立市场监管部门，负责监督地区业务员，而分区业务员负责监督各级渠道客户，形成生产商——一级批发商—二级批发商—零售商的价格监管体系。

5）建立科学考核机制

生产商不能唯销量论英雄，也要加强过程性的考核和评估，加大经销商实施终端管理过程的考核比重，以终端精耕细作来提升销售业绩。此外，要严格管理业务员的销售活动，合理规范业务员的结果考核和过程考核，防范业务员以牺牲市场秩序换取高增长的行为。

6）加强经销商培训教育

经销商往往具有降低价格以获取竞争力的冲动，要彻底消除经销商的这些观念，只有通过教育培训使他们明白降价不是市场运作的唯一手段，相反还会将整个行业拖入价格战的泥潭而集体受损。

【资料链接】

将合适的产品铺到合适的终端

价格体系是产品的生命，企业切记在终端售卖产品时，要严格控制终端的价格体系。

第一，合适的产品要铺到合适的终端，价格体系才不会混乱。2升的饮料要放在社区烟酒店、商超售卖，如放在学校门口售卖，只能让店老板降价促销。

第二，合适的促销力度给到合适的终端。开展促销活动时，有的零售店老板总是高估自己的销量水平，本身能卖10箱的货，却进了30箱，心想哪怕降价也要全部卖出去，结果货可能卖出去了，却导致整个渠道的价格混乱，终端店也无利可图。

第三，价格体系的管控。一个路口假设有三家店，三家店都售卖你的产品，三家店很可能为了互相竞争降价卖货，从而导致价格体系混乱。这时可以跟三家零售店老板沟通，约定只要将产品的价格保持一致，没有降价行为，到月底就会分别给每家店奖励，但只要有一家店出现降价行为，奖励就会取消，这样三家店就形成了互相监督制度，从而保持了价格体系正常。

资料来源：5 个指标看经销商如何向终端要销量！http://www.doc88.com/p-150530223 7482.html[2015-05-30]

（二）经销商促销管理

促销是经销商日常经营中的常用手法，其目标主要包括两个：一方面是提升品牌和销量；另一方面是应对竞争，消化库存。这两个目标有可能是来自生产商的压力，也有可能是来自市场的压力，还有可能是来自经销商经营的失误。作为生产商，需要对促销行为进行有效管理，以确保促销行为处于企业的总体目标之中。生产商对经销商促销的监管可以从以下方面开展。

1. 关于渠道促销的形式选择

渠道促销主要有两种形式：以提升品牌形象为主的广告、公关形式；以提升销量为主的降价、打折方式。生产商要根据企业品牌、经销商现状等因素对经销商的促销形式进行有效规范，不同阶段制定不同的促销目标进而采用不同的促销形式。

2. 关于渠道促销的时效

一般来说，新品上市、库存处理、旺季冲销量、淡季保市场等都需要进行渠道促销，这也是生产商的惯用方法。渠道促销具有适度超前的特点，特别是季节性促销抢量，更需要恰当掌握适度超前的特点。例如，在"五一""国庆""元旦""春节"等几个大的销售旺季，做好这几个时段的促销文章就显得尤为重要。根据一般规律，渠道促销应该在旺季来临之前进行，因为商家要有一个旺季前备货的过程。旺季之前进行针对经销商的促销，就可以抢占渠道资金、仓库和陈列空间，挤压和排斥竞争对手，实现销量最大化并赢得竞争优势。

【资料链接】

法莱雅的促销时机选择

法莱雅的做法是根据产品的市场特性来选择合适的时间段做促销，并通过严密的层级关系进行管理。下游要货需要经过上一级的考核把关，力图使每个地区的进货量能适合其地区的经济水平，避免出现时机不对的情况。

资料来源：渠道促销的关键要素是什么. http://www.cnbm.net.cn/wenda/594037863.html [2011-04-16]

3. 关于促销的力度和频率

在促销的力度上一方面要量力而行，另一方面也要有吸引力。此外，促销的频率也有讲究，以降价形式的促销，合理的频率应该以"库存得以消化、价格已经反弹"为原则。如果上一次促销使得渠道中囤积的商品已经得到有效消化，渠道商已经开始以原价进货，批发价已经恢复到未促销时的水平，则说明市场已经恢复良性，此时可以准备第二波促销方案。如果促销过于频繁，经销商也会形成促销依赖症，不促销不进货，逼着生产商一次次加大促销力度，直至不堪重负。

4. 关于促销的区域联动

渠道促销还应该考虑到区域联动因素。也就是说，要考虑到某地区促销对其周边市场的冲击，包括价格冲击和市场秩序问题。要把一个大的区域市场当成一个整体市场来考虑，统筹安排，长远规划，这样才有利于整体市场的良性发展。所以，生产商在一个地区搞促销，最好能控制其不会对另一个地区市场造成严重影响；如果控制不了，最好同时进行，也可以考虑以同样的力度但不同的方式进行，以避免因雷同而影响促销效果。

5. 关于渠道促销的执行

由于渠道主体在时空上的分离性，渠道促销会出现很大的弹性，如果生产商对促销的监管落实不到位就可能背离了生产商的促销初衷，无法保证各利益主体得到应得利益，影响渠道的良性发展。以渠道折扣政策为例，如果生产商希望刺激经销商大量进货来享受折扣并将折扣政策往下分解，让下游分销商、零售商也能享受到折扣，以促进其积极进货。但如果执行不力，导致经销商将折扣政策独享，就违背了生产商开展渠道促销的初衷。更为严重的是，如果经销商利用价格优势将囤积的货物冲击到其他区域，就会扰乱市场秩序引起区域商家之间的冲突，最终影响品牌建设和发展。

（三）经销商订货管理

商品是零售企业的生命，是做好销售的基础，没有商品就没有销售，没有销售就没有利润。订货是销售中最基本的也是最重要的工作之一，要切实提高经销商的经营业绩，需要对其经销商的订货进行系统管理。一般来讲，订货工作的两个主要问题就是何时订货及订多少。

1. 制订订货计划

订货计划指按一定的订货周期，预先安排好供应商的订货时间，从而达到控制缺、断货，合理地安排部门工作的目的。制订订货计划的注意事项如下。

（1）根据商品特点确定好合理的订货周期。

（2）在安排订货日期时应充分考虑商品特点、供应商配送速度及商品数量等因素，避免工作量不均。

（3）订货计划在试行一定时间后应做出适当调整，以更适应渠道的需要。

（4）若供应商缺、断货等暂时未到货的要及时加补。

2. 分析影响订货量的因素

影响订货量的因素包括：①销售量；②商品特性（如商品的订货周期、保质期、鲜度等）；③供应商状况（如信用、规模、配送能力、速度及时间）；④顾客需求情况；⑤陈列（陈列位置、方式、陈列面大小）；⑥商品的价格及优惠政策；⑦促销活动时间（如 DM 海报、主题促销活动）；⑧当前库存数量及仓库存货能力；⑨竞争现状（店内商品间及店外竞争）；⑩季节、气候等因素。

3. 确定订货量的步骤

第一步，确定订货周期，即根据商品及供应商特点确定相关固定的订货的间隔期。

第二步，确定安全库存天数及到货天数。

安全库存天数是为了保证商品不断货而为配送等环节预留的一个缓冲时间，一般根据到货天数来确定。

到货天数是指供应商从接到订单之日到送货、验收入店的间隔期，或称在途日期、在途天数。

第三步，确定订货系数。订货系数是为保证不断货而设定的一个相对较合理的预留商品库存量的比率。

订货系数可以保证商品在送货过程中未能按设定的送货天数送到，造成了延误，或因为非正常的销售，如客户订货、大宗团购等使销售量出现不稳定，它可以保持商品有足够的库存不至于造成缺断货，同时又可以让商品库存合理周转。

订货系数=（送货天数+安全库存天数）÷订货周期+1

例如，送货天数为 2 天，安全库存天数设为 3 天，订货周期为 7 天，那么订货系数=（2+3）÷7+1=5÷7+1≈1.71。

第四步，计算基本订货量。基本订货量其实就是订货周期内按常规预计的最大的销售量。基本订货量的计算方法如下：

基本订货量=上月总销售量÷当月天数×订货周期×订货系数

或基本订货量=上月总销售量÷月订货次数×订货系数

或基本订货量=上月日均销售量×订货周期×订货系数

基本订货量=月均日销售×（订货周期+安全库存+送货时间）

基本订货量=最近一周的订货量×订货系数

第五步，确定订货量。基本订货量是订货周期内按常规预计的最大的销售量。如果仅订这么多数量，在订货周期期末就会出现货量不足或断货，如果再次下单订货到送货，那么最少也会出现两天的缺货，而库存过多的商品又会造成商品积压。如何避免这种现象的发生呢？在确定了基本订货量之后还要减去当前的库存加上为保证陈列面丰满所需要的满排面量，这样就既不会造成缺、断货，又不积压库存造成资源浪费了。

订货量=（基本订货量-当前总库存-在途库存+满陈列量）÷订货倍数（结果一般应取整数）

满陈列量：指用现有或计划陈列方式下达到丰满等陈列要求时的数量，不仅指满排面量。

订货倍数：公司销售单位与供应商最小包装的换算单位，下订单时的订货数量必须是订货倍数的整数倍。（例如，货物 A 销售单位为 1 包，供应商每个最小包装单位为12 包，这里的订货倍数为 12，订货数量一定为 12 的整倍数。）部分商品可与供应商协商，不考虑此项。

这个公式仅仅表示常规情况下的订货量，参考的订货量也是正常销售量，它只能告诉我们按过去的销售，现在我们应订多少，而对未来的情况不可能有充分考虑。订货时应参考该产品或同类产品以往的销售数量，同时还应根据促销售价、特价浮度、竞争商品、有无库房、陈列排面、周末节日差异、大单购物的情况来调整订货量。

第六步，调整订货量。调整订货量时应注意以下几个因素。

（1）时间因素。

每月的不同时间：订货量因时间不同而异，尤其是随着竞争的日益剧烈，对于商品周转的要求越来越多，订货量的控制和订货的调整直接影响货款的支付，故而在订货时应注意以下原则——"月初放心订，月中注意订，月末小心订"，以便更好地处理结算与营运的关系。

DM 促销商品：订货量与应与海报促销起止日期相联系，结合 DM 商品的"前七后三原则"，从而更好地处理好商品库存与毛利、货款的问题。

（2）新商品的订货。除特殊情况，一般首单量要小，根据销售状况再进一步确定以后订量，防止供应商投机及滞销品积压。

（3）特殊商品的季节性因素。在季初与季末的订货量是不同的。

（4）促销活动及优惠政策因素。

（5）自身存货能力及其他相关因素。

第七步，订单的审核决定、打印并发送订单数据。

（1）审核打印订单：检查有无漏订及错订。

（2）订单审核决定：采购人员下单，由部门经理核决；营业部下单，由部门主管核决；重大订货由店长核决。

（3）打印并发送：发送前应注明是否有退货、赠送、促销及其他相关内容。发送后，确认供应商收到订单并妥善保管订单。

第八步，跟进到货时间、数量，未及时到货的应及时处理。

总之，要订好货，一方面要掌握订货的公式；另一方面要灵活考虑各方面的原因，提高自身的操作水平，从而促进销售的完成。

【资料链接】

母婴服饰产品的订货策略

（1）订货全：不同客户有不同需求，客户满意度高则销售额高。

（2）订货要搭配好：订羽绒服就要订和它配套的毛衣、衬衣（或 T 恤）。可尝试不同的搭配，一个人的审美观不能代表所有客户。

（3）过季和正季服装搭配：以过季服装促销活动拉动正季服装销售。

（4）订货量：根据店面边柜和中岛陈列量订购服装件数，一根侧挂杆挂夏装 15～20 件，冬装少些；正挂衣服挂 3～5 件，第一件挂成一套；正挂放 2～3 个挂钩；中岛叠 2～3 摞，2～3 件/摞，一面正挂，一面侧挂。

资料来源：孕婴店经营销售技巧介绍. http://yunyingtong.qudao.com/news/3963814.shtml [2013-09-27]

（四）经销商利润管理

随着市场竞争日益白热化，厂家对经销商的要求也不断提升，迫使经销商不断实施渠道下沉、精耕细作，希望通过渠道推动力来提升销量和品牌影响力。各项工作的开展使经销商的投入越来越大，回报却并没有相应增长，原来被掩盖在大区域、粗放经营情况下的厂家要量和商家求利之间的矛盾不可避免。在此背景下，厂家需要正确对待经销商的利润需求，并采取有效的措施实施经销商利润管理。

1. 正确认识经销商利润管理

要真正做好对经销商的利润管理，兼顾好厂家和经销商双方的利益，实现双赢，首先要对经销商的利润管理有正确的认识。

1）正确处理经销商的两种利润

经销商的利润从来源途径区分大致分为两种：一种是和厂家合作中的正常利润；另一种是在市场操作中的不正当利润。正当利润是指经销商在和厂家的合作过程中，通过提升销量、运作市场、达到一定的销量目标和市场操作要求所获得的经营利润与厂家奖励，这部分又叫显性利润。

因此，在经销商利润管理中，既要帮助经销商的合理利润实现增值，又要坚决制止和打击经销商的不正当利润，维护市场的稳定和销量的健康成长。

【资料链接】

经销商利润的三个来源

显性利润：淡季投款补息、投款奖励、提货奖励、月返、季返、年返、网点数量奖励、卖场形象奖励、销售差价等。

隐性利润：厂家的仓储补贴、运输补贴、场地费、客户激励、模糊奖励、市场保护费用、终端促销赠品、报广支持等。

违规利润：截流政策、虚报费用、谎报工程、异地冲货、挪用资源、违反厂家价格政策、倒卖赠品、残次充正品等。

2）经销商利润应该来源于市场而不是厂家

经销商正常利润有两个来源：一个是来自厂家的支持；另一个是来自市场的合法运作。厂家对市场的资源投放包括给经销商的各类支持，主要是起"抛砖引玉"的作用，以刺激和带动经销商投入更多的资源开发市场，维护市场的稳定进而扩张市场。在现实中，很多经销商包括厂家业务员都寄希望于厂家给予的支持，不是从市场经营中去获取利润而是将厂家的支持作为其利润的主要来源，这样的市场自然是不温不火，销量不见起色，利润自然无法得到保障。厂家的支持自然是要大力争取，但也必须要让经销商认识到：利润，是来源于市场，而不是来源于厂家；厂家的资源是支持销量提升的，而不是直接转化为利润的。

帮助经销商进行利润管理的终极目的，是提升厂家品牌和产品，这是每一位厂家业务人员要牢牢记住的。

2. 经销商的利润管理方法

利润来源于收入与成本费用的差额，所以企业在实施经销商利润管理的时候需要从这两个大方面入手，并以科学有效的财务核算为保障。

1）帮助降低经销商运营费用

在经销商承担的市场销售职能越来越多的情况下，其费用支出也会越来越大，因此要想保持经销商的忠诚度和积极性的办法就是改善利润状况，而最有效的帮助经销商改善利润的办法就是降低运营费用。在降低经销商运营费用上，科学合理地规划产品组合和整合渠道资源，进而提高经销商网络资源的利用率是最为重要的。任何一个经销商的产品和网络组合都不可能是尽善尽美的，总有自己比较强势的产品和渠道。经销商在选择产品或者规划渠道的时候，往往有很大的随意性，不能够根据自己的情况做出正确的选择。作为厂家业务人员要以自己的专业知识帮助经销商做出合理的选择，将自身的优势发挥到最大。

2）通过内部沟通获得厂家支持

经销商不能把获取利润的途径紧紧盯在厂家的支持上，但是市场开发与拓展毕竟不仅仅是经销商的事，而在于厂商间的密切配合。作为厂家的业务人员，除了一味地向经销商催款压货之外，分析当地市场情况及经销商经营状况，和厂家高层进行沟通，争取对市场的支持，自然就能够帮助经销商降低运营成本、提升利润。

因此，真正有能力的业务人员，除了反馈市场的问题和困难之外，会给出自己的意见和解决方案供领导选择，还会列出经销商准备投入的资源和需要的厂家支持、方案的投入及预期产出，以争取厂家的支持。

3）定期回顾，进行量本利管理

很多经销商还是个体化的经营思维，没有系统的财务管理理念，导致整个经营处于粗放式状态。作为厂家的业务人员，应该帮助经销商导入厂方先进的财务管理系统，和经销商就产品的运营状况定期进行回顾。在生意回顾时，应重点回顾其所经营产品的"量本利"，这三个指标是其生意的核心，所有的经营行为，就是为了使量本利变得更加合理化。只有通过对各产品量本利数据的分析，经销商才清楚各产品对自己生意的贡献度，才清楚自己生意的重点及下一步应该采取的措施，才能最后确定合理的产品组合。

在分析中应重点关注以下几组数据：产品进销存量；现金流量（进货、回款、应收）；毛利（单品、平均、整体）；费用（人员、配送、管理、市场）；与前期的同比、环比；活动的投入产出比等。

生产商只有真正站在经销商的角度上考虑问题，帮助经销商做好利润管理，提高其盈利能力，才能够提升经销商的积极性，从而带动自己的业绩，实现自己的利润提升。

三、能力训练

（一）案例分析

怎样帮助经销商做决策？

经销商老马操作统一饮品多年，有良好的网络基础。随着生意的发展，他打算扩大规模，再选择一支乳品，现在有两个品牌待选：主打餐饮渠道的妙士和主打流通渠道的蒙牛。经销商考虑到统一饮品虽然在传统渠道比较强势，但是价格透明，利润较低。出于利润的考虑，老马倾向于选择妙士。可是当他咨询到统一饮品的业务员小张时，小张却提出了不同的观点。

资料来源：做好经销商的利润管理. http://www.doc88.com/p-845684461946.html[2012-02-04]

问题

1. 请从渠道日常管理的角度，分析妙士和蒙牛的渠道区别。

2. 如果你是小张，你会怎样帮助经销商老马做决策？

（二）校内外实训

请深入调查某个快速消费品品牌的渠道管理政策，了解其在价格、订货、促销及利润等方面的管理措施，并分析以上措施的合理性与完善对策。

四、知识拓展

辨证法理论在经销商管理中的应用

在渠道营销中，可能最复杂也是最重要的关系应该是业务人员同经销商的关系。在实际工作中，我发现很多业务人员在处理此类关系中有一个错误的概念，那就是经销商卖我们的产品是靠我们业务人员的面子，是给我们业务人员的人情。当然，若与经销商确实交往了很多年，经销商会做足面子。但是如果我们业务人员也真这么认为，我告诉大家，是我们错了。经销商是逐利的，只有在保障利益的情况下，才讲人情。所以，经销商卖我们的产品，我们不用感恩戴德。那么，业务人员怎样才能在渠道营销中更好地处理与经销商的关系呢？其实，我们业务人员与经销商是互为利用的关系，你利用我的产品通过价格差别来赚钱盈利，我借用你的渠道来实现利润。大家只是合作的伙伴。合作伙伴讲合作不能是一团和气，更不是哥们义气，而是既团结又斗争。为什么这样呢？因为，我们业务人员与经销商的利益既是统一又是对立的。

从统一的角度来说，我们的产品要借着经销商的仓储、物流配送体系分销到二级批发商、三级批发商甚至终端柜台及消费者手里。没有经销商，就像血液没有血管。这就是渠道的意义与作用。因此，我们业务人员与经销商的利益是一致的、是统一的。他卖的多，我们的产品销的多，我们个人的业绩就好，就能拿到公司的嘉奖和鼓励，也就有了提升的机遇和可能。所以，我们要把经销商当作我们的衣食父母、我们的上帝去服务。我们要针对市场，帮助经销商组建、培训业务团队，发展配送网络，拓展下级市场，打击当地区域竞品，为他的经营出谋划策。科学技术是第一生产力，我们要瞄准市场，紧盯市场，开发出好产品、畅销品种、适销对路的产品。但我们不能只盯着这一块，我们要永远只关注自己能影响的。我们要把工作做细，经销商是要赚钱的，别指望他单独给我们打市场，因为目前是卖方经济，生产厂家很多，同类产品很多，他有多种选择。这家的产品在市场上垮了，有那家产品。所以，一切要依靠经销商而不是靠在经销商身上依赖他。说白了，我们要借着经销商的人力、物力、财力、网络、人脉关系等为我们服务，为我们打市场、卖产品。

从对立的角度来看，经销商与生产厂家永远是一对矛盾。经销商想要什么呢？他想要：厂家先铺货，卖完后付款；价格在同类产品中尽量低，返利在同类产品中尽量高；单次进货量尽量少，产品要好卖，资金回笼快；产品滞销时能随时调货，甚至可以退货；在本区域内更大的独家经销权；更多更大的支持，更多的市场推广、广告、促销等费用支持；厂家更多的人力投入；更好的服务，产品质量永远没有问题，出现客户投诉厂家能及时出面处理，全部承担责任；及时送货，产品能弥补经销商现有经营产品的不足；等等。厂家想要什么呢？厂家想要：提货前先把款打到账上，货款零风险；严格按照厂家的价格体系执行，不得串货、砸价；尽量用大车进货，降低厂家的配送费用；产品销售方面卖多少进多少，尽量别出现调、退货；尽量只做我一家的产品；市场推广力非常强，最好有成熟的网络，充足的人力、物力，厂家不必有太多的投入；与厂家配合力度要强，完全按照厂家的市场策略、经营思路运作市场；等等。所以，经销商总是想压低产品价格，扩大自己的利润，不断地跟厂家讨价还价。经销商对付厂家一般有三招：一是讨好，讨好业务人员，讨好业务管理人员，目的是要促销，要政策支持；二是欺骗，库里明明没我们的产品，却骗我们库里都是我们的产品，整天叫苦连天，抱怨市场难做；三是威胁，若厂家不给他什么样的政策支持，他就不卖我们的产品，要取消合作，与别的竞品合作等。

因此，我们要与经销商斗智斗勇。斗智方面，我们的原则是有利、有理、有节。有利是指在有利的条件下，短期促销支持，长期合同保障，拉动经销商多拉货、多卖货，保证公司赚钱盈利；有理是要讲明公司与经销商的利益是一致的，厂家是帮经销商挣钱的，要说服经销商跟着公司的思路走；有节是作为业务人员我们要手托两家，身为公司的一员，拿着公司的工资，不能处处维护经销商的利益，袒护经销商，充当经销商的代言人，帮经销商说好话，欺骗厂家，向厂家给经销商叫苦喊屈。要打开思路，要和经销商斗勇，不能怕他们不卖我们的产品，能合作则合作，实在不能合作，就要调整经销商。要针对市场实际，分品牌、分档次运作，不要把鸡蛋放到一个篮子里，要学会分散经营风险。要积极熟悉经销商的下级网络，建立联系和感情，不拘一格地开发市场。

资料来源：辨证法理论在经销商管理中的应用. http://www.cnbm.net.cn/article/ar5191 69837.html[2012-12-18]

任务四　激　　励

一、任务描述

为了保持营销渠道的顺畅和高效，生产商需要对渠道成员进行激励。激励体系的设计，可以帮助经销商明确经营目标，规范经营行为，同时能让经销商保持积极进取的心态，促进企业绩效的提升。项目导入案例中，N 企业没有设计和执行科学的激励措施，没有平衡好经销商与企业之间的利益关系，导致经销商离心离德，最终让鞍山经销商老魏"挟天子以令诸侯"，控制了整个辽宁市场。因此，赵正要慢慢梳理辽宁市场的管理体系，特别是要通过经销商激励制度的设计来逐渐瓦解老魏的市场影响力，增加企业对其他经销商的吸引力，将辽宁市场的主导权重新夺回来。

二、知识学习

依据期望理论，激励效果取决于期望值和效价两个方面，由此我们可以发现经销商采取某项行动的动力取决于其对行动结果的价值评价和预期达成该结果的可能性估计。此外，依据马斯洛需求层次理论对经销商的需求进行分析，我们可以将经销商需求分为生存性需求、发展性需求及自我实现性需求。在使用以上两个理论来指导激励措施设计时，要充分对经销商的需求进行评估，只有清楚了解经销商的需求，才能制定合理的激励政策。经销商的需求一般体现为物质需求、地位需求、精神需求、归属需求等，企业据此可以采用返利、奖金、颁发奖状、旅游、战略合作等激励方法。

（一）经销商的需求分析

有效的渠道激励来源于对渠道成员需求的了解，如果不针对渠道成员的需求而随意采用激励手段，激励效果可能不好，有时候甚至会起到负面效果。

1. 产品方面的需求

这方面的需求主要包括产品的设计、品质、产品线组合等。

2. 进货政策方面的需求

这方面的需求包括进货比例、最低进货数量、是否允许退换货等。

3. 价格体系方面的需求

这方面的需求包括对顾客的统一零售价、给各级代理的价格、对价格体系的维护、对破坏价格体系者的惩罚等。

4. 利润方面的需求

这方面的需求包括单位利润、总体利润、返点额大小、返点的合理性、返点周期等。

5. 促销支持方面的需求

这方面的需求包括广告支持、人员支持、卖场宣传、促销活动支持等。

6. 产品服务方面的需求

这方面的需求包括相关配套服务及产品质量出现问题后的服务保证等。

7. 运作体系方面的需求

这方面的需求包括渠道信息系统、商务系统、物流配送及渠道资金支持等。

8. 管理方面的需求

这方面的需求包括生产商在市场控制、销售建议、销售培训等方面提供的支持；生产商的市场运作能力、先进管理方式、企业文化等方面对渠道成员的影响等。

9. 发展方面的需求

这方面的需求是指渠道成员能否和生产商一起在某个行业、某个领域不断发展壮大。

10. 经销商个人精神方面的需求

这方面的需求包括个人是否受到生产商重视、是否获得个人荣誉等。

以上需求可以分为几个层次。首先是产品、进货方面的生存性需求，其次是利润方面的需求，再次是服务、运作等保证体系的需求，最后是管理、发展、精神方面的需求。因此，生产商在制定渠道激励措施的时候，要满足这种层次性的需求。

（二）激励措施

激励经销商的方式多种多样，主要包括以下几种。

1. 促销活动

生产商的促销活动一般都很受经销商的欢迎，因为这样能使产品销售得更好，双方都有利可得。生产商应经常派人前往一些主要的经销商那里，协助安排商品陈列，举办产品展览和操作表演，训练推销人员，或根据经销商的推销业绩给予相应的激励。

【资料链接】

厂商配合程度是促销成功的重要因素

由于渠道促销所面对的对象都是经销商管辖区域下的分销商，所以厂商之间的配合、默契程度直接决定了此次促销效果和成败。

那么，厂商要在哪些方面做好配合呢？首先自然就是配货，没有货，怎么搞促销？所以，在促销开展之前，厂家就必须储备足够的货源，以备经销商能够及时获得货品以供应到渠道中去。其次就是让利程度。一般情况下，经销商是否会给予厂家的促销活动予以支持，主要就是看厂家所给予促销的让利程度：让利程度越大，支持率越高，反之越低。但是，经销商对利润的追求是无止境的，厂家不可能无限地把让利放大，所以选择恰当的让利对于厂家来说也是一种非凡的考验。让利程度决定好了，下一步要做的就是经销商给予分销商的让利程度，这点跟考验厂家让利程度一样，经销商的让利程度对经销商也是一种非凡的考验。

从配货到让利的选择，厂商都达成了一致意见之后，还有一个很重要的事情要做，那就是经销商要与厂家在该区域的业务人员做好配合。因为其实很多事情厂家的让利大小等都是靠区域人员去向经销商传达的，所以，经销商与区域人员更多的时候就是一种战略合作伙伴关系，他们的配合程度直接反映了厂商配合程度。同时，厂商之间的配合程度还间接影响了其他各项因素，在整个促销活动中起着举足轻重的重要作用，甚至会破坏企业的有序发展。

资料来源：如何做好渠道促销？http://www.chinatat.com/new/201102/ti54919173411 1211027771.shtml[2011-02-11]

2. 资金支持

经销商一般希望生产商给予资金帮助，这样可促使其放手进货，积极推销产品。一般而言，生产商可采用售后付款或先付部分货款待产品出售后再全部付清的方式，以解决经销商资金不足的困难。但是这种方法主要适用于一般品牌产品的生产商，或是市场竞争激烈的产品生产商。而对于名牌产品及供不应求产品的生产商，一般都会采取现付甚至预付的方式，以减少资金难以收回的风险。

3. 返利政策

生产商确定合理的返利政策，可以激励经销商积极推销产品，在制定返利政策时要考虑以下因素。

（1）返利标准。一定要分清品种、数量、等级、返利额度。制定标准时，要参考竞争对手的情况，要考虑现实性，并且要防止抛售和倒货等。

（2）返利形式。一定要说明返利的形式是现价返、以货物返、以经营设施返，还是多种形式相结合，此外还要说明以货物返能否作为下月的任务数。

（3）返利时间。返利的时间应根据产品特性、货物流转周期而定，可以是月返、季返或年返。生产商应在返利的兑现时间内完成返利的结算。

（4）返利的附属条件。为了能使返利这种形式真正促进销售，而不是相反（如倒货），一定要加上一些附属条件，如禁止跨区销售、禁止擅自降价、禁止拖欠货款等。

4. 价格折扣

价格折扣主要包括以下几种形式。

（1）数量折扣。经销商进货数量越大，金额越大，折扣越大。

（2）等级折扣。经销商依据自身在渠道中的等级享受相应的折扣待遇。

（3）现金折扣。回款时间越早，折扣越大。例如，"2/10，30 天"，意思是支付期限是 30 天，但如果对方在 10 天内付款，就可以获得 2%的折扣。否则，在 30 天内支付发票的全部金额。这样可以鼓励对方尽早付款。

（4）季节折扣。在销售旺季转入销售淡季时，可鼓励经销商多进货，减少生产商仓储压力；在进入销售旺季之前，加快折扣的递增速度，促进渠道进货，达到一定的市场铺货率，抢占热销先机。例如，航空公司在淡季机票打折的幅度就会很大，夏季服装在秋冬交季常会大幅度打折，这些措施都会提高经销商的销售积极性。

5. 管理支持

管理支持就是通过帮助经销商进行销售管理，以提高销售的效率和效果来激发经销商的积极性。具体的做法包括：①帮助经销商建立进销存报表，做好安全库存数和先进先出库存管理；②帮助零售经销商进行零售终端管理，包括铺货和商品陈列等；③帮助经销商管理其客户往来，加强经销商的销售管理工作。

6. 信息支持

生产商应将所获得的市场信息及时传递给经销商，以利于经销商合理安排销售工作。生产商有必要定期或不定期地邀请经销商参加订货会、新产品介绍会、促销政策告知会、兑现会、市场形势发展研讨会等，以共同研究市场动向，制定扩大销售的措施；生产商还可将自己的生产状况和生产计划告诉经销商，为经销商合理安排销售计划提供相关依据。

7. 建立伙伴关系

从激励的长效性看，应该实施伙伴关系管理，即生产商和经销商结成合作伙伴，风险共担，利益共享。生产商可以通过与经销商建立长期的利益共享机制、经常性的双向沟通机制等措施来保持稳定的合作伙伴关系。

8. 精神奖励

对经销商的某些突出贡献，给予名誉或信誉方面的精神奖励。例如，为了激发大客户的"参政议政"作用，采用客户经理制。一些企业采取了客户经理制这种激励方式，通过颁发聘书，给予一定的补贴待遇等，让他们参与到企业的产品研发、市场管理、政策制定等方面来，由于他们亲身参与，执行力更强，而企业由于抓住了这些能够带动一方的大客户，销售也更为稳固。

总之，经销商的积极性对分销渠道的作用发挥产生着很大的影响，所以，激励经销商就成为分销渠道管理中不可缺少的一环。

三、能力训练

（一）案例分析

某制药有限公司的返利政策

1. 销售进度返利政策

（1）只要经销商在每个季度完成了当年度销售任务总量的 25%，即可享受该项政策。

（2）不同品种按不同比例执行进度返利，"仲景胃灵丸""宝宝一贴灵""珍菊降压片"的进度返利点数分别为 1.5%、1%、0.5%。

（3）进度返利在下一季度的第一个月末兑现，返利采用安排经销商销售人员外出观光旅游等形式给予。

2. 年度总量返利政策

（1）经销商在完成当年各自的年度销售任务总量之后，不论经销商规模大小，按统一标准享受返利："仲景胃灵丸"按照 2%、"宝宝一贴灵"按照 1.5%、"珍菊降压片"按照 1%的标准。

（2）返利由 A 药企在第二个销售年度的第一个月末以现金的形式向经销商支付。

3. 及时回款返利政策

（1）每批及时结清货款的经销商，按月享受当月回款总额 0.5%的及时回款返利；连续 180 天无应收账款的经销商，享受 180 天回款总额 1%的回款返利；全年无应收账款的经销商，除以上两项之外，另外享受年度销售总量 0.5%的回款返利。

（2）以上返利为累加返利，经销商可重复享受，但如出现一次拖欠货款行为即取消所有回款返利。

（3）返利金额作为组织经销商参加高级学习培训班的费用投入。

4. 产品专卖返利政策

（1）在同类产品中（如"珍菊降压片""宝宝一穿灵""仲景胃灵片"），如果经销商自愿只销售 A 药企的三个对应产品，即可享受该项返利政策。

（2）返利在第二个销售年度以进货价格折扣形式兑现；经销商中途经营其他同类产品，该返利项目自动取消。

（3）专卖返利的标准："仲景胃灵丸"1.5%；"宝宝一贴灵"1%；"珍菊降压片"0.5%。

5. 新产品推广返利政策

（1）如 A 药企有其他新品种上市，配合密切的经销商（按要求积极组织召开新产品上市推广会、快速进行铺货、积极开展终端促销维护工作），除了享受以上四项常规返利之外，额外享受新产品销售额 3%的返利。

（2）新产品推广返利在年终结算，在第二个销售年度第一个月末以等价值的货车、电脑等实物形式返还。

6. 返利执行说明

以上返利政策为累计返利，达到各个项目的标准即可享受；一旦经销商有破坏价格、跨区销售等行为，所有返利则自动取消。

资料来源：销售返利政策案例分析. http://www.docin.com/p-1444836497.html[2016-01-31]

问题

1. 以上返利主要解决了哪些问题？

2. 以上返利政策是否完善？该怎样调整？

（二）校内外实训

选择一个快速消费品品牌进行渠道激励调研，为该快速消费品品牌制订一个完整的渠道激励方案。

四、知识拓展

经销商激励政策的具体制定方法

1. 激励政策的利益点

（1）产品价格：产品应质优价宜。价格偏高，奖励再高也无力，可通过协商确定批发指导价和零售指导价等，定出经销商的合理盈利空间。

（2）区域市场划分管理：经营半径稳定，保证市场容量（目标市场、区域市场），价格稳定，这是经销商最看重的市场资源。

（3）宣传推广利益点：媒体支持、人员推广、试用、零售促进、POP 广告。

（4）销售利益点：授信额度、返利、扣点、推广费、累进奖、零售计奖等。

（5）结算利益点：铺货、月结、批结、滚动、赊销额、付款奖励、奖息、结算让利、承兑汇票、降价、费用包干。

（6）产品质量方面的承诺：产品标准、田间效果、使用方便，以及运输损坏、包装损耗等包换包退等。

（7）服务方面承诺：最短到货周期、产品技术支持、植保技术咨询等。

2. 激励政策的组合设计

以年度经销合同、经销合同、代理合同（协议）及附件，产品价格表，厂家促销、让利公告、通知、双方另行签订的奖励协议、管理协议等涉及签约双方的文字材料为载体（书面、签章生效）。

（1）激励政策必须与产品策略紧密联系：新产品、老产品、专利产品激励利益点和设奖力度均有区别。新产品必须"低起点、高奖额、密档次"，老产品必须"高起点、高台阶、上封顶"，专利产品必须"低起点、宽档次、高奖额"。

（2）与价格策略紧密联系：行业年度产品价格平均下调5%，企业如不下调，则激励政策就会失效；销售季节中市场价变动后，价格必须随之调整，如冲货、调货后价格变动，结算价应适当调整。

（3）与财务结算方式紧密联系：先款后货，货到全款；预付定金，货到结清；货到付40%，余款第二批货，结算40%，第三批货时结清；货到付60%，余款一个月内结清（下批货前结清）；授信额、奖息方式的组合使用；累进奖与扣点方式不同。授信额度必须总量控制：各部门、区域市场额度内分配，资金占用水平分级预算等。

3. 经销商政策设计中的注意事项

（1）经销商激励政策与企业内部业务人员息息相关，应注意企业内部激励政策与外部激励政策的配套、协调。

（2）激励政策推出的时机非常重要。好的政策也必须要在适合的时间、空间推出。推出过早，会被竞争对手获悉；推出过迟，不利于业务人员与经销商谈判、推销政策。

（3）经销商年度结算"二清"水平与奖励挂钩，呆、赖账水平与结算让利挂钩，余货调集。

（4）根据企业产品结构注意集中市场与分散市场的区别。此两类市场营销策略不同，人、财、物投入不同。

（5）注意空白市场、成熟市场有所区别。其基数不同、财务结算方式不同，应区别对待，各有侧重，返利起点和档次均不同。

（6）注意新、老经销商有所区别。有时为了鼓励新经销商开拓市场，可采用低起点、结算灵活等方式。

4. 发布经销商激励政策的注意事项

（1）经销商激励政策发布后要做好竞争力调研，进行同业竞争力水平分析，找出不足或遗漏，以提高经销商政策的竞争力。

（2）注意及时调整、修正、控制，确保经销商激励政策的持续性、全面性、差异性、灵活性。

（3）及时对经销商组织培训。组织区域经销商集中培训，或由片区经理向经销商进行培训、宣讲、传达。

（4）激励政策中的经济利益必须及时兑现，说到做到。

（5）组织企业员工培训、学习经销商激励政策，以增强全员营销意识。

（6）经销商激励政策为企业最高商业机密，未公布前注意保密。

任务五　冲　突　管　理

一、任务描述

经销商和企业都是独立的市场主体,其利益诉求明确,但市场关系及合作关系复杂,难免会在实际运作中因利益而造成冲突。如果渠道成员不能严格遵守契约或者惯例,渠道冲突就难以避免。因此,为确保渠道系统运作顺畅,企业不得不解决渠道的冲突问题。项目导入案例中,就发生 N 企业与经销商及经销商与经销商之间的冲突,鞍山经销商老魏冲货造成了其他区域经销商的不满,并且老魏试图对企业实施反向控制造成了企业与老魏之间的不合。赵正接手辽宁市场,就是 N 企业在这种冲突下的人事安排。赵正需要认真分析造成渠道冲突的原因,利用对经销商资源的掌控和优秀的市场开发能力来化解渠道冲突,并逐步建立系统的渠道冲突防范与解决机制。

二、知识学习

渠道冲突是实现利益再平衡的一种动力机制,也是一把促进渠道绩效提升的双刃剑。企业可以充分利用渠道冲突淘汰不符合企业利益的经销商,也容易陷入因冲突而造成的渠道乱象中。在实施渠道冲突管理中,首先要认识渠道冲突的三种类型:水平渠道冲突、垂直渠道冲突和多渠道冲突。另外,要分析渠道冲突产生的具体原因,基于主客观条件提出解决和防范冲突的主要措施策略。

(一)渠道冲突的类型

渠道冲突按照渠道成员的关系类型可以分为以下三种。

1. 水平渠道冲突

水平渠道冲突,又称横向冲突,指同一渠道模式中,同一层次中间商之间的冲突。产生水平冲突的原因大多是制造商没有对目标市场的中间商数量、分管区域做出合理规划,使中间商为各自的利益而互相倾轧。水平渠道冲突的主要表现形式为跨区域销售、压价销售、不按规定提供售后服务等。

例如,某些中间商为了牟取利益而违反与制造商签订的销售合同,将商品在应由其他中间商销售的区域内低价销售,结果冲击了其他中间商的合法利益。这是因为在制造商开拓了一定的目标市场后，中间商为了获取更多的利益必然要争取更多的市场份额，在目标市场上展开"圈地运动"。这类冲突可能出现在同类中间商之间，如两家经销商，也可能出现在同一渠道层次不同类型的中间商之间，如特通渠道经销商和流通渠道经销商。

2. 垂直渠道冲突

垂直渠道冲突，又称纵向冲突，指在同一渠道中不同层次企业之间的冲突，如制造商与分销商之间、总代理与批发商之间、批发商与零售商之间的冲突。表现形式为信贷条件的不同、进货价格的差异、提供服务或支持的差异等。这种冲突较之水平渠道冲突要更常见。

当制造商为了加大自身的竞争力，而不定期降低产品价格时，就影响到了经销商的利润，这也是很常见的冲突之一。例如，某些批发商可能会抱怨生产企业在价格方面控制太紧，留给自己的利润空间太小，而提供的服务（如广告、促销等）太少；零售商对批发商或生产企业，可能也存在类似的不满。垂直渠道冲突也称为渠道上下游冲突，形成上下游之间的冲突，是因为：一方面，越来越多的分销商从自身利益出发，采取直销与分销相结合的方式销售商品，这就不可避免地要同下游经销商争夺客户，会大大挫伤下游渠道的积极性；另一方面，当下游经销商的实力增强以后，不甘心目前所处的地位，希望在渠道系统中有更大的权利，从而会向上游渠道发起挑战。在某些情况下，生产企业为了推广自己的产品，越过一级经销商直接向二级经销商供货，也会使上下游渠道间产生矛盾。因此，生产企业必须从全局着手，妥善解决垂直渠道冲突，使渠道成员更好地合作。

3. 多渠道冲突

多渠道冲突，又称为交叉冲突，指的是生产企业建立多渠道营销系统后，不同渠道服务于同一目标市场时所产生的冲突，如直接渠道与间接渠道形式中成员之间的冲突、代理分销与经销分销形式中渠道成员之间的冲突等。表现形式为销售网络紊乱、区域划分不清、价格不规范等。随着顾客细分市场和可利用的渠道不断增加，越来越多的企业采用多渠道营销系统，即运用渠道组合，这就难免会带来一些冲突。例如，美国的李维牌牛仔裤原来通过特约经销店销售，当它决定将西尔斯百货公司和彭尼公司也接纳为自己的经销伙伴时，特约经销店表示了强烈的不满。

【案例 3-6】

某快速消费品企业的渠道冲突

某快速消费品企业谋划市场最头痛的问题之一，就是各区域市场之间的窜货。中国市场辽阔，各省（自治区、直辖市）之间由于经济状况、消费能力及开发程度的不同，产品的销售量差异极大，如浙江与江西、安徽毗邻而居，经济总量却差异数倍。该企业在三省的销量各有不同，为了运作市场，总部对各省的到岸价格、促销配套力度和给予经销商的政策也肯定有所差异。因而，各经销商根据政策的不同，偷偷地将一地的产品冲到另一地销售的情况便难免发生。这种状况频繁出现，必将造成市场之间的秩序紊乱，就如蚁噬大堤，往往在不经意间让一个有序的市场体系崩于一旦。

资料来源：营销政策相关汇总. http://www.docin.com/p-511894634.html[2012-10-30]

问题

该企业出现的渠道冲突属于哪种类型？

（二）渠道冲突的原因

造成渠道冲突的原因很多，但主要来自渠道成员之间在认识、角色和理念上的不一致，具体表现为以下几种。

1. 目标差异

分销渠道中的各个成员在进行分销活动中有着各自的利益和目标，这些目标有些可能会重叠，而另一些可能互不相关，甚至互相抵触，这样就会产生渠道冲突。例如，分销商为使自身利润最大化，通常希望提高毛利率，加速存货周转速度，降低成本并提高销售提成；而制造商却更希望给分销商更低的毛利率、更多的存货、更少的佣金及让分销商支出更多的分销费用。

2. 感知差异

感知差异是指各个渠道成员对同一情景或同一刺激做出的不同反应。例如，一个零售商如果觉得 25%的毛利率是合适的话，20%的毛利率就会使他觉得不公平。然而批发商的感觉却可能与之相反，批发商认为给零售商 20%的毛利率是合适的，而 25%就不合适了。

3. 预期差异

预期差异是指不同的渠道成员对未来发展的不同估计、不同预期。例如，制造商可能对目前及今后一段时期的经济发展持乐观态度，希望分销商多进货，多经销一些高档商品；而分销商可能认为今后一段时期的经济有可能出现滑坡，因此不愿意多进货，经销的商品应该以中低档商品为主。

4. 决策权分歧

决策权分歧是其他渠道成员的行为侵犯了自己的决策权利。作为独立的市场主体，渠道成员都希望拥有更大的决策权，但现实中渠道成员之间始终存在权力的博弈。例如，最终零售商品价格是由零售商还是制造商决定，制造商是否有权对分销商的存货水平做出要求，经销商在开发下级分销商的时候是否要由制造商批准，等等。

5. 沟通困难

沟通困难是指渠道成员之间不沟通、沟通缓慢或不准确甚至是错误的信息传递。例如，制造商无法得到在特定渠道销售某种商品的确切信息；最终消费者在批发商和零售商得知消息之前被通知召回某种商品；制造商的各种渠道政策不能被有效地传递或不能被分销商正确地理解，从而造成分销商销售行为的偏差等。

6. 角色错位

每一个渠道成员在渠道中都有自己的角色定位，也就是其在渠道中应当承担什么样的任务及使每一个渠道成员都可以接受、预见的行为规范。如果一个渠道成员的行为超出其他渠道成员预期可接受的范围，就会出现角色错位。例如，制造商直接将货发给零售商，跨过了批发商，这是批发商所难以忍受的，这样，冲突就可能发生。模棱两可的角色定位及角色定位的随意更改也将导致渠道成员的冲突。因此，在角色定位方面及其变化之前，各个渠道成员应该达成共识，取得一致。

7. 资源稀缺

争夺稀缺资源是产生渠道冲突的一个重要原因。例如，一家制造商在决定采用间接销售渠道这一方式以后，仍然决定保留其较大的客户作为自己的直接客户，这样就会导致其他渠道成员的不满。

总之，渠道冲突会影响渠道的健康发展，企业只有充分地了解渠道冲突，才有可能有效地避免和解决渠道冲突。

【资料链接】

渠道冲突管理认知

分销渠道冲突治理，是从分析渠道成员之间的各种冲突入手，针对各种冲突的特征和产生的原因，实行计划、组织与控制的方法。机会主义治理渠道冲突观认为，渠道关系初期进行渠道成员选择，渠道关系持续期谋求长期导向、动态、协商、开放的渠道关系，可以确保渠道冲突治理对全过程的"生命周期观"。

在营销渠道冲突协调研究中，国内外学者在很大程度上以组织行为学中的"冲突"理论为基础，对渠道冲突进行研究，并形成相应的协调理论。从文献分析，可以分为以下几种观点。

（1）从渠道权利的角度解决冲突。Stann 和 Sköll 在冲突解决程序上，根据渠道权利的对称性和渠道成员关系密切度及合作意识度，建立了"信息保护型"和"信息密集型"冲突解决模型。但他指出，尽量使用信息密集型的冲突解决战略，因为这样可使渠道关系更长久、成员的态度更趋于合作。

（2）从协调手段的角度解决冲突。Anne T.Coughlan、Erin Anderson 等，提出了概念模型：他们以渠道成员的固执性、对达成自己目标的强调力度和一定程度的合作性、对另一方目标的关心为变量，将渠道成员的谈判方式区分为回避型、迁就型、竞争或进攻型、妥协及合作或问题解决型，这种处理冲突的方法有合理性。但这个模型在熟悉渠道冲突及处理冲突方法上过于狭窄、方法单一。

（3）从协调主体的角度解决冲突。夏春玉认为，在协调处理渠道冲突时，可通过区分是由渠道成员的一方或多方来解决。在行为理论基础上建立的渠道冲突协调理论中可以看出，对冲突的研究都集中在具体的操作层面，通过渠道之间互换合作、联营、调解、仲裁及互换人员来处理冲突。而在协调治理冲突问题时没有确立两个不同的时间结构。因此，在渠道关系中发现和治理冲突，对于渠道合作是至关重要的。

Larry Rosenbery 提出动态治理理论渠道冲突协调机制，在这一理论的指导下，国内也有部分学者从动态原理和生命周期理论方面建立协调冲突的模型。高维和等学者认为，渠道冲突治理机制从发生冲突的前因来分析，突出机会主义是冲突发生的直接前因，并针对不同的机会主义给出了相应的治理机制，希望通过对机会主义控制来避免渠道冲突的产生。

资料来源：营销渠道冲突与协调研究. https://wenku.baidu.com/view/1e49d980e53a580216fcfe53.html[2010-12-09]

（三）经销商冲突的解决与防范

渠道冲突的类型是多种多样的，而且并非所有的冲突都是有害的。因此，企业并不是要去规避所有的冲突，但要避免恶性冲突。在一定程度上，企业可以通过管理手段和强制手段来避免与解决渠道冲突。

1. 管理手段

1）渠道一体化

生产企业为了加强对市场的控制，降低渠道中企业之间因签订合同、履行合同所产生的交易费用，以此来降低终端零售价格，就必然要缩短销售渠道。渠道一体化的关键是通过资本将渠道各主要成员合为一体，降低交易费用。在这种情况下，如果某批发商建立起自己庞大的销售网络，就有能力与生产企业建立获取佣金的代理关系。随着代理关系的发展，生产企业为了进一步降低交易成本，将具有较大销售网络的代理企业购买过来或控股，从而建立资本关系。只有拥有了自己的销售网络，企业才可能真正控制市场，并在一定程度上避免渠道冲突。

例如，英国的啤酒销售渠道大多与啤酒生产企业是资本关系。英国啤酒公司直接购买或建设酒店、酒吧等啤酒零售终端。在英国，70%以上酒店分别属于不同的啤酒生产企业，从而确保了啤酒价格的稳定。

2）渠道扁平化

生产企业—总经销商—二级批发商—三级批发商—零售商—消费者，这种渠道层级是传统分销渠道中的经典模式。这种渠道模式充分利用渠道成员进行产品的快速分销，但同时也会使得渠道层级过长、渠道成员复杂、企业对渠道的管理失控，导致渠道冲突。此外，很多企业对业务人员的奖励政策是按量提成，从而导致业务人员默认甚至纵容经销商窜货以谋求私利。因此，需要将渠道层级缩短，实施扁平化管理。

3）管理统一化

多头管理、令出多门最容易导致市场的混乱，因此企业需要建立专门的渠道管理部门。首先要制定一整套管理规章制度，如代理商的资格审查制度、巡视员工工作制度、奖惩制度等。制度一经制定，就要有法必依，违法必究，这样才能达到避免渠道冲突的效果。另外，企业内部也要与业务人员签订不窜货、不乱价协议，适当加大处罚力度。

4）树立超级目标

当企业所在渠道面临对手渠道竞争时，最好的办法是渠道系统的所有成员团结一致，通力合作，建立超级目标抵御来自其他渠道系统的竞争。超级目标是指渠道成员共同努力，以达到单个成员所不能实现的目标，其内容包括渠道生存、市场份额、高品质和顾客满意。从根本上讲，超级目标是单个成员不能承担的，只有通过合作才能实现的目标。

2. 强制手段

1）实施仲裁

当渠道成员发生冲突时，由于双方深陷利益纠纷之中，难以通过自行协商来解决，此时有必要引入独立第三方如仲裁机构从中进行协调和仲裁，这时冲突往往容易得到解决。仲裁员一般由双方共同选择，仲裁员一般是该领域中的专家，和双方没有利害关系，比较公正。仲裁是双方自愿进行的，因而最后达成的仲裁协议，双方一般都能自觉履行。

2）采取法律手段

冲突达到一定程度，有时就要通过法律诉讼来解决，诉诸法律也是借助外力来解决问题的方法。法院判决具有国家强制力，一方不履行判决书规定的义务，另一方可以申请法院强制执行。一般在通过仲裁不能解决渠道冲突的情况下，尤其是在涉及经济纠纷时，企业可以考虑采取法律手段来解决。

3）退出渠道

解决冲突的最后一种强制方法就是退出该分销渠道。事实上，退出某一分销渠道是解决冲突的普遍方法。一个企图退出渠道的企业应该要么为自己留条后路，要么愿意改变其根本不能实现的业务目标。若一个公司想继续从事原行业，必须有其他可供选择的渠道。对于该公司而言，可供选择的渠道成本至少不应比现在大，或者它愿意花更大的成本来避免现有的矛盾困扰。当水平性或垂直性冲突不可调和时，退出是一种可取的办法。从现有渠道中退出可能意味着中断与某个或某些渠道成员的合作关系。

【资料链接】

宝洁公司的多渠道冲突管理

宝洁公司所处的日化行业属于快速消费品行业，这种行业消费者的购买具有不同于其他行业的一些特点，最明显的是购买者的购买行为具有冲动性和习惯性，而且消费者的品牌忠诚度不高。对于这样的行业，企业只有拥有高效的多种营销渠道才能把产品以最快的速度转移到消费者的手里，使消费者能够方便地随时买到。

首先，宝洁公司把多渠道的组织按一定的要求进行分类管理，以便充分发挥各自的优势。在宝洁公司的渠道组织划分中，小店主要是月销量低于 5 箱的小型商店、商亭及各种货摊；大店是指百货商店、超级市场、连锁店、平价仓储商场、食杂店等。同时，宝洁公司对大店和小店的经营进行了准确且互补的定位：小店的优势在于极大地方便消费者随时随地购买，经营品种相对集中，以畅销规格为主，销售量受其他因素干扰小，能够有足够的毛利率保证其稳定的利润来源，基本上都有较稳定并且较为广泛的客户网络。大店基本上都具有 50%以上的利润来源，大店的经营环境是建立企业形象、塑造品牌的有利场所，大店中良好的店内设计和形象展示是配合宝洁公司强大的广告攻势的最有力的销售工具。

其次，宝洁公司在营销资源的分配上也采用了合理的配置，其通过供货管理和拜访制度的差异管理成功地解决了多渠道冲突。在供货管理上，小店供应价可高于批发市场的发货价，一般以厂价加 5%为宜，100%现款现货，在任何情况下都不提倡采用任何形式的代销赊销，并要求分销商向所有的小店提供送货上门服务。大店则按严格单一分销商供货政策，根据商店经营的历史背景和目前的经营状况，按比例将每一家商店划给某一个具体分销商，同时其他分销商不得介入。在拜访制度上，小店的拜访频率，以成熟品牌不脱销，新产品 4 周内卖尽为目标，每家小店 1.5 周是比较合适的拜访频率。大店则根据其库存周期、生意量大小、货架周转率、送货服务水平及促销活动频率等综合指标来考虑确定合适的拜访频率。

资料来源：宝洁公司渠道冲突管理分析. https://wenku.baidu.com/view/661a5565c5da50e2524d7fc2.html[2016-04-06]

总之，避免分销渠道的恶性冲突是每一个企业都应该十分关注的事情。能够在分销渠道冲突恶化之前，有效地将其化解掉，将有利于分销渠道的发展。一旦冲突发生，解决渠道冲突的办法也是多种多样的，大多数渠道中解决问题的方法都或多或少地依赖于渠道权力或渠道领导权。

（四）窜货冲突及其整治

1. 窜货的类型

窜货，也称冲货，是指经销商或企业分支机构的违规跨区域销售行为。按照窜货的性质来看，窜货包括恶性窜货、自然性窜货和良性窜货三种类型。

恶性窜货，是指为获取非正常利润，经销商蓄意向自己辖区以外的市场倾销产品的行为。经销商向辖区以外倾销产品最常用的方法是降价销售，主要是以低于厂家规定的价格向非辖区销货。恶性窜货给企业造成的危害是巨大的：它会扰乱企业整个经销网络的价格体系，易引发价格战，降低通路利润；使得经销商对产品失去信心，丧失积极性并最终放弃经销该企业的产品；混乱的价格将导致企业的产品、品牌失去消费者的信任与支持。

自然性窜货，是指经销商在获取正常利润的同时，无意中向自己辖区以外的市场倾销产品的行为。这种窜货在市场上是不可避免的，只要有市场的分割就会有此类窜货。它主要表现为相邻辖区的边界附近互相窜货，或是在流通型市场上，产品随物流走向而倾销到其他地区。这种形式的窜货，如果货量大，该区域的通路价格体系就会受到影响，从而使通路的利润下降，影响二级批发商的积极性，严重时可发展为二级批发商之间的恶性窜货。

良性窜货，是指企业在市场开发初期，有意或无意地选中了流通性较强的市场中的经销商，使其产品流向非重要经营区域或空白市场的现象。在市场的开发初期，良性窜货对企业是有好处的。一方面，在空白市场上企业无需投入，就提高了其知名度；另一方面，企业不但可以增加销售量，还可以节省运输成本。只是在具体操作中，企业应注意，由此而形成的空白市场上的通路价格体系处于自然形态，因此企业在重点经营该市场区域时应对其再进行整合。

【资料链接】

制造商巧妙利用窜货管理经销商

在黑龙江的某县级市的啤酒经销机构中，主力经销机构只有几家，特别是其中一家有二十几年历史的"大当家"，由于它特殊的历史原因和该经销商的特殊背景，在近几年啤酒经销商的混战中，逐渐形成了独特的垄断地位，该市的啤酒产品品牌有近乎一半掌握在这位"大当家"的手中，并且这位"大当家"通过特殊的社会背景控制着该市绝大多数比较有规模的餐饮、商超终端。

河北某啤酒厂的产品在打入该市时，首选自然也是这位经销商，借助其强大的网络渠道达到迅速介入该市啤酒市场的目的。而这位"大当家"的也非常爽快，愿意接受该产品，但条件只有一个——独家经销。由于其渠道的高覆盖性，该啤酒厂也只好同意签约，并签订了一个认为合理的年销量要求，一切都在情理当中，按照正常的流程运作。随之，在接下来的三个月当中，这位"大当家"未把该厂的产品以百分之百的加价率进行销售，根本达不到厂家的预期效果。与其交涉时，由于其在当地的特殊地位，也没有任何的结果，甚至厂方的高层经理与其会晤也收效甚微。因为对这位经销商而言有足够的品牌和货源供应，而对于啤酒厂的这个新产品，赚钱是其唯一目的，而厂家关心的销量对他来说却是次要的。

鉴于厂商双方达成的由该经销商独家经营的协议，啤酒厂也无法在该市选择另外的销售渠道，但本市的销售任务又必须完成。啤酒厂几经考虑，便决定用窜货来干预该市的啤酒价格，使毗邻该市的另外一个城市的产品窜货到了该市，以较正常的价格进行销售，数量非常小，但作用特别大，打破了原有的经销商制定的近乎暴利的价格体系，使整体价格趋于合理。经过一个月的窜货运作，效果比较明显。该市的本品牌啤酒占有率明显提高，该市的这家大经销商在没有办法的情况下，也被迫降低了价格，使整个价格体系趋于合理。随着该市本品牌啤酒整体销量的增加，市场占有率不断提高，这位"大当家"也看到该产品的潜力，不想放弃该产品的经营，便逐渐改变态度，接受厂方的指导与管理，本品牌啤酒的销量也迅速提高，达到了啤酒厂利用窜货管理经销商的目的。

资料来源：乱市经销商——窜货现象新思维. https://wenku.baidu.com/view/006c660abd64783e09122bf4.html[2013-09-09]

除良性窜货外，窜货对企业来说有很多危害，主要表现在被窜区域销量损失并通常伴随砸价行为，从而使被窜区域经销商利益受损，挫伤经销商经销企业产品的积极性，直至拒售，同时对厂家的商流和价格秩序形成很大伤害，不利于厂家产品长期健康发展。

2. 预防和处理窜货的对策

1）消除窜货产生的条件

窜货的发生需要具备三个条件：窜货主体、环境、诱因。所以，要想从根源上解决窜货问题，就必须从这三点入手。

（1）选择好经销商。在制定、调整和执行招商策略时要明确的原则就是避免窜货主体出现或增加。要求企业合理制定并详细考察经销商的资信和职业操守，除了从经销的规模、销售体系、发展历史考察外，还要考察经销商的品德和财务状况，防止有窜货记录的经销商混入销售渠道。对于新经销商，企业不太了解他们的情况，一定做到款到发货。宁可牺牲部分市场，也不能赊销产品，防止某些职业道德差的经销商挟持货款进行窜货。此外，企业一定不能让经销商给市场渠道拓展人员发工资，企业应独立承担渠道拓展人员的部分工资。

（2）创造良好的销售环境。具体包括以下两个方面。

第一，制订科学的销售计划。企业应建立一套市场调查预测系统，通过准确的市场调研，搜集尽可能多的市场信息，建立起市场信息数据库，然后通过合理推算，估算出各个区域市场的未来进货量区间，制定出合理的任务量。一旦个别区域市场进货情况发生暴涨或暴跌，超出了企业的估算范围，就可初步判定该市场存在问题，企业就可马上对此做出反应。

第二，合理划分销售区域。合理划分销售区域，保持每一个经销区域经销商密度合理，防止整体竞争激烈，产品供过于求，引起窜货；保持经销区域布局合理，避免经销区域重合，部分区域竞争激烈而向其他区域窜货；保持经销区域均衡，按不同实力规模划分经销区域、下派销售任务；对于新经销商，要不断考察和调整，防止对其片面判断。

（3）制定完善的销售政策。具体包括以下三个方面。

第一，完善价格政策。许多厂家在制定价格政策时由于考虑不周，隐藏了许多可导致窜货的隐患。企业的价格政策不仅要考虑出厂价，而且要考虑一级批发商出手价、二级批发商出手价、终端出手价。每一级别的利润设置不可过高，也不可过低。过高容易引发降价竞争，造成倒货；过低调动不了经销商的积极性。价格政策还要考虑今后的价格调整，如果一次就将价格定死了，没有调整的空间，对于今后的市场运作极其不利。在制定了价格以后，企业还要监控价格体系的执行情况，并制定对违反价格政策现象的处理办法。企业有一个完善的价格政策体系，经销商就无空可钻。

第二，完善促销政策。企业面对销不动的局面，常常是促销一次，价格下降一次。这就表明企业制定的促销政策存在着不完善的地方。完善的促销政策应当考虑合理的促销目标、适度的奖励措施、严格的兑奖措施和市场监控。

第三，完善专营权政策。在区域专营权政策的制定上，关键是法律手续的完备与否。企业在制定专营权政策时，要对跨区域销售问题做出明确的规定：什么样的行为应受什么样的政策约束，使其产生法律约束力。此外，还应完善返利政策。完善的营销政策可以从根本上杜绝窜货现象。

2）采取有效的策略预防窜货

（1）制定合理的奖惩措施。在招商声明和合同中明确对窜货行为的惩罚规定，为了配合合同有效执行，必须采取一些措施，包括以下两个方面。

第一，交纳保证金。保证金是合同有效执行的条件，也是企业提高对窜货经销商威慑力的保障。如果经销商窜货，按照协议，企业可以扣留其保证金作为惩罚。这样经销商的窜货成本就高了，如果窜货成本高于窜货收益，经销商就不轻易窜货了。

第二，对窜货行为的惩罚进行量化。企业可选择下列模式：警告、扣除保证金、取消相应业务优惠政策、罚款、货源减量、停止供货、取消当年返利和取消经销权。同时奖励举报窜货的经销商，调动大家防窜货积极性。

（2）建立监督管理体系。具体包括以下三个方面。

第一，把监督窜货作为企业制度固定下来，并成立专门机构，由专门人员明察暗访经销商是否窜货。在各个区域市场进行产品监察，对各经销商的进货来源、进货价格、库存量、销售量、销售价格等了解清楚，随时向企业报告。这样一旦发生窜货现象，市场稽查部就能马上发现异常，企业能在最短时间对窜货做出反应。

第二，企业各部门配合防止窜货的发生。例如，企业可以把防止窜货纳入企业财务部门日常工作中。财务部门与渠道拓展人员联系特别紧密，多是现款现货，每笔业务必须经过财务人员的手才能成交。因此，财务人员对于每个区域销售何种产品是非常清楚的。所以只要企业制定一个有效的防窜流程，将预防窜货工作纳入财务工作的日常基本工作中，必将会减少窜货现象的发生。例如，利用售后服务记录进行防止窜货。售后记录记载产品编号和经销商，反馈到企业后，企业可以把产品编号和经销商进行对照，如果不对应就判断为窜货。

第三，利用社会资源进行防窜货。方式一：利用政府"地方保护行为"。与当地工商部门联系，合作印制防伪不干胶贴。方式二：组成经销商俱乐部，不定期举办沙龙，借此增进经销商之间的感情。方式三：采取抽奖、举报奖励等措施。方式四：把防伪防窜货结合起来，利用消费者和专业防窜货公司协助企业防窜货，这是最好的方式。

（3）减少渠道拓展人员参与窜货。具体包括以下两个方面。

第一，建立良好的培训制度和企业文化氛围。企业应尊重人才、理解人才、关心人才，讲究人性化的方式方法，制定促进人才成长的各项政策，制定合理的绩效评估和酬赏制度，真正做到奖勤罚懒、奖优罚劣。公正的绩效评估能提高渠道拓展人员的公平感，让员工保持良好的工作心态，防止渠道拓展人员和经销商结成损害企业的利益共同体。

第二，内部监督渠道拓展人员。同时不断培训和加强对市场监督人员的管理。

（4）培养和提高经销商忠诚度。随着行业内技术的发展与成熟，产品的差异化越来越小，服务之争成为营销竞争的一个新亮点。完善周到的售后服务可以增进企业、经销商与顾客之间的感情，培养经销商对企业的责任感与忠诚度。企业与渠道成员之间的这种良好关系的建立，在一定程度上可以控制窜货的发生，经销商为维系这种已建立好的关系，是不会轻易通过窜货来破坏这份感情的。企业可有条件的或无条件的允许经销商退货，尽量防止经销商因产品出现积压而窜货。

（5）利用技术手段配合管理。利用技术手段配合管理的效果和目的如同在交通路口安装摄像头：利用技术手段弥补营销策略缺陷，建立防窜货平台，适时监视经销商，帮助收集窜货证据。基于这种目的，采用带有防伪防窜货编码的标签对企业产品最小单位进行编码管理，把防伪防窜货结合起来，对窜货做出准确判断和迅速反应。可借助消费者力量建窜货预警平台，在矛盾激化前平息问题，保证整个销售体系的和谐、平顺。目前，许多先进的生产企业已经率先采用了这种技术。这种技术手段，主要借助通信技术和电脑技术，在产品出库、流通到经销渠道各个环节中，追踪产品上的编码，监控产品的流动，对窜货现象进行适时监控。

三、能力训练

（一）案例分析

新年伊始，刚度过快乐的新年，小王就被市场上突如其来的窜货搞得晕头转向。第一个月任务也没能完成，经销商埋怨小王无能，公司批评小王玩忽职守！小王自己也搞不清楚这么多的窜货从什么地方钻出来的。公司给小王下了死命令，第二个月完不成任务就要下岗。经销商要求小王尽快查明真相，否者要求公司换业务员。

小王开始对区域内的窜货原因进行调查：原来在年前的时候，临近的区域市场为了完成任务，给经销商制定了较高的任务，并设置了可观的超额奖。经销商为了拿到超额奖，对小王管理的区域市场进行了低价窜货。

资料来源：快速消费品窜货治理案例分析. http://www.doc88.com/p-7873347238661.html [2014-10-16]

问题

1. 案例中的窜货属于哪种类型？
2. 小王该如何解决本次窜货问题？

（二）校内外实训

随着互联网、大数据等技术的广泛使用，请选择一家企业的产品，设计一个利用以上技术手段来防范和解决渠道线上与线下冲突的方案。

四、知识拓展

渠道权力理论

在渠道权力理论中，多数渠道理论研究者都是利用社会学中的权力概念来定义渠道权力的。例如，著名渠道理论学者斯特恩和艾-安萨利将渠道权力定义为某个渠道成员所具有的让其他渠道成员必须进行某种行为的能力，并进一步将渠道权力解释为"某个渠道成员 A 对另一个渠道成员 B 的权力是指 B 在 A 的干预下的行为概率要大于没有 A 干预下的行为概率"。后来，斯特恩等学者将渠道权力进一步定义为"一个渠道成员 A 使另一个渠道成员 B 去做他原本不会做的事情的一种能力"。除上述学者外，罗森布罗姆将渠道权力定义为"一特定渠道成员控制或影响另一成员行为的能力"，另两位学者

Bowersox 和 Cooper 则认为渠道权力是"一个渠道成员影响或改变另一个渠道成员决策的能力"。从上述定义中我们可以看出，虽然各位学者的定义表述有所不同，但表达的意思却是基本一致的，即渠道权力是一个渠道成员对另一个渠道成员行为的控制力和影响力，这种观点是为目前西方营销理论界所普遍接受的。

渠道权力的来源是指渠道权力赖以产生的源泉或基础。目前西方营销理论界普遍接受的观点是渠道权力的来源有以下五种：奖赏、强制、专业知识、合法性和参照与认同。

（1）奖赏。来自奖赏的权力是指某个渠道成员通过向其他渠道成员提供某种利益而对其产生的权力。奖赏权的有效行使取决于渠道权力主体拥有权力客体认可的资源，以及权力客体的一种信念，即其如果遵从权力主体的要求，就会获得某些报酬。

（2）强制。来源于强制的权力是指某个渠道成员通过行使某种强制性的措施而对其他渠道成员产生影响的权力。强制权行使的前提是渠道权力客体如果没有遵从权力主体的要求就会遭受某种惩罚的心理预期。

（3）专业知识。来自专业知识的权力是某个渠道成员通过某种专业知识而产生的对其他渠道成员的影响力。渠道系统内的专业分工使渠道系统内的每个成员都具有一定的专业知识。

（4）合法性。来自合法性的权力是某个渠道成员通过渠道系统中的权利与义务关系的合法性而产生的对其他渠道成员的影响力。合法性权力的重要特点是渠道权力客体感到无论从道德、社会或者法律的角度出发他都应该同权力主体保持一致，或者他有义务去遵从权力主体的要求。这种责任感和职责感有两种来源：法律和传统或者价值观，前者产生了法律上的合法权，后者产生了传统的合法权。

（5）参照与认同。来源于参照与认同的权力是某个渠道成员作为其他渠道成员参照与认同的对象而对他们产生的影响力。来源于参照与认同的感召权本质上是渠道权力客体对权力主体的一种心理认同，这种权力的深层来源是权力主体的声望与地位。

资料来源：渠道关系、权力和依赖性理论. http://blog.sina.com.cn/s/blog_69d9ca8b0100ykoz.html[2012-03-26]

任务六 控 制

一、任务描述

经销商是企业正常运行中一个不可或缺的有机组成部分，是企业变数最大的无形资产。掌控经销商就是要求经销商按厂家的策略在一定的时间和区域内，按照一定的价格买进和销售厂家的产品，并能达到及时回款的目的，终极目的是维持厂商之间运转高效的合作体系。项目导入案例中，N 企业采取了一定的措施对经销商实施管控，但经销商实力之间的差异及企业在渠道政策制定和实施中存在的问题，最终使鞍山经销商坐大而严重危害了整个辽宁市场的运行，使得企业对该市场失去了应有的控制力。因此，赵正要总结企业在经销商控制中出现的问题，分析其形成原因，提出有效的经销商控制策略。

二、知识学习

稳定的经销商队伍是企业市场销售工作中的重要内容，要稳定经销商队伍就需要企业掌握住相应的控制资源和方法。经销商的一切经营活动的最终目的是获取利益，没有利益的经营对经销商来说是毫无意义的。厂家要吸引经销商，并且掌控好经销商，就要投其所好，设定能给经销商带来丰厚利润和长久获利的政策，以便有效地掌控经销商。在企业实践中，除了这些直接利益掌控的方法外，还包括远景掌控、服务掌控、终端掌控、投资掌控、合同掌控。通过以上方法，经销商会受制于企业并对企业形成依赖，这种依赖可以体现为价值理念高度同化，也可以体现为经营行为的依附，因此经销商即使想改弦易张也会面临极大的转换风险和成本。

（一）远景掌控

经销商对眼前利益的关注是正常的，但作为企业不仅要考虑经销商的当前利益诉求，更应该有长远的发展规划，给经销商建立远景期待，树立其长期经营的信念和决心。如果厂家发展前景不清晰，或者制定的政策不合理，经销商利益得不到保障，那经销商必然不会对厂家的产品投入太多的精力和热情，并且有随时退出合作的可能。更有甚者，由于短期利益驱使和逃避风险的原因，可能会做出有损厂家利益的事，这种情况对厂家极为不利。因此，企业需要通过建立远景规划来塑造自己的灵魂，只会赚快钱的厂家不一定有发展前途，而有清晰规划的企业则能够让经销商不离不弃。由此可见，远景规划的建立，不但能统一企业内外部思想，而且能有效地激励渠道成员的积极性，切实帮助经销商实现利益。经销商清楚企业良好的远景能够为其带来丰厚的回报，具体表现为以下内容。

（1）随着厂家实力的增强，厂家能不断提供更具竞争力的产品和更好的商务政策，让经销商获取更大的利益。

（2）随着企业实力的提升，经销权的价值将不断增值。这种增值体现在：经销权的专有性、网络运行的成熟性、客户关系的广泛性、良好的销售、强大的产品、品牌扩张力和影响力。这些也将成为那些能和企业持续合作经销商的巨大财富。

（3）由制度所衍生的未来利益。例如，规定以销售量的增长为标准制定的奖励标准、由于铺货率的提高或市场开拓而设立的奖励等，具有潜在性和积累性。这些利益的广泛存在，会促使经销商更加努力地工作，更加珍惜与企业建立的良好关系，并有目标、有动力地同企业合作下去。

向经销商展示企业的发展远景就是要通过建立有利于经销商的各种政策和计划，并广泛联系和宣传，让经销商切实感觉到自己的发展和企业的发展密不可分，并能全身心投入到与厂家的合作之中，积极维护与厂家合作的稳定性。

（二）服务掌控

所谓服务掌控就是厂家向经销商提供特有的相关服务来增强厂商之间的合作信心，以达到紧密双方关系的目的。在具体服务项目的设计上，主要由经销商的需求来决定，一般包括资金融通、管理支持、营销资源投放、销售协助、信息培训等。例如，企业可以根据经销商条件和竞争情况组建专业小组（如市场拓展小组），协助经销商进行专项产品的管理、渠道铺货、终端理货、货架陈列、DM 散发、POP 张贴等。在实际操作中，要注重以下几点工作。

（1）积极维护市场秩序，解决经销商后顾之忧，防止窜货、跌价、区域冲突等恶性竞争，协调经销商之间的关系等。

（2）协助经销商开发市场，拓宽经销活动的空间。特别在新产品的推广、销售、市场扩张等方面加大投入，始终为经销商开拓市场提供更多的协助。

（3）提供专业销售支持，如理论培训、实践演练、情景模拟、顾客关系提升等。厂家通过针对性的销售支持服务，不仅增加了经销商产品的技能，而且增添了经销商经销某种产品的兴趣和信心。

（4）信息服务。作为上游资源的厂家，其掌握的行业信息与市场动态一般比商家要全面和丰富，如能站在更高的角度对经销商给予辅助，将给经销商带来巨大的利益。

【案例 3-7】

另类的经销商服务

某家具企业的经销商把一套三合板家具卖给一顾客，两周后该顾客跑来店里索赔，说经销商欺骗了他，把三合板说成实木家具。经销商向顾客解释说，三合板家具也属于实木家具的一种，没有欺骗他。但顾客却坚持说，如果他当时知道时三合板他就不会买这套家具，坚持要退货，而且还要赔偿，否则就要怎样。当时，企业某业务员正好出差到经销商处，得知该顾客是某报社的记者，知道得罪不起。于是进行了一个小小的策划活动。

首先，请经销商给此顾客做一个书面检讨，并表示请示厂家来处理此事，把他的怒气压压再说。其次，该业务员以厂家的名义给该经销商发一份传真，先痛责经销商在销售过程中不向客户说实话，接着痛罚该经销商一万元，并向客户赔偿因为其前来投诉而产生的 500 元误工费。当经销商把传真给该顾客看时，顾客看到经销商因为这点小事被厂家处罚一万元，深表歉意：早知如此，就不为难了。结果是该顾客在报上发表了近 500

字的新闻稿表示谢意，而此新闻稿又为经销商带来了一连串的生意。厂家也因此又拿到了一笔大订单。

资料来源：家具企业怎样为经销商提供服务？https://wenku.baidu.com/view/666c8eafdd3383c4bb4cd215.html[2010-12-27]

问题

该厂家采取的服务方式属于哪种类型？还有其他的服务方式吗？

（三）终端掌控

所谓终端掌控就是生产商直接掌控经销商的客户。其操作手法是，在厂家找到合适的经销商之前，先自己做市场，然后再找经销商。厂家先直接针对当地的零售店进行促销活动，炒热整个市场，使产品成为畅销产品，这个时候主动权就在企业的手上。然后再通过招商的方式选择合适的经销商来管理市场，完成渠道建设。终端掌控的核心是要让零售店先认同企业的产品和品牌，而不是首先认同经销商，这样厂家就把握经销商的主动权。厂家做好终端掌控应注意以下几点。

1. 建立基本档案

制作目标市场零售店分布地图，建立零售店和直供客户档案。这些基本资料的掌握有利于厂家针对具体情况及时做出工作调整，并根据具体需要提供对口服务，以加深终端对厂家的感情，稳定合作关系。

2. 加大终端服务力度

这种服务应包括终端市场广告宣传、售后服务保障体系、店面门头店招、产品技术指导等。让厂家的服务成为店家经营的一种不可或缺的有机组成部分。目前的长远措施一是通过经销商的业务人员来实施，二是厂家直接通过自己的协销人员来体现。

3. 建立零售店会员体系

零售店是零散的，只有整合为整体才有能发挥更大的威力。可建立以厂家为核心，以某种产品销售为核心，以一定的规则、制度为保障的零售店会员组织。建立这样的会员组织是为了增强零售店的荣誉感，增加终端店面之间的互相了解和合作。厂家可以定期或不定期地举行活动，包括联谊活动、经验交流会、总结会等。

4. 建立终端利益体系

终端利益体系是对终端商制定一套奖励制度。这种奖励包括销量奖励、铺货奖励、合作年限奖励、陈列奖励、市场规范奖励等。主要涉及一些潜在的可能实现的利益，以吸引终端商同厂家长期合作。另外，在差价控制上，尽量让零售商获得高出其他产品的利润，从而让终端热衷于销售你的产品。

5. 进行终端促销活动

厂家应把促销活动落实到销售终端，并积极参与到活动中去，尽量保障零售商在促销中增加收益。这其中包括通过促销增加零售商的利润收益、增加指定购买的人群、提高在本地的影响力和知名度、获取销售技能和组织能力等有形或无形的利益。

6. 培训终端销售员

加强与店员联系并对其提供相应的培训，不但可以提升店员销售产品的积极性，更重要的是增加了店员对厂家的认知。要达到这种效果，就要向店员传输厂家的经营理念，要让店员以一个厂家员工的身份去做销售，提升与厂家的合作关系。

7. 协销助理

一般厂家是通过经销商来贯彻落实营销策略，效果经常大打折扣，如终端用品大部分躺在仓库、终端用品尘土蒙头、截流促销用品等，为改善这一困局，部分厂家组建了协销员队伍，对经销商和终端进行"全程协销"，把厂家的政策百分百地贯彻到位，加强厂家和终端的沟通，从另一侧面来控制经销商。

【案例 3-8】

宝洁公司的终端掌控

宝洁公司对终端实施严格掌控，要求经销商组建宝洁产品专营小组，由厂家代表负责日常管理，实现 100%控制。在日常销售中，宝洁公司协助经销商制订营销方案，提供专业的销售培训，提供进场费、陈列费等系列支持，以实现最佳的销售陈列、最广的网络覆盖。在厂家代表、专营小组的共同努力及厂家的大力支持下，厂家将控制市场的无形之手，直接延伸到零售终端，最大限度地控制了经销商。

资料来源：宝洁公司的分销体系. http://www.docin.com/p-4854419.html[2008-12-14]

问题

宝洁公司采取了哪些终端掌控的方法？

（四）投资掌控

所谓投资掌控是指厂家向经销商、终端投资或经销商向厂家投资以实现对价值链的掌握。这种方式是对传统厂商关系模式的一种挑战，也是现代营销理念的新转变。传统厂商关系是一种纯粹的买卖关系，其目的是通过买卖赚取最大的差价利润。现代营销将渠道定位为一种分工协作、利益共享、彼此共荣的紧密结构体系。这种定位强调厂商之间的协作和利益协调，把被动接受管理转变为一种主动参与。投资掌控的具体操作有以下几种方式。

1. 厂家直接向经销商投资

厂家可以以股份形式投资参与利益分成，或者直接投资，收取一定收益。实践中，厂家向经销商投资多以实物投资为主。例如，为商家购置运输工具、租用仓库、搭建商务网络、构建营业场所等。运输工具可以是货运卡车，也可以是公务车，或者是客货两用车，车辆不仅方便了经销商开展业务，还提高了经销商的形象。赠送的车辆一般都需要喷涂厂家的标识和名称，这不仅是流动的广告宣传车，还是商家的一种荣誉。

2. 厂商之间项目的合作联营

有的厂家采取我投资你受益的市场推广方式，就是提供一定数额的产品，占有一定的股份，和经销商联合经营当地市场。该种方式可以最大限度地实现厂家的意图，也可以比较容易地控制商家，其缺点是投资比较大。

3. 厂家向终端投资

这是目前通行的方式，其表现方式包括签约、专卖、连锁、加盟等。该形式是厂家选择有潜力的终端，签订专卖或排他性协议，并向终端投放一定的销售或服务设施设备，由终端向消费者提供相应的服务。对达到一定年限或销售数量的终端，由厂家免费提供一定的返点或奖励或赠送设备。

4. 商家反向投资厂家

厂家广泛吸纳经销商的参股资金，允许商家入股分红，每年将企业的部分利润返还给经销商。经销商在赚取差价的时候，也参与了企业利益分配。这种方式除了能缓解厂家的资金压力外，更为重要的是能稳定厂商间的关系。经销商因有投资在厂家，自然就会关心厂家的整体经营效益而全力去经销厂家的各种产品，这完全是经销商自觉、积极的行为。这种厂商一体化的模式建立起来后，许多难题将得到缓解。例如，回款难的问题、窜货问题、低价倾销问题等。这种模式避免了矛盾的产生，又使厂商有强烈的合作意愿与动力，这种关系将是牢固的、稳定的。

（五）合同掌控

所谓合同掌控就是利用法律手段，约束厂商间的权力义务关系。合同是双方意思一致的表现，通常会将一致的意思表示转化为相应的合同条款。厂商可以利用合同条款对经销商进行掌控。

1. 合同时间限制

时间限制条款是经销商合同中的重要条款，也是厂家实现经销商管控的重要项目之一。它规定了经销商履行义务和享受权利的时间限制。这种时间界限是厂家在时限领域对商家的管控，限定商家在规定时间里作为或不作为。例如，规定商家在某时间段里享有某种产品的独家经营权和不得经营同类的其他产品。那么，商家要放弃这种权力或经营其他产品，只能在合同规定时间结束后才能进行。这样，厂家通过合同保证了合同期限内的经营能按计划进行，不会因计划受阻而造成损失。

2. 合同权利义务关系主体限制

在经营过程中，厂家可找甲经销商销售其产品，也可以找乙经销商销售其产品；同理，经销商可以销售甲厂家的产品，也可以销售乙厂家的产品。但如果有了合同的约定，这种业务主体就不会随意变更，对厂家来讲也意味着对经销商实现了控制。

3. 合同地域限制

厂家希望经销商在一定的区域销售产品，但事实上为了获利，甲区经销商会将产品卖到乙地。更为严重的是，为了吸引甲、乙地的消费者，往往采取降价的手段，这样乙地经销商的权益就会受到侵害。这种窜货、低价倾销、竞相杀价现象时常发生，会对厂家的整个市场规划与控制造成威胁。合同条款将严格限定经销商的经营区域：一是区域规定要具体、明确；二是要规定相应的违约责任，让合同真正起到管控作用。

4. 合同价格限制

价格体系管理也是厂家渠道管理的重中之重。如果价格失控就会引起价格大战，影响经销商和厂家的整体收益，最终影响整个渠道。一般合同规定的价格包括经销价、直供价、二级批发商价、批发价、零售价。将价格条款通过合同明确规定，并严格监督实施，可实现厂家对经销商在价格领域的管控。

三、能力训练

（一）案例分析

娃哈哈的联销体

娃哈哈的营销队伍目前走的是一条联销体路线。跟其他一些大型企业相比，娃哈哈在全国各地的营销员只有200人，而且宗庆后还表示，他不会让这个人数有太大的突破。娃哈哈的营销组织结构是这样的：总部—各省区分公司—特约一级批发商—特约二级批发商—二级批发商—零售终端。

其运作模式是：每年初，特约一级批发商根据各自经销额的大小打一笔预付款给娃哈哈，娃哈哈支付与银行相当的利息，然后，每次提货前，结清上一次的货款。一级批发商在自己的势力区域内发展特约二级批发商与二级批发商，两者的差别是，前者将打一笔预付款给一级批发商以争取到更优惠的政策。娃哈哈保证在一定区域内只发展一家一级批发商。同时，公司还常年派出一到若干位销售经理和理货员帮助经销商开展各种铺货、理货和促销工作。在某些县区，甚至出现这样的情况：当地的一级批发商仅仅提供了资金、仓库和一些搬运工，其余的所有营销工作都由娃哈哈派出的人员具体完成。

这是一种十分独特的协作框架。从表面上看，批发商帮娃哈哈卖产品却还要先付一笔不菲的预付款给娃哈哈——对某些大户来说，这笔资金达数百万元。而在娃哈哈方面，则"无偿"地出人、出力、出广告费，帮助批发商赚钱。

对经销商而言，他们无疑是十分喜欢娃哈哈这样的厂家的：一则，企业大，品牌响，有强有力的广告造势配合；二则，系列产品多，综合经营的空间大，可以把经营成本摊薄；三则，有销售公司委派理货人员"无偿"地全力配合，总部的各项优惠政策可以不打折扣地到位。当然他们也有压力：首先要有一定的资本金垫底，其次必须全力投入，把本区域市场做大，否则第二年联销权就可能旁落他家。

资料来源：平常渠道非常控制. http://www.doc88.com/p-749825961539.html[2012-10-28]

问题

1. 娃哈哈企业对经销商采取了哪些掌控方式？
2. 对于快速消费品来讲，哪种方式比较有效？

（二）校内外实训

项目导入案例中，N 企业应该采取哪些措施对老魏实施掌控？请根据案例背景，替赵正制订一个有效的解决方案。

四、知识拓展

管理经销商的原则

由于市场竞争的激烈，厂家和经销商从各自的利益考虑，短期行为特别严重，部分经销商甚至为了眼前的利益损害厂家利益，如窜货、不断要求增加费用等；而厂家为了自身的利益，同样也有意无意地损害经销商的利益，如不合理压货、扣减费用、减少支持等，厂商关系变得越来越脆弱和松散。这一情况是缺乏对经销商的管控与引导的结果，又是对经销商认识错位的结果。厂家与经销商是伙伴关系，但由于各自的利益，出现矛盾是正常的。为了追求共同的利益，需要在矛盾中求统一，关键是如何加强管理、沟通、引导、监督，及时化解矛盾。在管理中需要坚持以下基本原则。

1. 尊重原则

既然是伙伴关系，就要互相尊重。但是相对于厂家而言，由于单个的经销商处于弱势的位置上，厂家尊重经销商就显得更为重要。尊重经销商是厂家管理好经销商的前提。不懂得如何去尊重别人，就不懂得尊重自己。所以必须尊重别人的劳动，多鼓励、表扬、肯定经销商的成绩，多听取经销商的意见和建议。

2. 沟通原则

"沟通源于尊重，尊重赢得选择"，这是铁通的广告词，很有哲理。沟通建立在尊重的基础上，沟通是厂家管理好经销商的重要手段。有矛盾时，及时沟通就能理顺情绪；下达指令时，及时沟通就能达成共识；有困难时，及时沟通就能排忧解难；颁发管理制度时，及时沟通就能统一步调；出现关系问题时，及时沟通就能修补裂痕；取得成绩时，及时沟通可以鼓励士气；等等。做好沟通工作就能赢得"选择"，形成厂商之间统一的意志和力量。

3. 互利、稳固合作原则

厂家与经销商的合作必须建立在互利的基础上，互利、双赢是厂商稳固合作的基础，不能厂大欺客，也不能客大欺厂。而稳固的合作又是稳定销售、发展壮大市场份额的前提，拥有一支稳定的经销商队伍对于市场销售政策的连续性、一致性及市场的维护很有必要，同时对于市场的开拓、壮大市场份额必不可少。所以，一方面要在互利的基础上维护厂商稳固的关系；另一方面，不得已时，不要随便更换经销商，因为经销商的每一次更换，厂家都面临很大的风险和代价，只有在互利的基础上，厂商之间形成稳固的合作，才能保证厂家产品在市场上不断发展壮大。

4. 规范的制度管理原则

厂商关系，不是简单的买卖关系，如果是简单的一买一卖关系，那就不需管理了。前面说过，经销商是公司管理链条和资源的组成部分，是企业的利润中心，基于这个观点，就必须对经销商实行规范管理。可是我们现在对经销商的管理如何呢？当然离要求还差得很远。例如，经销商的均衡出货问题、个别人的窜货问题、产品新鲜度管理问题、品牌维护问题、深度分销问题等，都存在很大的差距。管理仍然处在一种粗放的状况之中，这不但不能适应发展，而且是十分危险的。

资料来源：如何管理好经销商. https://wenku.baidu.com/view/6f03d81714791711cc791717.html[2011-01-22]

项目四

零售商管理

【项目目标】

➤知识目标

1. 掌握零售商选择与开发的流程与策略。
2. 了解责权利合同类型与签订内容。
3. 掌握零售商业务管理流程。
4. 掌握零售商激励的方式与方法。
5. 了解管控终端零售价格的方式与方法。

➤能力目标

1. 能够对零售商选择与开发形成正确认知。
2. 能够掌握零售商业务管理的正确方法。
3. 能够根据不同适用条件制定零售商激励方法。

【项目任务分解】

任务一　选择与开发
任务二　合同签订
任务三　业务管理
任务四　激励
任务五　冲突管理
任务六　控制

【项目导入】

越来越多的企业把目光转移到超市的终端营销上来，其竞争激烈程度也日渐白热化。特别是一些 K/A 卖场，如家乐福、沃尔玛、好又多等，是强势品牌竞相争夺的终端阵地，在卖场的促销和宣传上都是大手笔、大投入，而中小企业难以匹敌，很容易被淹没。李先生是一家小型铅笔生产企业的老板，如何有效开展零售商管理一直困扰着这位年轻人。对于这些竞争异常激烈的 K/A 卖场，一方面由于入场费、陈列费、广告费等费用很高，本来就是微利的企业难以承受；另一方面差异化很小的铅笔产品难以在 K/A 卖场脱颖而出，往往得不偿失，投入的钱打了水漂。而选择中小型零售终端作为合作伙伴又常常面临零售商经营业绩不稳定而带来的闭店风险，直接造成货款损失。或者是零售商终端积极性不高而造成铺货完成后销售业绩低迷，进而直接影响企业和零售商进一步发展的信心。面对这种终端售点的激烈竞争，李先生该如何应对呢？如何选择零售商、如何与零售伙伴签订责权利合同、如何参与零售商业务管理及管控零售商价格呢？这些都是困扰着李先生的问题。

任务一　选择与开发

一、任务描述

零售商，也称销售终端、零售终端，是指产品销售渠道的最末端，是产品到达消费者完成交易的最终端口，是商品与消费者面对面展示和交易的场所。随着买方市场背景下买方力量的不断增强及竞争程度的不断加剧，"渠道为王、终端制胜"成为业界的共识，因此，产品能否有效进入终端并达成顺利销售成为产品成败的关键。作为生产商的李先生，必须将产品铺进终端，但要铺进哪些终端？终端目标选定后，又如何才能将企业的产品铺进这些目标终端？这是李先生首先要解决的问题。

二、知识学习

（一）终端分类

企业对于零售终端的管理，首先应该根据 ABC 分类法将零售终端进行分类，以便对不同类型的终端采取不同的管理，以实现整体经营利益最大化。据此，企业将终端分为 A、B、C 三类。

1. A 类终端

A 类终端主要是指 K/A 卖场，K/A 即 key account，中文意为"重要客户"。对于企业来说，K/A 卖场就是营业面积、客流量和发展潜力等三方面的大终端，即单店面积至少达到 3000 平方米以上、卖场内的商品种类齐全、能满足大多数人的一次性购物需求、人流量大、经营状况良好的大卖场。例如，沃尔玛、家乐福、易初莲花、百佳、世纪联华、华联、人人乐、大润发等。这类卖场的优点是交通便利、处于主要商圈、购买力强、实力强、信誉好、人流量大、管理规范，企业可以借助它，做销量、做品牌。其缺点是门槛高、要求高、费用高、结账周期长、手续繁杂，它掌握着谈判筹码，处于谈判的主动地位。

2. B 类终端

B 类终端是指中等规模的终端，其经营面积在 1000～3000 平方米，有一定的人流量，品类基本能满足周边的消费，经营状况一般，选址经常处于次商业圈，尽量避开

KA 卖场。它弥补了 KA 卖场的市场空隙，其特点是人流量不如 KA 卖场，在没有 KA
卖场门店的商业区，还显得比较强劲，进场费低，操作简单，费用灵活，进入门槛没有
KA 卖场那么高。其缺点是竞争力薄弱，不具备和大商超、大卖场竞争的实力，存在一
定的经营风险，企业在进入这类终端时，要考察其信誉、实力、经营状况，并要进行跟
踪，做好风险预防机制，以防损失。

3. C 类终端

C 类终端是小规模的终端，其经营面积在 300～1000 平方米，人流少，经营不稳定，
实力小，一般都是分布在郊区、小型社区，此类门店数量大，地理位置便利，价格相对
高于 A 类、B 类门店。其优点是数量众多、进入门槛低、费用少。其缺点是风险较大、
经营不稳定。

（二）选择终端的标准

对于某个特定企业或特定产品来说，市场上的终端店有很多，企业不一定都要进入，
只有那些符合企业产品目标市场购买终端选择、具有良好的经营能力和信誉、企业产品
进入具有获利性的终端方可进入。

1. 商圈人群

每个终端都有一个商圈，而不同商圈内的人群可能有所差异，要确认企业的产品应
该选择进入哪些终端，企业首先要明确其产品的目标人群的购买终端类型。例如，脑白
金的目标人群的购买终端主要是大商超、大药店，因此，食杂店、便利店等零售终端就
不宜进入。再如，利郎商务男装的目标人群的购买终端主要是中高端百货店，因此，低
端百货店、超市等零售终端也不宜进入。

2. 终端环境

明确了目标人群的购买终端类型以后，可据此进行终端类型的选择，但符合目标人
群的各个终端店并不是每一家的目标人群客流量都能达到理想状态的，没有足够目标人
群客流量的终端店也不宜进入。因此，需要从符合目标人群购买终端店中考察其目标人
群的客流量，考察的角度可从终端店的地理位置、交通状况等方面进行预期判断。

3. 经营水平

理想的终端环境保证了目标人群的客流量，但在该终端能否实现理想的销售量，特
别是长期稳定的理想销量，还要取决于该终端店的经营水平。对于该终端的经营水平，
可从该终端的货位布局、产品陈列、服务质量、销售策略及执行状况等方面加以判断。

4. 获利性

虽然通过上述标准可以产生一个销量预期判断，但终端进入还涉及销售价格、进店

费、促销费等问题，因此，还要在计算该终端的销售毛利的基础上，估算进店费、促销费等进入成本，对预期毛利与进入成本进行测算。除了具有战略意义的终端店外，一般来说，能够保证企业进入获利性的终端店方可进入。

5. 信誉

一方面，终端店对企业的结算一般都有账期，终端店的信誉状况直接影响到企业的结算资金周转甚至结算资金安全；另一方面，终端店对顾客的信誉直接影响到企业产品在该终端店的销售状况。因此，对企业来说，终端店的信誉非常重要，企业可以从其他供应商、终端店的竞争者等利益相关者入手了解其信誉状况。

（三）终端开发

1. 基本手段——铺货

所谓铺货，也称铺市，是指在限定的时间内将产品铺入终端售点并摆上柜台货架的过程。铺货是一种主动的向零售终端推荐产品的行为，从而可使产品的流通和销售速度大大加快。

营销的首要问题是解决产品与消费者见面的问题，其次才是使消费者愿意购买的问题，而铺货正是营销活动要解决的首要问题。铺货不只是在新产品上市时使用得较多，有时老产品也用铺货来提高终端见面率。

由于终端的货架资源有限，新产品又层出不穷，虽然铺货很重要，但并不是你想铺货就能把货顺利铺下去的。特别是对于中小企业来说，产品知名度不高，企业的推广费用也有限，终端铺货总是遇到很大的阻力。

产品铺货不管是对新产品还是老产品都是非常重要的，它是必不可少的一项工作。例如，当产品上市时，需要用铺货来创造与消费者见面的机会；当产品逐渐进入成熟期时，需要用铺货提升销量；当产品转入衰退期时，要通过铺货提高终端见面率；在淡季转入旺季时，需要用铺货强占终端的库位；在旺季转入淡季时，还是要通过铺货来力保在整个漫长的淡季里产品的陈列面。

那么铺货为什么这么重要呢？

因为铺货率决定着产品在终端销售机会的大小！

【资料链接】

铺　货　率

铺货率指在所在区域的适合产品销售的目标零售商总数中，有多少家零售商在销售本公司的产品，这些已经铺入产品的零售商占目标零售商总数的比例即是铺货率。铺货率具有两种形式，即数量指数（数值铺货率）与加权指数（加权铺货率）。铺货率的数量指数指在计算期内曾经销售该产品或品牌商店的百分比，这个指标体现了铺货的覆盖程度。铺货率加权指数指在计算期内曾经销售该类产品的金额占全部商店销售同类产品金额的百分比，这个指标说明各个的商店的重要程度。具体指标计算如下：

某品牌铺货率数量指数=某品牌本期销售店数/全部样本店

某品牌铺货率加权指数=某品牌本期销售额/全部样本店该类产品销售额

如果产品铺货不到位，铺货率低，那么产品就不能和更多的消费者见面，销售机会也就无从谈起，产品放在仓库里是无法产生销售机会的。

产品只有占据了终端售点，与消费者见面，才有可能被购买。正是因为这个原因，销售工作的首要任务就是把产品摆到零售点的货架上，让消费者很方便地买到；不仅如此，还要尽量在零售店内增加产品的陈列面，增加产品的曝光度，让消费者很容易地看到。

如果消费者想买而买不到，那么企业就丧失了这个销售机会。企业提升销量的手段之一，就是加大铺货力度，提高产品在终端的铺货率。

较高的铺货率能增加产品在终端的销售机会，有利于刺激消费者随机购买。铺货还具有挤占零售店有限资金和货架资源的功能。为什么这么说呢？

其一，铺货挤占了零售店有限的资金，使零售店把有限的资金用在购进你企业的产品上，如此就减少了对竞品的进货。

其二，铺货还挤占了零售店有限的货架。目前货架已成为一种宝贵的终端资源，众多企业都在想办法使自己的产品摆放到零售店的货架上，并尽力争取更大的陈列面、更好的陈列位置。正因为零售店的陈列空间极其有限，所以如果更多地占领了零售店的货架，也就是等于挤占了竞争对手的终端阵地，就夺取了更多的销售机会。尤其是对一些低关心度的日常消费品来说，只要切实抓住终端铺货，即使少做甚至不做广告，同样会产生销量，甚至有可能出现良好的销量态势。重视终端铺货工作可以相对减少广告投入，且可以直接促成销售，而不被竞争者终端拦截。如果铺货没做好，广告资源就会严重浪费。没有大面积的铺货，广告做得再好也是徒劳。没有大面积、扎扎实实的铺货，单靠广告是无法完成销售的。如果产品在终端终端铺货率不高，铺货面偏窄，那么即使广告做得再好也是徒劳。因为单赁大量的广告宣传投入，起不到应有的大幅度提高产品销售的效果，只会造成大量资源浪费。

2. 主要方法——跑店系统

厂家要有一支受过严格培训的业务员队伍，负责小型号零售终端的业务联系、铺货、店面维护和终端促销等事宜。厂家通过建立跑店系统，可使每个零售终端都在厂家受控范围之内。

跑店系统又叫作"定人定点定时巡回销售"系统，即为每个业务员划分一定的零售店数，规定不同类型终端的拜访频率，制定每天的拜访路线，不折不扣、不断循环地按照规定的拜访路线进行终端拜访。

1）做好零售终端的定期拜访

业务员应定期对零售终端进行拜访，和零售终端店主"搞好关系"，了解零售终端的销售现状、遇到的困难及所需要的帮助等。有时拜访是"聊天"式的，以增进彼此的感情及了解；有时拜访是"生意"式的，以增进彼此的沟通，两者相互弥补、共同促进。

做到拜访每家零售终端的时间周期化和固定化，使零售终端记住拜访时间，从而使他有机会做一些力所能及的合作前的准备工作，这对提高工作效率有很大的帮助。

2）填写详细的拜访记录

在现实销售过程中，很多业务员也注意到了经常性拜访的重要性，但却忽视了对拜访内容的记录与整理，当一段销售工作结束时，所得的经验或数据往往都是感觉上的，由于缺少第一手的数据资料，往往在进行策略决策时显得很被动。

为增强拜访的科学性和系统性，业务员应针对自己所负责的终端零售店，填写详细的拜访记录，内容包括拜访时间、地点、店主姓名、天气情况、所遇到的问题等。

3）定期对拜访记录数据进行对比与分析

所有资料应以零售终端档案的形式，进行详细归类、整理并登记，这也是进行业务分析与市场分析，甚至做出市场决策的宝贵资源的原始依据。

定期进行数据分析，得出第一手结论，有利于制订更为科学的营销方案，可大大提高策略运作的准确性。例如，如何提高配送效率、如何提高弱势品牌的销售机会、如何针对竞品创新促销方式等。

3. 铺货策略

铺货难在哪里？铺货难就难在铺货过程中所遇到的来自渠道环节的种种阻力。也就是说，要实现迅速而成功的铺货，首要的问题是如何把铺货阻力减到最小。

1）铺货奖励策略

要减小铺货阻力，在实践中用得最多的就是铺货奖励政策。在产品入市阶段，企业协同经销商主动出击，并根据情况给予通路成员一定的铺货奖励，从而拉动二级批发商和零售商进货。如果按奖励方式来进行分类，铺货奖励有多种，如定额奖励、坎级奖励、进货奖励、开户奖励、促销品支持、免费产品和现金补贴等。康师傅的铺货奖励政策就很有代表性。

（1）针对经销商实行坎级促销。例如，某企业的坎级促销方案是：第一阶段 2015年 5 月 20 日至 6 月 30 日，其坎级分别为 300 箱、500 箱、1000 箱，依坎级不同奖励为0.7 元/箱、1 元/箱和 1.5 元/箱。该阶段将坎级设定较低，但奖励幅度较大，主要是考虑到新品知名度的提升会走由城区向外埠扩散的形式，在上市初期要广泛照顾到小经销商的利益，而小经销商多分布在城区。此后又进行了坎级第二、第三阶段的促销，都取得了较好的效果。

（2）针对零售店开展"返箱皮折现金"活动。例如，某企业针对零售店开展"返箱皮折现金"活动方案是：于 2015 年 5 月 20 日至 6 月 30 日针对零售店进行"返箱皮折现金"活动，每个 PET 箱皮可折返现金 2 元，此项举措为饮品常见的促销政策。推出前一周内，市场反应一般，但受经销商的宣传影响及市场接受度的不断提升，零售店瓶装饮品系列的销量直线上升，到 6 月中旬，该瓶装系列在零售店铺货率达到 70%。

（3）针对零售店推出"专案"活动。例如，某企业针对零售店推出"专案"活动方案是：于 2015 年 7～9 月推出"专案"活动，其目的在于提升零售店内产品陈列面、产品曝光度和铺货率，即规定奖励的条件，达到奖励条件的每陈列 2 瓶指定产品即送一瓶系列饮品，此项促销政策一经推出即受到零售店的一致认同，"专案"活动连续执行 3个月，该产品在终端的铺货率和曝光度得到极大提升。

2）避实就虚策略

面对铺货阻力，企业也可以采取避实就虚的策略，另辟蹊径，往往也能大大提高铺货速度。例如，可以在铺货渠道上避开竞争，注意被大家所忽视的渠道盲点，挖掘新的终端网点，开辟新的销售渠道。这样既能避开同类品牌的竞争，又能减小铺货阻力，提高产品进入市场的速度。面对铺货阻力，企业也可以在选择铺货的时机上避开竞争。多数产品的销售都有淡旺季之分，当大多数企业选择旺季铺货时，你就可以反其道而行之，选择淡季铺货，从而避开旺季的激烈竞争。

一方面，对于刚入市的新品牌，如果与竞品"真刀真枪"地硬拼，极有可能碰得"头破血流"。而淡季竞争相对较弱，各竞品都在养精蓄锐，在广告、促销等方面都没有大的动作，产品进入市场的阻力相对较小。

另一方而，淡季进入市场，也为旺季热销做了铺垫。如果在旺季到来时才开始铺货，待铺货完成时已进入淡季，就会错过旺销的黄金时期。

3）示范效应策略

企业也可以采取示范效应策略，选择重点进行突破，以点带线，以线带面。先启动并做好一部分零售终端，充分发挥其示范效应，树立其他零售终端对产品旺销的信心，从而达到以点带面的铺货目的。

掌握"终端领袖"其实也是一种有效的示范效应策略。那么什么是"终端领袖"呢？"终端领袖"是指那些规模较大、经营时间较长、对其他通路成员有影响力的零售商，"终端领袖"是其他零售商效仿的主要对象。产品进入市场时，可借助"终端领袖"在流通领域的威望和影响力，来降低铺货阻力，这叫作"擒贼先擒王"。对于中小企业来说，还可以通过建立"样板市场"的模式，化被动为主动，以减小铺货阻力。中小企业可以寻找较易突破的一块区域市场，集中营销资源，集中优势兵力，从人力、物力、资金方面全面配合，建立"样板市场"，促使该局部区域市场进入良性循环，营造畅销的销售气氛。

然后，再利用该"样板市场"的辐射效应和示范效应来影响其他区域市场，激发其他区域市场的经销商的信心，让经销商们看到这个产品的诱人前景，这样企业就成功地营造了有利态势，吸引其他区域市场的经销商找上门来。

4）"搭便车"策略

为了减小新产品上市的铺货阻力，企业可以采取"搭便车"的策略，通过畅销产品来带动新产品的铺货。把新产品和畅销产品捆绑在一起销售，利用原有畅销产品的通路力来"带货销售"，如此就可以降低新产品的铺货阻力，使新产品快速抵达零售终端，从而尽快与消费者见面。

5）启动消费者策略

铺货时如果铺货阻力太大，我们也可以考虑先从消费者入手，绕开排斥新产品的渠道中间环节，直接在终端消费者身上下工夫，激发消费者的购买热情。只要带动了消费者，零售商对该产品就有了好销的预期，他们就会"闻风而动"，要求经销该产品，如此铺货的阻力也就会大大减小。

6）制造畅销假象策略

有的企业派专人充当顾客去各零售点打听自己的产品，并表示想购买，问的次数多了，零售商就对这个产品有了印象，感觉这产品应该好卖，这时营销员再去铺货就不难了。甚至有的企业干脆就把产品买回来，如此造成产品畅销的假象，以减小铺货阻力。

7）适量铺底策略

对于中小企业来说，在无法大规模投入广告来拉动终端销售的情况下，要想现款铺货是很难的。如果硬要求现款铺货，反而会导致销售成本更高。在这种情况下，可以通过采取适量铺底的方式来减轻铺货阻力，达到较高的铺货率。也就是说，企业提供给经销商或零售商的铺底货款暂不收回，待其卖完后第二次进货时，才要求现金交易。但铺底数量必须严格限制，同时配合必要的推广活动，使零售终端尽快销售产品，快速进入良性循环。

8）赠送铺货策略

当产品属于那种价格不高、容易实现购买的快速消费品，以及只要产品上了货架就会有较好自然销量的产品，如瓜子、饮料和调味品等，这类产品就可以考虑赠送铺货的策略。考虑到现款铺货需要很高的销售成本，有时对于快速消费品而言，与其花费很大力气去现款铺货，还不如把现款铺货的高昂成本转化为带给零售商的实惠。

三、能力训练

（一）案例分析

应该怎么铺货？

B公司是C市的一家小型白酒生产企业，有送货车辆5部、业务员10名，库房有600多平方米。年初，B公司决定增大对C市的终端铺市率。经过一段时间的运作，终端铺市率虽然很高，业务员每天都在市场上跑，但是该产品的终端动销却非常缓慢。

鉴于产品动销缓慢的问题，B公司李经理决定亲自下市场走访调研，结果发现导致新产品动销缓慢的原因主要有以下几个。

（1）铺市质量低。销售人员单纯追求铺市率，仅仅关注在规定时间内完成铺市家数，对产品的目标终端没有进行深入细致的了解，导致产品的目标群体与购买场所错位。例如，有的店根本与产品对不上号，有的店处于半死不活的经营状态等。这都导致产品动销缓慢，影响产品和品牌形象。

（2）终端铺货"铺而不管"。铺而不管的现象比比皆是。例如，有的终端店货是铺上了，但是产品摆放在不明显的位置，顾客注意不到产品，有的是将产品铺到了终端店的仓库里，而终端的货架上根本没货等，这些因素都在影响产品动销。终端网点只有宽度缺乏深度。

（3）终端生动化乏力。销售人员出工不出力，看似繁忙，实际上忙着跑网点，单纯地注重送货、结款等系列业务工作，产品销量成了唯一的目标，而根本不认真解决问题，他们每天的工作就是看每家有没有货，要不要货？看似大家都在忙着跑业务，但是只是单纯做了表面化的工作，他们并没有完全地负起责任实现渠道的真正畅通。例如，有的业务员忘记了产品的陈列和终端生动化（企业为了品牌推广支持的大量广告宣传物料价格签、POP、围膜、KT板等在市场上几乎看不到），还有的忘记了介绍产品的独特卖点和个性等。

资料来源：铺市质量低竟是因为这！ http://www.sohu.com/a/112086654_158832 [2016-08-25]

问题

1. B公司动销缓慢的根本原因是什么？

2. 根据李经理的调研发现的各种问题，你认为应该如何解决？

（二）校内外实训

选择一家企业的产品，为其拟定目标终端的类型，并为其设计所要采用的终端铺货策略。

四、知识拓展

如何快速判断超市的经营状况？

为了避免进超市的风险，进入超市前对于该超市的经营状况进行判断是必不可少的，那么应该如何快速判断超市的经营状况呢？

要避免进超市的风险，总的原则是：一停，二看，三通过，在"一停，二看，三通过"中，最关键的是"看"，最难的也是"看"。

对于大多数企业来说，在产品进入超市前如果要做一个很全面的超市调研是不现实的，因为全面的调研周期长、投入大，大都是由业务员通过卖场观察来快速判断超市的经营状况。

一般来说，有经验的业务员在超市中溜达一圈后，往往就能说出个大概来。一般都是先看超市的选址，超市的选址十分重要，它不但能决定超市生意的大小，也能决定产品的销售量。

产品进入一家超市前，厂家对超市的位置观察尤为重要，观察的内容主要包括：是否在城市的商业繁华区或者在人口集中的社区；流动人口多不多，附近居民的消费结构及购买力怎样；地理位置是否能保证有足够的人流，停车是否方便，超市附近的交通状况怎样，是否方便顾客进店；等等。

1. 看超市的经营水平

这里有一种简便方法，那就是可以通过看超市有效收银台数量来判断这个超市生意好坏。收银台一般与超市的营业面积、顾客流量成正比，在观察了收银台的总数量后，最主要的就是看其有效收银台的数量。如果在节假日有效收银台数不足收银台总数量的一半，则说明顾客流量在减少，生意下滑，或者反映超市的布局不合理，经营管理水平较差，或者可能存在经营风险的问题，这种超市就要谨慎对待。如果有效收银台在 10 个以上，就说明超市属于大型终端，企业的产品进入后会有比较好的销量。

2. 看超市的卖场设置

一个经营有方的超市一般都具备这些条件，如货架间的空间要宽敞，商品要容易拿取，商品的品类要丰富、齐全，购物环境要清洁明亮，商品标价要清楚，寄存箱要足够，营业员服务态度要好，等等。这些都是顾客购物时较为关心的因素，若超市在这些方面做得较差，说明其经营管理水平有限，生意大多不太好。其实看超市的堆头也是一种简单可行的方法。堆头是超市经营收入的一个重要来源，通过它也可以推测出超市的经营状况。如果你看到一家超市的堆头长期没有变化或更换，这说明厂家的支持者很少。堆头没有厂家来花钱购买，可以断定这家超市的经营状况不会很好。

3. 看货架上陈列的商品

先看商品品种是否齐全，一般来讲，在好的超市中市场上的领导品牌基本上都有销售。如果在日化货架上宝洁、丝宝产品只有最畅销的几个常规品种，货架稀稀落落，很多畅销产品缺货，说明这家超市生意不好。再看生鲜冷冻柜台是否品种丰富、商品新鲜、冷气足。生鲜冷冻柜台往往是最能体现超市顾客购买力的场所。如果你在一家超市看到它有较大的冷冻柜但里面的东西却很少，就说明这家超市的情况已经很糟糕了。还有，产品的生产日期也是重要的信号，如果大部分产品的生产日期很旧说明销售不畅。有些供货商专门选择了几种畅销产品作为样本，调查并统计这些产品的生产日期，"累加"起来的"生产日期"的数字越小，说明该超市经营状况越不乐观。再就是要留意陈列商品是否整洁，在货架上是否有破损包装。如果快速消费品没有灰尘说明生意好，耐用消费品没有灰尘则说明超市管理严谨有方。

4. 通过多种途径询问和调查

我们可以通过多种途径询问或调查来了解超市的经营状况，但前提是问对人。如果你试着问超市的采购经理或门店经理，一般就听不到真话。

通常可以通过以下八条途径进行询问和调查。

第一，向同行的业务员、经销商打听该卖场的相关背景、经营情况、近期回款情况、超市各类费用的大致价格及信用状况等，以及其供货商是否有退场或停止供货的现象。

第二，向超市内的促销小姐、理货员打听客流量、竞品及同类产品的销量等情况。

第三，向超市内的促销小姐、理货员打听其工资收入，工资是否按时发放及人员流动情况，特别是企业高层是否有异常变动等。

第四，向库管人员查寻仓库库存情况，看报损品数量多少。

第五，到工商、税务等职能部门咨询了解超市能否按时交税及税负情况。

第六，通过多种途径询问经营场所租金缴纳情况。

第七，查询媒体过去一两年关于超市的报道。

第八，向水电部门查寻超市是否按时交纳水电费及拖欠情况。

然而仅仅通过询问，难免掺有水分，那么就要有配套的相互调查印证的手段来多方印证。

我们可以在商圈内几家大的超市走访一下，对比一下人流量，同一时间人流量最少的超市基本可以判断生意是最差的，这时就要防止货款的风险。留意近期卖场的人气是否在下降？也要询问一下超市一般人流高峰是在每月的什么时候，每天的什么时候，特别是厂矿区发薪日后的一周是购物高峰期，然后在人流最高峰的时候看看实际人流量，自然就可以判断出实际情况。我们也可以了解超市的结款日，在结款日到超市采购部和财务部观察一下其他供应商的情况，如果发现有供应商追着采购要结款，超市的经营状况自然不好。还有一点，我们可以留意当地市场控制超市风险做得较好的供货商的动向，如果其终止向某超市供货，那么要格外留意这家超市，想方设法调查该供货商暂停供货的原因，尽早采取相应对策。还要看看超市所在商圈内的竞争对手。如果在核心商圈范围内有好又多、家乐福这样的大卖场开业，可以提前预见到附近中小超市的结局。在做市场时，应从当地市场的宏观竞争格局考虑，提前采取措施，把损失降到最小。

5. 对新开超市不要急于进场

如上大家谈的是针对已开业超市，那么对即将开业的超市如何判断呢？经营状况较好的连锁超市新开分店，一般没有问题。而一些新开的超市，大约一个月之前就会发出招商通告，对于这些超市又该如何判断是否可进入呢？

供货商不要急于进新店，而要对进店的超市进行调研，尤其对于新近开业的超市不要盲目跟进，供货商要先"停"下来"看一看"，做一个市场调查，考察超市的背景，最主要的是实力和信誉，确信其良性运行后再考虑进店。即使此时进店费远远高出开业之初的费用，也比承担血本无归的风险好得多。只有进行了一系列的调查，确认该店没有问题后，再进入谈判过程吗？也不尽然，我觉得新开超市在开业前进场可以争取到相当优惠的进场条件，关键是要判别这个超市经营主是否有经营能力，是否能开成功。例如，有些经销商自己开超市，如果它作经销商时经营能力很强，一般来说开超市也能成功。也可以从新开超市的地理位置好坏，超市场地的租金贵不贵来判断。如果待开业超市的"码头"好，而且超市经营主的口碑不错，有当地经营比较好、风险意识强的供货商率先供货，厂家可以考虑跟进，在开业前进场。但要注意，控制首批进场的货物数量，少量多送，缩短结账周期。当然，如果对新开的超市不了解其底细和背景，还是小心为好，先观察一段时间，确信其进入良性运行后再考虑进店。

资料来源：张卫国. 如何快速判断超市经营. 销售与市场（管理版），2002，（1）：66-67

任务二　合同签订

一、任务描述

产品铺进终端店进行销售，必须要以反映责权利关系的合同为合作标准，才能保障双方规范合作。李先生选择了目标终端店并成功开发后，必须就双方合作的责权利关系进行谈判，并在此基础上签订经销合同，那么，与终端店谈判及所要签订的合同条款主要有哪些呢？

二、知识学习

（一）合同类型

与终端店的合作涉及很多方面，对于各项合作，企业要尽量与终端店签订相应的合同，这些合同主要包括商品供货合同、租赁（小商铺）合同、促销协议、灯箱设置合同、包柱广告合同、商品陈列合同、新品进场协议、费用单、驻场促销员管理合同等。

（二）合同的主要条款

厂商与零售商签订的主要合同是商品供货合同，该合同的主要条款包括以下内容。

（1）采购产品：质量、品种、规格和包装等。

（2）采购数量：采购总量和采购批量（单次采购的最高订量与最低订量）等。

（3）送货：交货时间、频率、交货地点、最高与最低送货量、验收方式及送货产品的保质期等。

（4）陈列：陈列面积和陈列位置等。

（5）促销：促销保证、促销组织配合和导购员的进场事宜等。

（6）价格及价格折扣优惠：新产品价格折扣、付款折扣、促销折扣、单次订货数量折扣、累计进货数量折扣、年底返利、季节性折扣和提前付款折扣等。

（7）付款条件：付款期限、付款方式等。

付款期限包括现结和账期结算两种方式。现结，又称为买断，即现款现货。账期结算是指买家在授信额度内下单后不用付款就可以进货，在确认收货后的支付账期到期前按时完成支付的交易方式，账期可分为一个月、两个月、一个季度、半年、一年五种，大型超市的账期一般是 2～3 个月，即 60～90 天。

付款方式包括滚结（又称为批结，每次送货后结清上次的货款）、铺底月结（即首批铺底，在合同期内不用结算，然后按购销月结方式结算）和实销实结（每月按实际的销售量结清货款或者销售满一定金额后予以结款）等。

（8）售后服务：包换、包退、包修和安装等。

（9）各种费用：进场费、新品费、店庆费、陈列费、节日费、促销费和广告费等。

（10）退货：退货条件、退货时间、退货地点、退货方式、退货数量和退货费用分摊等。

（11）保底销售量：每月产品的最低销售量、末位淘汰的约定和处理办法等。

（12）违约责任、合同变更与解除条件等采购合同的相关事宜。

【资料链接】

产品终端进场协议

甲方：（经销商）_____

乙方：（终端店）_____　　　　地址：_____

丙方：（厂商）_____

本着互利合作的原则，甲乙双方经友好协商，就甲方系列产品在乙方经营场所新品进场及维护事项达成协议。此费用由甲方先行垫付，费用由丙方核销。

1. 系列产品进场的规格、品种、位置及维护

（1）进场产品：_____。（填写产品名称、包装规格）

（2）进场形式：_____。（地堆、端架、货架/大面积陈列、收银台、甲方自备货架、其他）

（3）进场品项：_____。（堆头、端架、收银台等用"长×宽"表示，货架用陈列瓶数表示）

（4）进场时间：____年____月____日。

（5）甲方不定期对进场产品进行抽查，合作期间乙方负责以上产品在货架上的出样和维护。

2. 费用、结算方式及时间

甲方以_____方式支付乙方进场费用_____（大写）元/月；结算时间_____日前。或以实物形式支付乙方进场费用_____产品_____（大写）箱/月；结算时间_____日前。

3. 进场维护

乙方负责进场产品的补货和维护，并且保证产品在陈列区内的整洁、饱满和视线不被阻挡。

在不损害乙方利益的前提下，甲方有权在乙方经营场所内进行 POP 布置和适当的

促销宣传。

甲方产品进场后，乙方要保证甲方产品正常货架出样。

4. 其他约定

（1）禁止乙方与甲方的业务人员有任何的货款或产品等经济往来。违反此约定给乙方带来的经济损失由乙方自行承担。

（2）乙方应向甲方提供本协议履行期间甲方系列产品的销售明细。

（3）签署本协议时，乙方应提供合法有效的营业执照副本复印件加盖公章后交甲方备案。

5. 履行本协议过程中发生的一切争议，由双方协商解决。如协商未果，争议提交市仲裁委员会仲裁。

6. 本协议一式三份，甲乙丙三方各执一份，经甲乙丙三方签字，盖章有效。

（乙方如为 CD 类终端店，可由乙方店主签字生效）

7. 本协议期限届满时，甲方有优先续约权。

甲方（盖章）：_____　　乙方（盖章）：_____

经办人（签字）：_____　经办人（签字）：_____

电话：_____　电话：_____

签订日期：_____年_____月_____日　　签订日期：_____年_____月_____日

丙方（盖章）：_____

经办人（签字）：_____

电话：_____

签订日期：_____年_____月_____日

（三）进店费应对策略

进店费是供货商的产品进入超市而事先一次性支付给超市或在今后的销售货款中由超市扣除的费用，主要包括开户费、条码费、新品上柜费、堆头费、全国推荐产品服务费、商场海报费、节庆费、店庆费、老店翻新费、新店开办费、配货费等。随着市场竞争的日趋激烈，产品进入超市的门槛也越来越高，尤其是大卖场，由于其规模较大、影响力较强，对新品牌（新产品）都要收取进场费用，并且收取的费用越来越高。

那么，面对越来越高的超市门槛，对于供货商来说，该如何应对进场费呢？

1. 捆绑进场，分摊费用

通过有实力的经销商捆绑进场。大卖场对新供货商一般都要收取开户费。例如，某卖场的开户费为 8 万元。因为开户费是按户头来收的，进一个品种要收这么多钱，进 10 个品种也是收这么多钱。所以，对于供货商来说，进场的品种越多则摊到每个品种的开户费就越少。对于有些中小企业，如果是自己直接进场，面对高昂的开户费就很不划算，这时可以找一个已经在大卖场开了户的经销商来"捆绑"进场，这样就至少可以免掉开户费，有时还可以免掉节庆费、店庆费和返点等固定费用。对于经销商来说，他也很愿意，毕竟又多了一个产品来分担各种费用。

2. 选择连锁超市做经销商

在进入超市有困难时，如果考虑将连锁超市提升为经销商，供货商往往不用交高额的进场费和终端其他费用。因为供货商会给其各种优惠政策，包括最优惠的价格、最大的促销支持等，连锁超市做该区域的经销商后，会用心经营该产品，优先推广该产品，迅速将产品辐射到各分店所在的区域，这样就实现了供货商和连锁超市的"双赢"。

3. 通过厂商联合会捆绑进场

寻找多个厂家或同其他供货商联合进场，或通过加入当地的工商联合会进场。这样既可减少进场费用，又可减少进场的阻力。例如，酒类厂家可以和当地零售协会、酒类专卖局成立相关联盟组织，解决酒类厂家与超市的冲突，维护供货商的利益。

4. 以 OEM 形式为超市定做产品

现在大卖场的影响力越来越大，消费者相信大卖场销售的产品都是有一定品质保证的产品。尤其像餐巾纸、毛巾和清洗剂这类同质化很高的产品，部分大卖场委托厂家生产，然后贴上自己的品牌进行销售。对中小企业来说，成为大卖场贴牌(original equipment manufacturer，OEM) 定点生产厂家，既不用承担创立品牌的风险，又可以稳赚加工费，是一种稳妥可行的经营模式。有些大型生产厂家也成为大卖场 OEM 定点生产厂家，除了自身的强势品牌外，还替大卖场贴牌生产，从而占领更大的市场份额，充分利用了其过剩的生产能力。

【资料链接】

OEM

OEM 生产，也称定点生产，俗称代工（生产），基本含义为品牌生产者不直接生产产品，而是利用自己掌握的关键的核心技术负责设计和开发新产品，控制销售渠道，具体的加工任务通过合同订购的方式委托同类产品的其他厂家生产。之后将所订产品低价买断，并直接贴上自己的品牌商标。这种委托他人生产的合作方式简称 OEM，承接加工任务的制造商被称为 OEM 厂商，其生产的产品被称为 OEM 产品。可见，定点生产属于加工贸易中的"代工生产"方式，在国际贸易中是以商品为载体的劳务出口。

5. 掌握谈判策略，减少进场费用

（1）用产品抵进场费。供货商在和超市谈判进场费时，要尽量采取用产品抵进场费的方法。对供货商来说，不仅变相降低了进场费用（产品有毛利），而且减少了现金的支出。

（2）用终端支持来减免进场费。供货商和超市谈判，可以提出用终端支持来减免进

场费用。常见的供货商宣传支持有：买断超市户外广告牌或场内广告位；为超市制作相关的设施和设备，如制作店招、营业员服装、货架、顾客存包柜和顾客休息桌椅等（这些物品上可印上供货商的广告）。

（3）尽量支付能直接带来销量增长的费用。首先要区分清楚哪些是能直接带来销量增长的费用，哪些是不能直接带来销量增长的费用。①能直接带来销量增长的费用包括堆头费、DM 费、促销费和售点广告发布费等；②不能直接带来销量增长的费用包括进场费、节庆费、店庆费、开业赞助费、物损费和条码费等。不能直接带来销量增长的费用，几乎不会产生什么效果。对供货商来说，买更多的堆头陈列、买更多售点广告位、安排更多促销导购员和开展特价促销，都能带来明显的销售增长。所以，供货商在谈判时，尽量支付能直接带来销量增长的费用，减少支付不能直接带来销量增长的费用。

6. 利用关系资源，做好公关

供货商可以采用公关策略，以获得进场费的最大优惠。超市采购产品时虽然对产品有业绩考核指标，但产品能否进场还是和供货商的客情关系有一定的关系。所以，厂家应整合客情关系资源，与超市采购人员多交流沟通，如举办一些联谊活动，培养和采购人员的感情。建立了良好的客情关系后，采购人员在收取供货商的进场费等各项费用方面往往会调低一些。

三、能力训练

（一）案例分析

进场合同就像是"卖身契"

廖经理是某食品企业的销售经理，负责开拓广东新市场，两年下来，业绩平平。业绩不理想是因为没有进入大卖场和连锁超市，只是通过网络铺开一些中小型超市和社区小店。

在广东市场，大卖场和连锁超市销售份额已经占据了城市零售市场的半壁江山，新品牌或知名度一般的老品牌要想进入这些卖场必须支付高额的进场费用。廖经理与这些大卖场进行了两年的谈判，却总是没能谈进去，因为大卖场有很多让供货商难以接受的进场费用和苛刻条件，签进场合同就像是签"卖身契"。

某知名超市报给廖经理的进店收费标准如下。

咨询服务费：是全年含税进货金额的 1%，分别于 6 月、9 月和 12 月结账时扣除。

无条件扣款：第一年扣掉货款数的 4.5%，第二年扣掉货款的 2.4%。

无条件折扣：全年含税进货全额的 3.5%，每月从货款中扣除。

有条件折扣：全年含税总进货额 ≥70 万元时，扣全年含税进货金额的 0.5%；全年含税进货金额 ≥100 万元时，扣全年含税进货金额的 1%。

配货费：每店提取 3%。

进场费：每店收取 15 万元，新品交付时缴纳。

条码费：每个品种收费 1000 元。

新品上柜费：每店收取 1500 元。

节庆费：1000 元/店次，分元旦、春节、五一、中秋和圣诞共 5 次。

店庆费：1500 元/店次，分国际店庆、中华店庆两次。

商场海报费：2500 元/店次，每年至少一次。

商场促销堆头费：1500 元/店次，每年三次。

全国推荐产品服务费：含税进货金额的 1%，每月账扣。

老店翻新费：7500 元/店，由店铺所在地供货商承担。

新店开办费：20 000 元/店，由新开店铺所在地供货商承担。

违约金：各店只能按合同规定销售 $X+1$ 个产品，合同外增加或调换一个单品，终止合同并罚款 5000 元。

以上所列金额全部都是无税账，供货商还需要替超市为这些费用缴纳增值税。

廖经理算了一下进入这些大卖场的费用，一年各项费用加起来要交 30 多万元，而到底一年能有多少销量，廖经理心里没有一点儿底。由于担心进入大卖场费用太高而发生严重亏损，甚至被"末位淘汰"，所以产品迟迟没有进场。

资料来源：陈军，王荣耀. 终端营销实战手册. 广州：广东经济出版社，2005

问题

假设廖经理计划铺货 8 个品种，预计单店年销售目标为 300 万元，以进店费为视角尝试为廖经理提供进场决策建议。

（二）校内外实训

尝试为李先生编写进入卖场相关合同文本。

四、知识拓展

关于费用与结算的法律规定

10.1　服务收费

10.1.1　零售商和供应商在经营交易过程中产生的费用主要由商品货款和相关服务费用两部分构成，但相关服务费用不是必须的。

10.1.2　相关服务费用的收取，需以服务事实为依据，并符合国家有关规定。

10.1.3　零售商向供应商收取服务费用时，应遵守《零售商供应商公平交易管理办法》的规定，订立合同，明确约定提供服务的项目、内容、期限，以及收费的项目、标准、数额、用途、方式及违约责任等内容。

10.1.4　供应商向零售商收取服务费用时，也应依据国家有关法律规定，订立合同，明确约定提供服务的项目、内容、期限，以及收费的项目、标准、数额、用途、方式及违约责任等内容。

10.1.5　一方收取服务费用后，应按合同约定向对方提供相应的服务，不应擅自中止服务或降低服务标准。未完全提供相应服务的，应向对方返还未提供服务部分的费用以及降低服务造成的直接损失。

10.2　收费合理

10.2.1　零售商和供应商在经营交易过程中，有权拒绝不合理的收费。

10.2.2　以下情形视为不合理收费：

a）没有服务事实为依据的费用；

b）不符合被收费方利益要求的费用；

c）以实现己方财务指标为目的而要求对方负担的费用；

d）与商品销售无直接关系的费用，如以店庆、节日、装修等名义的收费；

e）以签订或续签合同为由收取的费用；

f）无法出具合法凭证的费用；

g）其他情形的不合理收费。

资料来源：零售商供应商公平交易行为规范.http://www.gfjl.org/thread-116766-1-1.html[2009-08-14]

任务三　业　务　管　理

一、任务描述

许多企业只一味强调"前期铺货"，而不重视铺货的"后期管理"，以为把产品铺出去就万事大吉了。实际上铺货并不等于产品就卖出去了，只有将产品及时卖给消费者并形成良性循环的售点才是有效的铺货网点。所以，企业不但要重视前期铺货，更要重视铺货的后期管理。在强调铺货数量的同时，还要抓好铺货跟踪服务，紧抓产品上柜率，并且要尽量抢占货架的最佳陈列位置。理货工作同铺货一样重要，也需常抓不懈。由于零售店内每类产品都有多个企业的产品，零售商很难关照到每一个产品，所以需要我们主动出击。业务员在定点定时的日常铺货和拜访过程中，应加强产品的理货工作。在具体操作中，应时刻注意争取最佳的陈列位置，保持产品清洁无缺陷，让产品始终以诱人的魅力展现在消费者面前；产品尽量与同类畅销产品集中摆放，扩大产品的陈列面，且使产品处于最佳视觉位置，或者使用厂商统一的陈列架陈列；尤其对于商场、超市，应当实行系列产品集中堆放，扩大占地面积，增强视觉冲击力；品种较多时，可设立专柜销售。李先生进入终端店后需要在上述工作上进行具体化的管理，但如何细致、科学地管理是李先生接下来要解决的问题。

二、知识学习

（一）促销管理

终端促销目前是越来越常见的终端推广方式，它可以使产品销售在短期内迅速提升、更好地与顾客进行面对面地沟通、有效扩大市场份额及压制竞争对手等。

1. 终端促销的形式

1）社区推广

社区推广是指针对生活社区的一系列策划、宣传、促销活动。其主要形式包括在社区设点进行现场促销，组织讲座、咨询和联谊活动，开展表演、游戏和竞赛活动，为社区的目标顾客提供服务等几种形式。适合于跟家庭日常生活紧密相关、消费频率比较高（大家电和金融保险除外）、易发生购买行为的产品。

2）特价促销

特价促销是指在短期内的直接降价促销，以低于正常的零售价来吸引顾客、促进销售的促销方法。通常适合做特价促销的产品包括销售最好的产品、即将淘汰的产品、滞销需处理的产品、换季产品、同质化程度较高的产品。

3）赠品促销

赠品促销是指顾客购买促销商品达到一定数量或金额，就可以获得某种赠送品的促销方法。常见形式包括即买即送（包括包装外赠送、包装上赠送、包装内赠送、可利用包装四种形式）、凭证兑换（凭证包括电脑小票、产品瓶盖、包装商标、包装内兑换券等）、附加条件赠送（包括部分付费赠送、集点赠送等）等。

4）联合促销

联合促销又叫捆绑促销，是指有关联的企业结成伙伴关系，充分利用对方资源，合作开展促销活动，推广它们的产品和服务，相互促进，共同让利给消费者。包括企业内部的联合促销（包括不同品牌的联合促销、同一品牌的联合促销两种形式）、横向联合促销（生产企业之间联合促销）和纵向联合促销（商企联合促销）三种形式。

5）抽奖促销

抽奖促销是通过设定一个参加者的资格（通常是以购买本品牌产品为限制条件），预先说明抽奖方式和有吸引力的奖品，再在公正的条件下抽出中奖名单，然后将奖品发给中奖者，扩大企业产品和品牌的影响，达到刺激顾客产生购买行为的促销方式。常见形式包括回寄式抽奖、多重连环抽奖、定期兑奖式抽奖等。

6）活动促销

活动促销亦称事件促销，是指企业借助特定的活动来传播产品和品牌形象，从而吸引消费者购买的实效促销策略。包括竞赛活动（包括有奖竞赛、收集产品包装竞赛、体育竞赛、智力竞赛、征集广告语和建议竞赛、产品消费竞赛等形式）和游戏活动（包括拼字与拼图游戏、寻宝游戏等形式）两种形式。

7）路演促销

路演促销是指企业在超市卖场外或其他场所开展现场宣传活动，并在活动中推荐或销售产品的促销方法。路演促销通常要有一个鲜明的主题，如联想的"领先科技推进简约商务"、中美史克的"史克送健康，人人尽分享"、中国电信的"将梦想接入现实"，通过简洁、健康、紧靠推广内容、符合企业形象、具有意境的路演主题进行路演促销，对消费者形成视觉冲击力和联想触动力，并体现企业为消费者带来的切实利益，从而增加产品的吸引力和传播效果。企业路演一般是为了推广新产品或新技术，使消费者感受企业不断进步的形象，产生极大的口碑传播效应。

8）现场演示促销

所谓现场演示促销，指厂家或商家派促销人员在销售现场对商品的功效、性能作示范表演，让顾客亲眼看到促销商品的主要优点，并向他们提供咨询服务，从而促使顾客购买。现场演示在售点、商业展览会中运用极广，促销效果也很明显。适合现场演示促销的产品主要包括演示效果非常明显的产品和具有独特卖点的产品。

2. 促销活动管理

1）促销前的准备工作

首先，企业应根据促销目的，选择合适的促销方式。终端店促销的目的包括新产品宣传、促进产品销售、宣传产品或企业形象、打击竞品等，不同的促销目的，需要采用不同的促销方式。例如，特价促销可以让顾客瞬间产生购买欲望，进而产生购买行为；集点赠送可以使顾客不断增加购买次数。

其次，促销活动店和促销场地的选择。选择做促销的终端店最好具备产品销量大，地理位置好，有合适的促销场地，人流量大、形象好、影响力大，终端店定位的顾客群与促销产品的定位、目标消费群相一致，终端店有较强烈的合作意愿等条件。

最后，对促销活动所需要的后勤支持、理货、保安措施、促销场地费用、促销表格、促销制度等做充分准备，以保证促销活动的正常运转。

【资料链接】

理货员和导购员

理货是指在敞开式销售的零售店内，依靠商品展示与陈列、POP广告、标价、排面整理、商品补充与调整、环境卫生、购物工具准备等作业活动，与顾客间接或直接地发生联系的工作。理货员的工作职责是对商品进行验收和为顾客提供退货服务；对商品按编码进行标价和对价格标签进行管理；对商品进行分类，并按商品陈列方法和原则进行商品陈列（包括补货）；对顾客的咨询导购提供服务；对超市内卫生进行保洁及商品防损管理工作职责。

导购从字面上讲，即是引导顾客促成购买的过程。消费者进入店内，往往存有少疑，阻碍着购买行为的实现，而导购是解除消费者心理的种种疑虑，帮助消费者实现购买的重要促进力量。导购员的主要职责就是帮助消费者做出购买决定。

2）促销活动现场执行要点

首先，抓住黄金时段，制造现场气氛。在促销现场要运用相关的道具营造热烈的气氛，吸引人流。对于超市来说，节假日全天、平常下午下班后一直到晚上 8 点左右都是黄金时段，应全力抓住这些黄金时段进行促销宣传；而其他时段，若超市的人流较少，则可以安排促销员轮流休息一会儿。

其次，把促销信息传达给尽可能多的目标顾客，可以采取的措施包括展示清楚明了、醒目的标题和促销内容信息，采取有效促销活动拦截顾客以保证促销规模最大化。

最后，必须安排相应的人员进行现场检查和监督，并及时处理促销过程中出现的各种问题。

（二）陈列管理

1. 商品陈列的原则

商品陈列的目的就是要让商品在货架上充分显示自己，最大限度地引起顾客的购买欲望，因此商品的陈列技术是非常关键的。合理、规范的商品陈列，必须掌握以下原则。

1）一目了然的原则

超市所采用的是自助式的销售方式，是由商品本身来向顾客最充分地展示、促销自己。对连锁超市而言，商品陈列是最大的，也是最直接的销售手段，要做到让商品在货架上达到最佳的销售效果。因此，商品陈列要使顾客明显看到。具体来说，商品陈列位置要容易找到，商品陈列位置要符合顾客的购买习惯，对一些季节性的、节日期间、新商品的推销区和特价区的商品陈列要显著、醒目，使顾客明白商品所表达的意思。

2）容易挑选的原则

陈列的状况要使顾客容易挑选。要按适当的商品分类进行陈列，不要给顾客混乱的感觉。商品陈列的价格牌、商品 POP 牌摆放要正确，要明确显示商品的价格、规格、产地、用途等。尤其是特价陈列，就更要明确与原价的区别处。必要时可向顾客提供购物参考、购物指南、商品配置图等，使顾客进店后，马上就能找到自己需要的商品。

商品的陈列要使顾客有比较性。同类商品的花样、颜色、尺寸有所不同，陈列时要便于顾客分清挑选。同类不同品质的商品陈列也便于顾客比较选择。在某类商品脱销时，要及时向顾客推荐展示代用品。

3）便于取放的原则

商品陈列的位置要恰当方便。如果顾客拿取不方便，就会很扫兴，大大降低购买的欲望。所以货架上陈列的商品与上隔板应有一段距离，便于顾客的手能伸进去取放商品。这个距离要掌握合适，以手能伸进去为宜。太宽了影响货架使用率，太窄了顾客无法拿取商品。

商品陈列时还要考虑到顾客的身高。不要把商品放在顾客手拿不到的位置。放在高处的商品即使顾客费了很大的劲拿下来，如果不满意，将很难再放回原处，也会影响顾客的购买兴趣。货架上陈列的商品要稳定，排除倒塌的现象，给顾客以安全感。超市和便利店中经营的瓶装商品较多，如调料、酱菜、水果罐头、咖啡、奶粉、乳品等。一般一层货架只能摆放 1～2 层，如果摆放得太高，不便于顾客取放，而且稍不注意，就有碰倒商品，砸伤顾客的可能，不仅损失了商品，也破坏了顾客的购买情绪。

4）丰富丰满的原则

超市的商品放满陈列，可以给顾客一个商品丰富、品种齐全的直观印象。同时，也可以提高货架的销售功能和储存功能，还相应地减少了超市的库存量，可加速商品周转速度。有资料表明，放满陈列可平均提高 24%的销售额。

货架上商品数量要充足。超市或便利店的经营者对每种商品每天的时段销售量要有准确的统计数字，尤其要考虑平日与周六、周日的区别，注意及时增减商品数量。使商品的陈列量与商品的销售量协调一致，并根据商品的销售量确定每种商品的最低陈列量和最高陈列量，以避免货架上"开天窗"（脱销）和无计划地堆放商品，给顾客单调的感觉。

货架上商品品种要丰富。商品品种丰富是提高销售额的主要原因之一。品种单调、货架空荡的商店，顾客是不愿意进来的。超市的一个货架上每一层要陈列 3～4 个品种，便利店则要更多一些。

5）整齐清洁的原则

做好货架的清理、清扫工作。这是商品陈列的基本工作，要随时保持货架的干净、整齐。

陈列的商品要清洁、干净，没有破损、污物、灰尘。尤其对生鲜食品，内在质量及外部包装要求更加严格。不合格的商品要及时从货架上撤下。

商品的陈列要有感染力，要引起顾客的兴趣。要注意突出本地区主要顾客层的商品品种、季节性商品品种、主题性商品品种，用各种各样的陈列方式，平面的、立体的、全方位展现商品的魅力，最大限度地运用录像、模型、宣传板等，使商品与顾客对话。

2. 陈列类型及适宜商品

1）定型陈列

所陈列的商品要与货架前方的"面"保持一致。商品的"正面"要全部面向通路一侧（让顾客可以看到），避免使顾客看到货架隔板及货架后面的挡板。陈列的高度，通常使所陈列的商品与上段货架隔板保持至少 5 厘米的距离。陈列商品的间距一般为 2～3厘米。在进行陈列的时候，要核查所陈列的商品是否正确，并安放宣传板、POP。

2）变化陈列（特殊陈列）

（1）纸箱陈列：将进货（包装）用的纸箱按一定的深度、样式进行裁剪（割箱陈列），然后将商品放入其中陈列。可布置成直线形、V 形、U 形等。

适于此种陈列方法的商品包括：广为人知，深受消费者欢迎的品牌；预计可廉价大量销售的商品；中大型商品；用裸露陈列的方式，难以往高堆积的商品。

（2）投入式陈列：这种陈列方法给人一种仿佛是将商品陈列筐中一样的感觉。

适用于此种陈列方法的商品包括：中、小型，一个一个进行陈列处理很费工夫的商品，商品本身及其价格已广为人知的商品；嗜好性、简便性较高的商品；低价格、低毛利的商品。

（3）突出陈列：超过通常的陈列线，面向通道突出陈列的方法。

运用于此种陈列方法的商品包括：新产品、推销过程中的商品、廉价商品等希望特别引起顾客注意、提高其回转率的商品。冷藏商品应尽量避免选用此种陈列方法。

（4）翼型陈列：在平台的两侧陈列关联商品的方法。

适于此种陈列方法的商品包括：主要通过平台进行销售的商品和与其相关联的商品；通过特卖销售的少量剩余商品。

（5）阶梯式陈列：将箱装商品、罐装商品堆积成阶梯状（三层以上）的陈列方法。

适用于此种陈列方法的商品包括：箱装、罐装堆积起来也不会变形的商品。

此外还有层叠堆积陈列、瀑布式陈列、扩张陈列、挂式陈列、交堆积陈列、斜型陈列等很多陈列方法。

三、能力训练

（一）案例分析

雪花啤酒终端促销方案

1. 活动目的

目前雪花啤酒已经占有较高的市场占有率，区域市场占有率第一，品牌影响力大，经营较好。夏天处于啤酒销售高峰期，为了更好地利用这次机会来处理库存，提升销量，更好地提升品牌认知度，特制订本促销方案。

2. 活动对象

目前，目标区域啤酒市场主流渠道包括：①餐饮渠道；②商超渠道；③零售店长尾渠道（干杂店）；④零售店再批发流通渠道；⑤独立封闭渠道（经销商自身）。

目标市场现有啤酒渠道：超市、干杂店、火锅店、餐饮店、夜场、酒楼。

这次活动我们主要针对各大超市、大中型干杂店、百货商场、火锅店、餐饮店、夜场的消费人群。

3. 活动主题

（1）活动主题名称：这个夏天，雪花让你爽一夏！

（2）活动主题的展开方法：采用路演促销、现场演示、特价促销、外围促销、买赠促销、免费品尝、有奖促销、赠品促销。

4. 活动方式

活动时间：2012 年 7 月 10～15 日。

活动地点：郑州各大超市、大中型干杂店、百货商场、火锅店、餐饮店、夜场。

5. 促销产品

主推：雪花啤酒 500mPl*24 28 元/件；雪花啤酒 10° 600mPl*12 20 元/件。

辅推：雪花清爽啤酒 600ml*12 18 元/件；雪花冰生啤酒 600ML*12 16 元/件；雪花啤酒勇闯 500mPl*12 20 元/件。

6. 促销对象和范围

对象：各大超市、大中型干杂店、百货商场、火锅店、餐饮店、夜场的消费人群。

范围：郑州市所辖区域。

7. 促销形式

路演促销、现场演示、特价促销、外围促销、买赠促销、免费品尝、有奖促销、赠品促销。

8. 促销配合

（1）所辖活动范围内用 POP 海报、灯箱、串旗、售点广告、DM、横幅、墙体广告和柜体广告来进行宣传，更好地扩大视觉冲击力，充分进行市场预热，以便活动的顺利展开。

（2）电视广告：在当地有线电视台上播放促销信息。

（3）促销单页：在郑州所有辖区内挨家挨户发放。

（4）促销墙报：在大型社区用墙报的形式进行宣传。

9. 促销费用

50 万元人民币。

10. 促销任务

10 000 件。

责任人：张瑞丽。

完成时间：2012 年 7 月 18 日。

检核人：张丽。

物料准备：促销单页、墙报、气球、拱门、条幅等都由雪花啤酒企业提供。

促销方案下发：由雪花啤酒企业内部人员负责。

产品准备：雪花啤酒企业提供。

卖场准备：店内布置和各种陈列由雪花啤酒公司去各大卖场准备，由卖场配合。

店外布置：拱门、条幅。

活动组织：促销活动正式开始销售。由所有的工作人员全程配合。

活动评估：促销效果评价。

活动监控：本次促销活动由郑州雪花啤酒企业负责全程监控，所有工作人员不得有任何有损公司形象的行为。

资料来源：https://wenku.baidu.com/view/08332603cc175527072208d7.html[2014-07-15]

问题

1. 在本促销方案的促销形式中，哪些促销形式可以在商超渠道采用？

2. 该方案还有哪些不足？应如何完善？

（二）校内外实训

通过业余时间兼职参与一家企业的促销活动，并总结出该促销活动的管理工作流程。

四、知识拓展

导购员进场促销

大部分超市允许企业的导购人员进场促销自己的产品，通过导购人员的促销来烘托终端的气氛、提升人气，而且降低超市自身的营业员的人数，节约人员成本。

应对策略：设立终端导购，加强终端拦截。

1. 在超市设立导购促销效果好

人流量大的超市，设立导购的效果比较好，能有效拦截顾客，直接促进消费者"即时即地"的现实购买，特别是能刺激消费者的随机购买和冲动购买，拉走竞争对手的部分消费者。同时，导购员口头介绍产品特点，能更直接、更生动地与消费者沟通，引导消费者选购产品，甚至能把竞争对手的忠实顾客也争夺过来。

企业在一些生意较好的超市应该尽可能使导购员进场做现场促销，加强在终端对顾客的拦截力度。导购员的费用支出，可以迅速换来销售额的增长。只要企业设立导购增加的销售额所产生的利润能支付导购员的费用支出，企业就应该设立导购员。

由于中小企业产品的品牌力不如大企业，中小企业的产品进入超市后，对导购的需要比大企业更迫切，就更要在人员推广上下工夫。

对于奶粉、化妆品和洗发水等快速消费品行业来说，企业在超市设立导购员动作迟缓的话，就基本丧失了超市这一市场制高点。

2. 在人流量大的重点超市设立多名导购

有些企业的产品较多，或者在货架陈列的同时做了堆头，就可在这些重点超市设立四名导购，两人一班，一个在货架附近导购，另一个在堆头附近导购，不放过任何向消费者推荐产品的机会。

3. 在对导购有限制的超市要争取设立导购

一些大型超市为了营造轻松的购物气氛，会限制甚至取消在卖场内设立导购，企业要利用相关的资源争取设立导购员，或者通过场外促销等形式开展推广活动。

此外，企业业务人员也要与营业员进行良好、有效的沟通，使其成为自己的朋友，使营业员优先推荐本企业的产品。

资料来源：陈军，王荣耀. 终端营销实战手册. 广州：广东经济出版社，2005

任务四　激　　励

一、任务描述

在零售终端，零售商的推荐确实对该产品的销售起着举足轻重的作用。因此，企业常常把零售商视为自己的"第一顾客"。正因为如此，为了赢得零售商的支持，使自己的产品得到更多的推荐机会，从而扩大产品销量，很多企业都争相做好对零售商的激励和公关工作，但不少起了反作用。如果零售商没有积极性，很容易毁掉一个产品。消费者选购时，往往更愿意听取零售商的意见，零售商的主动推荐对顾客的购买决策有极大的影响。特别是要求专业知识、消费者不懂如何选购的产品，如电脑、药品等，零售商的意见尤为重要，对消费者的购买决策可以产生决定性的影响。

如何获得零售商的支持？如何有效激励零售商的销售热情？这是铅笔公司李先生需要解决的问题。

二、知识学习

（一）零售商激励

1. 销量奖

销量奖的目的是驱使零售商多向顾客推荐本产品。

（1）目标奖：零售商完成企业设定的销售目标后得到的物质奖励。

（2）成长奖：零售商的销售业绩与上一年同期相比增长一定幅度后给予的奖金。

销量奖励措施普通的做法是：选择那些规模较大的零售商，规定其必须由企业指定的渠道进货（以便确定销量），确定一个双方都能接受的销量标准，约定每超标完成一件（或一盒）货就奖励多少。

2. 进货附赠

进货附赠，也叫赠货折让，是指零售商在特定期间内，购进若干数量商品，即可获得赠品，以提高零售商的进货积极性。它是企业常用的促销方法。企业对零售商实行折价时，不给予价格折扣优惠，也不发给补贴费，而是赠送产品。

进货附赠分为两种：一种是附赠不同类的产品。例如，购进两箱奶粉，即随货赠送果汁机一台。又如，某啤酒开展针对零售商的促销，零售商每进一箱啤酒，均可获得洗衣粉一袋。

另一种是附赠相同的产品或同一企业生产的其他产品。例如，一次购进 20 箱，随货多赠送 2 箱，即一共进 22 箱货，而只需付 20 箱的货款。

3. 协作折扣

协作折扣指企业根据零售商对销售本企业产品所给予的合作程度不同，而实行的不同的价格优待，其目的是鼓励零售商配合企业的销售政策。这种价格优待一般是根据零售商的以下表现来确定的。

第一，对本企业产品的陈列状况，包括陈列数量、陈列场所、陈列位置和货架大小等。

第二，如果零售商能按照企业所定的价格销售，则给予价格折扣。

第三，企业开展一些促销活动，如在零售店派送试用样品，或派员在零售店对产品进行现场示范表演，零售商给予配合和支持，企业视其协作程度给予价格折扣。

4. 合作奖

根据零售商对企业的支持与配合程度而给予的一种奖励。根据零售商是否遵守企业的政策，以及广告促销配合、信息反馈、参加各种销售培训和联谊活动等情况来评定合作奖励，加强和零售商的合作关系。

5. 商品陈列奖励

商品陈列是企业市场推广中重要的一环，不仅可提高产品形象，更可增加销售机会。所以企业对零售商激励的要点之一，就是要加强产品的展示效果。

商品陈列奖励常以产品在零售店所占的陈列位置和大小，企业给予一定的折扣、产品补贴和现金奖励。

6. 展示补贴

除了常规的商品陈列外，企业还要开展一些特殊的展示，如设立堆头、专柜，这些展示通常要付给零售商补贴或奖励。

至于展示的做法，最常采取的方式是把商品大批陈列在走道两端，或在货架外另开特区展示，以提高销量。

此外，零售商还必须实施下列的配合行动，如搭配一些陈列物、对商品进行减价、刊登报纸广告，或在货架上标示折价告示牌、海报等。

此种零售商奖励方式很多，有些已经被普遍采用，并进而争取或稳固促销据点，阻止竞品开展促销活动。

7. 提供售点广告支持

企业买断售点广告位置，向零售商提供灯箱、图片、产品宣传册和海报等宣传资料，或提供电视、音响和投影仪等设备用于促销活动。

企业进行广告宣传，提高产品知名度，帮助零售商销售产品。在广告宣传上给予支持是企业对零售商常见的支持方法。

广告宣传品包括产品说明书、使用指南、海报、店堂招牌、彩旗、灯箱广告和广告礼品等。这方面做得尤为出色的是舒蕾，它在每个零售店里都设置了上述宣传品，顾客一进门，立即就能看到舒蕾的广告，不论是视觉上还是气氛上都强烈诱惑顾客去买其产品。

企业在做媒体广告时，经常附上经销其产品的大型零售商名称。其目的是向消费大众告之可购买该产品的地方。这种方式提供给零售商一个吸引顾客的方法，在新产品的上市阶段，或是开发新的大型零售商时，此种"列名广告"有比较大的效果。

8. 销售竞赛

销售竞赛是企业鼓励零售商在一定条件下开展竞赛，对成绩优异的零售商给予奖励的促销方法。

1）销量竞赛

销量竞赛多是为调动零售商和营业员推广产品的积极性，多在零售商、连锁店之间开展。

在某一城市或地区的铺货已经到位，但销量尚不如意时，为提高产品在零售店的销量，鼓励零售商及营业员积极参与促销活动，提高对促销产品的关注及产品知识的认识，提高店员的推荐率，常采取这一方法。

在竞赛活动中，看哪家零售商店员推荐成功率高，销量大，从而评出一、二、三等奖等，因此，为了提高竞赛的效果，企业可以把销售业绩与上年比、与竞赛比或者是以目标达成率等作为竞赛标准。

销量竞赛的效果在很大程度上取决于奖励名额的多少，对零售商促销活动而言，销售竞赛是一种直接而有效的方法。

2）陈列竞赛

陈列竞赛分为两种：一是质的竞赛，即产品陈列的创意、陈列艺术等方面的竞赛，着眼于陈列技术的提高；二是量的竞赛，即如何使产品陈列到货架等方面的竞赛，着眼于如何确保扩大产品陈列位置和陈列面积。

一般来说，如果同一商品的陈列数量越多，而且陈列在容易被顾客看到的场所，其销量就容易增长，因此，开展商品陈列竞赛，对提高产品销售量很有效果。

【资料链接】

生动化陈列的位置规律

生动化陈列是指通过最佳的陈列地点、陈列位置、陈列形式及活泼醒目、有创意、有冲击力的助销品，吸引消费者的眼球，激发他们的购买欲望，让产品通过陈列的形式就可以提升销售额。当前，国内的多数快速消费品企业已经将产品生动化陈列作为销售工作的"重头戏"来抓，但是仍然有一些企业至今还没有一个产品生动化陈列的实施标准。从生动化陈列的位置来看，货架陈列中的黄金位置是以消费者视线为中心来确定的。在中国市场，黄金位置是以中国家庭主妇的平均身高 155 厘米为基准，离货架 70～80 厘米的距离，最佳范围是以视线下 20°的地方为中心，向上 10°和向下 20°之间的区间。最适合顾客拿取的高度是 75～125 厘米，比较适合顾客拿取的高度可以扩大到 60～150 厘米；陈列的高度极限为上方在 150～170 厘米，下方在 30～60 厘米。

3）销售技术竞赛

销量竞赛和陈列竞赛都以零售商为对象，销售技术竞赛则以零售商店员为对象。销售技术竞赛既可以提高零售商店员的销售能力，同时又可以沟通企业与零售商店员的感情。

4）创意竞赛

在零售商中开展对新产品的命名、功能、使用方法和促销方法等方面的竞赛，此类创意竞赛，与其说是较量创意，还不如说是促使零售商店员自己思考如何促进销售。

（二）店员激励

1. 店员推荐的重要性

金奖、银奖不如店员的夸奖，店员的推荐对产品的终端销售起着举足轻重的作用。

（1）如今货架上的商品真可谓琳琅满目，新产品又层出不穷，消费者面对众多的商品常常感到无所适从。调查结果表明：当店员向消费者推荐某种产品时，约有 74%的消费者会接受店员的意见；除了电视广告，店员对消费者购买产品的影响大于其他各种广告媒体。不难看出，在产品销售中，店员确实能起到很大的作用。

（2）有些产品的技术含量高，普通消费者很难凭自己的经验和知识对商品的好坏、质量的优劣做出判断；绝大多数消费者对产品及相关知识不懂或知之甚少，希望得到店员的指导和推荐。

（3）店员直接面对消费者，他们的意见对顾客带有较强的引导性，也就是说，产品的推销权掌握在店员手中。店员是联系企业与消费者的纽带，企业的信息需要店员传递给消费者。

因此，在购买现场，当顾客面对众多的商品犹豫不决时，顾客往往将店员当成专家和顾问，店员的一两句评价、一句简单的提示和介绍，就可能对顾客的购买行为起决定性的影响。

就拿消费者购买药品为例，有关数据表明，50%的消费者对自己所需的药品不了解；30%的消费者虽然了解所需的药品，但对品牌缺乏了解；另外 20%的消费者品牌忠诚度也不是很高。整体来说，近一半的消费者在购药时，会因店员的介绍而改变主意。

所以，越来越多的企业把店员当成自己的"第一推销员"，都想方设法来提升店员的促销力，争取把自己的产品作为店员的第一推销目标，让自己的产品争取到更多的推销机会。为此，企业要经常性地对店员是否积极推荐产品进行审视。

2. 取悦和激励店员

有一份数据显示，产品陈列在最佳位置上能促进销量增长 20%；产品占据最大陈列面能促进销量增长 30%；有最佳的宣传品配合能促进销量增长 20%；而店员的直接推荐能促进销售增长 60%。由此可见，与店员关系的良好协调是所有销售工作的基础，对促进销售具有立竿见影的效果，必须争取他们对产品的完全认可和各种工作的有力支持。

1）与店员进行良好的沟通

要与店员进行良好的沟通，使其成为企业的朋友，对企业产生好感，从而使其更努力地推销产品，以便最大限度地提高企业在终端的认知率和美誉度。

要采取恰当措施对店员推销，如通过送小礼品、销售竞赛、销售返利率等充分调动店员的热情，增送《导购手册》，提高店员的销售技巧等。逢年过节，可不定期地给店员赠送一些小礼品，礼品要实用、有新意，不要总是送同一种礼品。遇到店员生日时，以个人名义送上一份贺卡和问候，最好将礼物送给本人，切记不要漏送。

2）对店员的促销激励

零售店店员，除了从顾主处得到应得的正常薪金之外，还可以获取企业的销售奖励。销售奖励是企业为了提升店员的士气，鼓励零售商店员努力销售而设计的，由企业负担奖励支出。

啤酒行业对酒店服务员进行了激励，比较常见的做法就是给服务员回扣奖励（一般称为开瓶费），每销售一瓶给予一定的金额的回扣，以提高其推销产品的积极性。

3. 培训店员

店员产品知识的培训是一项长期系统的工作，非一朝一夕可以看出效果，而且不能孤立地看待店员培训，它应该是一个连续的营销行为，一环紧扣一环并紧密地嵌在营销计划之中，必须和其他营销活动紧密结合。

组织店员培训，让其记住你产品的特点、优点和利益点，并学会把产品介绍给顾客。

三、能力训练

（一）案例分析

另解"重赏之下，必有勇夫"

眼瞅着大半年过去了，可销售计划只完成了 1/3，怎么办？作为某食品公司营销经理的张××，一直为销售不畅苦恼着。于是他请示老总，决定搞一次大规模的促销活动，以激励零售商大量进货，方法就是每进一件产品，奖励现金 50 元。这招还真灵！零售商们见有利可图，进货积极性高涨，只一周时间，上半年落下的任务就超额完成了。

张经理看着销售表，长长地舒了口气，"真是有钱能使鬼推磨，重赏之下，必有勇夫啊！"然而，让张经理万没想到的是，没出一个月，市场就发生了意外：公司在市场上一直平稳的食品价格莫名其妙地一个劲地往下滑。各零售点，无论大商场还是小食杂店都竞相降价甩货，不但造成零售价格一片混乱，也直接影响了公司的市场形象。老总火了，公司急忙派出人员出面调查制止。零售商们当面说得好听，可一转身，仍然低价出售。搞得公司焦头烂额，无可奈何。原来，在高额促销费的驱动下，零售商们进货量猛增，表面上看，公司的库存降下来了，而商圈内消费者的消费量是相对有限和固定的，货虽然到了零售商手里，可并没有顺利地卖到消费者手中。由于零售商都进了大量的货，而一时又销不出去，为尽快处理库存积压，回笼被占用的资金，他们便争相降价甩卖。结果市场上卖什么价的都有，而且是越卖价越低。低价甩卖，零售商不赔钱吗？他们当然不会做赔本的买卖，因为还有高额促销费垫底呢，只不过是少赚一点儿罢了。而食品公司的损失却要大得多了。公司形象受影响不说，而产品价格一旦降下来，再想拉上去几乎是不可能的。因为消费者一旦接受了更低的零售价格，若再涨上去，他们肯定是不买账的，正所谓：降价容易涨价难啊！于是，该种产品的售价越卖越低，零售商的利润越来越薄，最后，干脆不卖这种产品了。没人再进货，这产品也就寿终正寝了！而这时只有食品公司叫苦不迭。张经理也因此引咎辞职，痛苦地离开了这家公司。

资料来源：https://wenku.baidu.com/view/3ae4fec358f5f61fb7366617.html[2012-12-04]

问题

1. 造成上述案例所述现象的根本原因是什么？
2. 厂商若计划利用经济利益刺激零售商销售产品时应注意哪些问题？

（二）校内外实训

选择一家企业，研究该企业对零售商的激励方式并做出评述。

四、知识拓展

关于零售商激励的几点思考

1. 不要滥用物质刺激来激励零售商

第一，物质刺激的边际效应是递减的。给予零售商物质刺激激励，可以在一定程度上提高零售商某方面的积极性，但不能超过一定的度，要考虑到物质激励的边际效应是递减的。否则不仅企业所付出的成本与所得到的收益相比可能会得不偿失，而且会造成负面影响，最终打击产品的终端销售力。

第二，滥用物质刺激会产生惯性。从零售商的心理来说，过度的物质刺激是有惯性的，实施容易，而取消就很难。例如，你持续在一段时间内，每次都有额外的赠品或促销品给零售商，零售商就会形成心理定势，也就会认为这是你理所当然应该给的。一旦你要取消额外的物质刺激，零售商就不习惯了，反而认为这是不正常的，很多零售商的胃口被厂家喂得越来越大。

2. 以"进货奖励"来压销量是非常危险的

采用"进货奖励"的方式，以赠品、促销品等为诱饵，刺激零售商进货，确实可以在一定程度上提高零售商的进货积极性，同时零售商为了把多进的货销出去，就会积极推荐你的产品。另外，有的零售商还会把一部分赠品、促销品赠送给消费者，以此来拉拢消费者，从而与其他零售商竞争。

但是，如果完全以"进货奖励"来压销量，则是非常危险的！对于一个零售商来说，其商圈是相对固定的，因此他的终端消费量也是相对有限的，如果终端消化不了零售商进的货，就会形成大量库存，零售商只能把价格降下来来刺激消费者购买。所以说，向零售商压销量，会造成事实上的降价销售。

零售商把零售价格降下来，当然会导致其利润减少，但因有企业的赠品、促销品作为补偿，就眼前而言，零售商的利润并没有减少，甚至还可能有所增加。最头疼的是：价格降下来后，要想再拉上去是不可能的。因为一旦消费者接受了更低的产品价格后，零售价格若再上去，消费者肯定是不买账的。这就是所谓的"降价容易涨价难"。

最终的结果是形成恶性循环，零售价格越卖越低，中间的差价越来越小，零售商的利润也越来越薄，零售商也就越来越依赖企业的赠品等物质奖励。所以零售商的胃口越来越大，而企业给零售商的物质奖励也就只能不断增加了。

一旦企业停止对零售商的物质刺激，零售商就会无钱可赚，这样一来，零售商要么拒绝销售这个产品，要么采取消极态度，导致企业在终端的销售严重受阻。企业原本想通过"进货奖励"来压销量，最终结果却导致零售商不愿意销售你的产品，断掉了产生销量的源头。

类似强心针似的"进货奖励"虽然能创造即时销量，因为刺激了零售商的进货意愿，加大了其进货量，从表面上看起来，企业的销量短期内的确增长很快。而实际上呢？产品最终并不是被消费者消化，并没有产生实际的终端销售。这只是对明日市场资源的提前支取，是寅食卯粮的销量透支行为。也就是说，"进货奖励"并不能完全决定你的产品在终端卖得好不好。

3. 稳定的利润来源是对零售商最好的激励

只有市场健康发展，才有持续的销量，只有持续的销量，零售商才有稳定的利润来源，稳定的利润来源才是对零售商最好的激励。

零售商稳定的利润来源于产品长期的稳定销量。如果因为压销量等短期行为，导致价格过早"卖穿"，从而丧失了产品长期销量，实际上零售商也就丧失了稳定、长期的收入来源。零售商销售"短命"产品所赚取的利润是有限的，真正长期稳定的利润来源是销售"长销"产品。"长销"产品是对零售商最好的激励。

零售商的利润是从哪里来呢？有人认为是企业给的，是企业让利给零售商的，这只说对了一半，因为无论是企业利润也好，还是零售商的利润也好，都是来源于终端市场，来源于产品持续稳定的销售。没有持续的销量，就没有长期的利润。尽管你给零售商的利润空间很大，但如果你的产品不能源源不断地销售出去，零售商的利润又从何而来呢？

要取得持续销量和长期利润，这就要求企业必须提供一个"终端支持系统"，扎扎实实启动终端市场，终端市场启动了，零售商的利润也就源源不断地"生产"出来了。

任何企业的营销资源都是有限的，那么企业有限的营销资源是如何进行投资的呢？一般来说，有两种做法。

一种做法是，给零售商很大的利润空间，但企业的营销资源必然所剩无几，也就没有剩余资源来启动终端市场了。

无论采用什么方式，企业把利润过多地让给了通路环节，都会影响对终端"拉力"的投资。把过多的资源投资在"购买"零售商的"推力"上，那么企业就无力在启动消费者的"拉力"上进行投资了，就没有多少钱来启动终端市场了。如此会造成什么后果呢？一方面，光靠零售商"推"，销量是有限的，尽管你给零售商的单位利润很高，但因终端消费者未启动，结果就是钱花多了，零售商的利润总量并不高；另一方面，一旦零售商"推"的积极性减少了，企业产品的销量就会灾难性地直线下滑。

另一种做法是，只给零售商合理的利润空间，而将营销资源重点投资在给零售商的"终端支持系统"上。

这种做法的工作重点就是启动终端市场，最后的结果就是终端市场启动了，零售商的销量和利润也就是源源不断地"生产"出来了，这样一来，也就从根本上保证了零售商的利润，也就使企业有限的营销资源取得最佳的效益。

资料来源：陈军，王荣耀. 终端营销实战手册. 广州：广东经济出版社，2005

任务五　冲　突　管　理

一、任务描述

近年来，随着国内零售商的发展日趋组织化、规模化及社会生产呈现结构性供过于求的局面，零售商和供应商的力量对比正发生变化，零售商在分销渠道方面已占据主导地位。理论上，零售商和供应商本是分销渠道上创造价值的有机环节，它们应是相互依存、相互合作的关系。然而在现实中，零售商和供应商之间矛盾却日益激化，并孕育着双方关系的危机。零供关系的不健康发展，已经严重制约了"和谐商业"的建设。铅笔公司李先生在与零售终端合作过程中，必然会与终端店发生各种各样的冲突，面对各种冲突，李先生应如何解决呢？

二、知识学习

（一）冲突类型

1. 目标冲突

目标冲突主要指零售商和供应商由于组织目标不一致而产生的矛盾。零售商与供应商是经济上互相独立的个体,他们各自有着组织目标,而这些目标并不一定是相吻合的,有些目标甚至可能是相互对立的。零售商与供应商目标冲突主要表现在以下几个方面。

1)产品策略

零售商在选择供应商时,首先要考虑的问题是供应商的产品能否被市场接受或者是否符合零售商的市场定位,那些不能被市场接受的产品或者背离零售商市场定位的产品,零售商就会拒绝接受或者淘汰 。对于供应商而言,他们即使付出努力打入零售市场,也不意味着一劳永逸,因为许多零售商都设置了"末位淘汰制度",所有的供应商都会面临被零售商淘汰的压力。另外,供应商为了拓展市场,会不断推陈出新,新产品很难快速被市场接受,这时零售商的"末位淘汰制度"就会制约供应商的新品推广。零售商与供应商就定价策略、促销策略、产品策略方面产生的冲突,反映了二者经营目标的对立。零售商注重的不是某一特定产品的市场份额,他们所关心的是同一品类中所有品牌整体的利润率,而供应商更关心自己的品牌能否获得成功。因此,零售商会根据自己的战略目标不断调整品牌结构,有重点地突出或推广某些品牌,并不断淘汰一些品牌;供应商则希望零售商在众多同类商品中更多关注自己的品牌,并着力帮助推广。由于双方目标不一致,双方就会在合作中产生分歧。

2)定价策略

零售商与供应商就产品价格制定问题会产生很多的冲突。目前,许多零售商面对激烈的市场竞争都大打价格战,无论百货商场、超市还是各种专业市场,都深陷其中、不能自拔。对供应商而言,尤其是对那些比较具有规模和品牌知名度的供应商而言,他们都希望建立统一有序的价格体系,但是一些零售商或者出于对消费者利益的考虑或者是希望能在同行中更具竞争力,会擅自降低供应商的产品价格,这样不仅毁坏了供应商的价格体系,而且影响供应商利润的实现。

3)促销策略

每个供应商都希望能得到零售商更多的促销帮助。在超市、百货店、便利店、购物中心等各种零售店铺里,供应商们都希望自己能获得最好的商品陈列位置和广告支持。面对众多的供应商,零售商的商品陈列位置成了稀缺的商业资源,零售商提供的报端广告、邮报及海报等也不可能满足所有供应商的需求。因此,零售商对供应商的促销扶持只能由点带面,但对于供应商来说,零售商的"厚此薄彼"或多或少会造成双方的冲突。

2. 利益冲突

利益冲突指零售商和供应商由于利益分配上的不协调产生的矛盾。零售商与供应商利益分配方面的冲突最引人注目,这主要是双方因为该问题发生的冲突较多也较强烈。零售商与供应商利益分配冲突主要表现在通路费用和货款结算两个方面。

1)通路费用

通路费用也称为"进场费",是指零售商在商品定价外,向供货商直接收取或从应付货款中扣除,或以其他方式要求供应商额外负担的各种费用。通路费用起源于西方国家，美国早在 20 世纪 80 年代就受到"通路费用"的困扰，至今零售商收取通路费用的行为依然存在。国内关于通路费用引起的冲突存在于很多零售业态，尤其是在连锁超市中表现更为突出。从媒体披露的某超市对供货商收取的费用来看，除了进场费、新品上架费、新店开业费、媒体广告费、落地陈列广告费、快讯赞助费、各类节庆费、无条件返利、新店开业折扣、损耗补偿等费用外，还有五花八门、巧立名目的持续性收费。一些学者认为零售商收取通路费用有其合理性，是零售商与供应商针对流通资源的使用而进行交易的一种市场行为。但从媒体及多数学者的论述来看，零售商收取的通路费用已超出正常范围，侵害了供应商的利益。上海炒货业与家乐福的纷争就是零售商和供应商关于通路费用产生激烈冲突的典型案例。

2）货款结算

零售商与供应商关于货款结算问题引起的冲突普遍存在于各种零售业态。在货款结算问题上，零售商拖延支付的行为较多，少付甚至赖账的行为也时有发生，业界也常会出现供应商因此与零售商对簿公堂的事情。近两年来，由于货款问题引发的零售商与供应商恶性冲突常见报端，如普尔斯马特连锁超市拖欠供应商货款 20 多亿元，上百家供应商在其旗舰店讨要货款；号称广州第一超市的广州市家谊超市股份有限公司负债 2 亿元关闭，上千家供货商集体上门讨债；山西太原田森超市紧急停业，太原、大同等地的 120 多户供应商采取软禁超市董事长、总经理这样的非理性手段来讨要货款。货款结算问题引发的冲突往往会表现强烈，双方的斗争可能会超出轻度的意见分歧或误解、公开的质问或怀疑，而发展为言语攻击、威胁甚至身体攻击。由利益分配问题产生的冲突是目前最被社会关注的冲突，这方面的冲突不仅影响到零售商与供应商自身，对整个流通领域的秩序也产生了恶劣的影响。所以，理论界对此问题的探讨特别多。

3. 人际冲突

所谓人际冲突泛指人与人之间的冲突。从人际传播学的角度，弗罗斯特与威尔莫特给人际冲突下的定义是"相互依赖的两方或两方以上的公开争斗，他们发现彼此的目标不一，他们之间的关系回报不大，或者在实现目标时会受到对方的干扰"。零售商与供应商之间的人际冲突指双方的工作人员在交往过程中，他们自身原因导致两个组织间发生的冲突，这种冲突主要表现在采购和日常经营活动两个方面。零售商的部分采购人员为了个人私利，凭借职权从供应商处获取好处，供应商敢怒却不敢言；在日常经营中，由于双方工作人员素质参差不齐（可能是工作态度、工作能力或者个人的价值观等多种原因），双方的工作人员在工作交往中时有摩擦，也经常会引起组织之间的冲突。

4. 基础功能冲突

基础功能冲突主要指零售商与供应商硬件系统落后及制度规范不健全而引起的冲突。关于终端断货问题，可能是零售商没有及时叫货，也可能是供应商无法按时交货，从而导致双方产生冲突；关于产品质量问题，一些零售商常会接到顾客关于产品质量方面的投诉，零售商反向制裁供应商，也会引发双方的冲突；关于信息传递问题，零售商不能及时或无法提供顾客或竞争对手信息服务，引发供应商的质疑。基础功能冲突表现在很多问题上，这些冲突伴随双方正常的合作过程①。

（二）价格冲突的防范与化解策略

现在大卖场在大中城市越开越多，其所占的终端市场份额越来越大，对其他零售终端的冲击也越来越明显。

低价是大卖场常用的促销手法，大卖场往往用它来吸引顾客，制造人流，大卖场的产品零售价往往就是整个市场的最低零售价，甚至大卖场的部分产品的特价比小店的正常进货价还低。每当一家大卖场开业，其周围的中小超市的生意就会因零售价相对较高而受到严重影响，甚至纷纷关门歇业。

大卖场的低价销售不仅对其他零售商的价格产生冲击，严重破坏了产品终端零售价格的稳定，而且会压低通路的批发利润，搅乱产品的整个价格体系。

【案例4-1】

奥克斯空调重庆特价大战

2002年3月15日，奥克斯集团重庆公司正在为两天后与重庆国美的联合促销活动做最后的准备，一款原价为2080元的1匹分体挂机，大幅降价，1488元供货，1588元出售，同时打破以往促销一定要限量的惯例，向国美敞开供应。然而，国美突然擅自打出特价促销的广告，奥克斯那款特价机仅卖1488元。特价当天，重庆所有零售商抗议和指责奥克斯：凭什么让国美一家卖这么低的价格？零售商要求同样按1488元销售，而且要保证每台享受100元的利润，而这个价格已经在成本价以下。奥克斯感到很棘手，这些遍布重庆街头巷尾的销售网络占据着重庆80%的空调销量，奥克斯掂量出其中的分量，当天就去和国美交涉，但国美坚持继续进行促销活动。之后双方又进行了多次交涉，奥克斯以停止供货相威胁，但国美一意孤行，3月16日开始的周末促销活动还是照常开展。两天时间内奥克斯空调卖出了229台，而奥克斯在重庆其他200多家零售商，几乎连一台也没卖掉。3月18日，国美的周末促销活动结束，奥克斯空调也恢复到了以前的价位。谁知不久后，另一重庆家电巨头也在报纸上打出了同样款式的奥克斯空调1388元的降价广告，国美迅速跟进。两商家的价格战打得不亦乐乎，这令奥克斯苦不堪言，零售价比供货价还低，更让他们揪心的是销量占80%的销售网络也几乎停止了运转。面对零售商的指责和亏损的巨大压力，奥克斯威胁国美：停止乱价行为，否则马上停止供货，而国美置之不理。最终奥克斯迫于国美在全国市场的市场份额，并没有停止供货，奥克斯在两商家进行完这轮促销之后，让那款价格已经"卖穿"的空调就此退出了重庆

① 马进军. 我国零售商与供应商冲突的现状、成因及对策.国际商务研究, 2009, (2): 69-77

市场，原来寄予厚望的促销活动也以彻底失败告终。

资料来源：供应商如何应对大卖场的恶意特价. https://wenku.baidu.com/view/d1458c abd1f34693daef3ea9.html[2010-12-12]

1. 避免大卖场低价对终端价格的影响

1）供货价不要差距太大

企业要避免大卖场的低价销售对终端零售价格的影响，首先给大卖场的供货价不要和给其他零售商的供货价差距太大。

大卖场大都要求供货商必须保证提供进场产品的最低供货价，一旦发现高于其他卖场，其产品就要无条件退场。因此，大卖场获得的供货价往往是最低的，而且大卖场还会要求高额返利和收取进场费用。这使大卖场的实际进货价更低，自然就有更大的降价空间，从而容易对其他零售商产生价格冲击。

如果供货商不控制大卖场的低价销售，很可能原来稳定的价格体系就会被大卖场搅乱。

对于大卖场最低供货价的要求，有时供货商也是迫不得已才给予满足的，否则产品就不能进场。供货商满足大卖场最低供货价的要求，通常有以下两种方法。

第一种方法，直接调低产品的供货价来满足大卖场对最低供货价的要求。

第二种方法，通过交纳各种费用来变相满足大卖场对最低供货价的要求，如在价格维护奖、返利、扣点和各种费用上给予大卖场额外的利益。

那么，对于供货商来说，哪一种方法更好呢？为了使供货商对供货价有更多的调控权，供货价不致悬殊太大，当然后一种方法更好。

2）最好统一终端零售价

供货商要减少大卖场的低价销售对终端零售价格的影响，还可以采用统一终端零售价的方法。

第一，供货价的统一并不一定能使零售价统一。为了使产品在各个超市和卖场的零售价尽量统一，供货商通常的做法是保持给零售商的供货价统一，但问题是供货价统一并不一定能使零售价统一。

因为终端零售商有很多类型，如大卖场、中型超市、小型超市，不同类型的零售商对单品利润率的要求是不一样的，就是同一类的零售商各自对单品利润率的要求也是不一样的。如果对不同类型的零售商统一供货价，会因不同类型零售商的加价率不同，导致终端零售价不统一。

例如，对零售商统一的供货价是 100 元/件，有的零售商在供货价上加价 15%，则终端零售价就为 115 元/件，有的零售商在供货价上加价 20%，则终端零售价就为 120 元/件，这样一来就会导致终端零售价不统一。

终端零售价不统一就容易导致零售商之间相互比拼价格，从而使零售价不断下滑。为了保持一定的利润率，零售商就会不断要求更低的供货价，供货价也就会越来越低。

终端零售价不统一也不利于供货商产品进入大卖场时的谈判，因为大卖场是根据对终端零售价的调查来判断供货商的最低供货价的，终端零售价越是不统一，大卖场认为供货价的水分就越大，供货商与大卖场的谈判也就越艰难。

第二，统一终端零售价的方法。供货商可以采用"倒过来定位法"来统一终端零售价，即先统一规定好产品的终端零售价格。然后根据各零售商合理的扣点、利润率要求，再来确定对不同类型零售商的供货价，这样就能大体上保证终端零售价的统一。

零售价格只能是尽量统一，越统一越好，但大卖场的零售价肯定和士多店的零售价不可能一样，有一点差价是正常的，主要是不能太大。

3）不同渠道提供不同的产品

要更彻底地解决大卖场对其他零售商的低价冲击，可以采取不同渠道提供不同产品的方法。之所以大卖场的低价会对其他零售商的价格产生冲击，是因为供货商在不同渠道所销售的产品是完全一样的，顾客很容易对产品价格做出比较。如果供货商在不同渠道所销售的产品有差别，就能减少甚至避免大卖场对其他零售商的低价冲击。

使不同渠道销售的产品有差别，主要有两种措施。

第一种措施，品种不同。对于系列产品来说，供货商可以把大卖场销售的品种和给其他零售终端的品种错开，在大卖场销售的品种在其他零售终端没有销售，同样在其他零售终端销售的品种在大卖场也没有销售，这样就增加了顾客对产品价格做比较的难度，可以有效减轻大卖场的低价对其他零售商的低价影响。

第二种措施，型号不同。如果供货商产品的品种不是很丰富，就可把大卖场和其他零售终端所销售的型号错开，单独拿出几款型号专供大卖场销售，而其他零售商则不销售这几款型号。虽然是同一品种但型号不同，如此也可以减轻大卖场低价对其他零售商价格的影响。

2. 避免大卖场特价对终端价格冲击的方法

1）科学操作特价

促销有两种情况：一种是企业自愿开展特价促销；另一种是大卖场主动进行特价促销。

企业自愿开展特价的原因如下。

第一，特价对提升短期销量有特效。通常采用特价促销后，销售业绩马上就可以体现出来，企业常常乐此不疲。

第二，企业被迫跟进竞争对手的特价促销，进行对抗性特价，或用特价来攻击竞争对手。

第三，特价促销可以给大卖场带来人气，提升销量，是企业对大卖场销售工作的支持，有利于与大卖场建立良好的客情关系。

第四，特价促销的产品，一般可以得到大卖场赠送的免费堆头位置，免费 DM 和优先结算等"回报"。

另外，因为特价促销已经成为大卖场吸引人气的法宝，大卖场总是借各种节目和机会大搞特价，尤其喜欢拿一些畅销品来做特价，以此向顾客表明本店的价格是最低的。

大卖场对企业通常采用"胡萝卜加大棒"的方法，要求企业做特价，大卖场自己让利一部分，同时要求企业也让利一部分，如此把零售价降下来，甚至规定企业必须隔一定时间做一次特价，否则就以撤柜相威胁。

企业要根据产品在不同渠道的销售比例，考虑是否适合采用特价促销这种促销方式。

一种情况是不同渠道销售的产品相同。如果企业在不同渠道所销售的产品是相同的，是否适合特价促销方式就要考虑大卖场是不是主渠道。

第一，对于有些产品来说，大卖场是其销售的主渠道，在整个销售渠道中所占的比重很大，而在其他零售终端的比重较小，因此大卖场的特价对其他渠道的冲击不大，可以经常开展特价促销。

第二，有的产品，大卖场不是其销售的主渠道，其他渠道的销量在整个渠道所占的比重较大，而大卖场的销售所占的比重相当小，在这种情况下，大卖场的特价促销就会对其他渠道产生很大的冲击。

像这种情况，企业要尽量避免采用特价促销的方式，而应采取其他非价格促销的方式。另一种情况是不同渠道销售的产品不同，在大卖场销售的品种或型号在其他零售商店没有销售。这种情况，大卖场的特价促销对其他渠道就不会构成直接影响，可以经常开展特价促销。

2）应对大卖场恶性特价的措施

所谓恶性特价就是大卖场事先没有跟企业联系，没有征得企业的同意，就大幅度把价格降下来做特价，有时零售标价甚至比出厂价还低。

要减少甚至避免大卖场发生恶性特价，企业首先要做好客情关系，以预防为主。良好的客情关系可以减少大卖场的恶性特价行为，企业平时应加强与大卖场的沟通与交流。

企业规模较大时，可以设立重点客户部，加强对大卖场的管理；如企业的条件不允许，则企业高层经理要亲自负责对大卖场的管理，经常拜访，与大卖场保持良好的客情关系。

企业要随时掌握大卖场的价格动向，在出现不良的苗头之前迅速解决。企业一旦发现大卖场有恶性特价行为，要立即与大卖场协商，由销售经理甚至是总公司领导出面，迅速查清大卖场恶性特价的原因，如果是企业过错引起的恶性特价，要马上做出相应的调整，并要求大卖场尽快恢复到正常的零售价。

在与进行恶性特价的大卖场协商的同时，企业要主动对其他超市进行解释与说服工作，消除其疑虑，采取安抚策略，防止其他超市跟进降价，产生连锁反应。

如果企业与大卖场反复协商，大卖场仍不愿意立即停止特价销售，企业就要马上对其停止供货，并切断该卖场其他途径的货源，使其无货可卖，强行终止大卖场的恶性特价行为，直到企业和大卖场达成妥协才恢复供货。

如果是强势品牌，可以用停止供货、停止业务往来迫使大卖场放弃开展恶性特价。

例如，上海某大型连锁超市决定对某知名饮料进行"超低价销售"，也就是低于出厂价的特价，该饮料企业通过关系在连锁超市特价促销前一周得到了消息，马上和连锁超市进行了多轮协调，均没有达成共识。最后，该饮料企业决定在全国范围内停止对这家擅自特价销售的连锁超市供货，最终迫使对方恢复了零售价格。在切断货源的同时，企业应分析特价产品的库存量，计算回购大概要动用的资金及因回购造成的亏损额，如果可以承受的话就马上回购产品，以保护价格体系，避免产生连锁反应。

（三）促销冲突的防范与化解策略

有些超市对卖场管理比较严，不准在超市做促销活动。如果企业想在超市做促销活动，但超市又不允许做，企业应该怎么办呢？

要求在超市做促销的企业众多，随着促销人员的日益增多，相互之间诋毁对方产品的现象越来越严重，容易造成超市内的混乱局面，给超市管理增加了难度。因此，有些超市要求减少甚至不允许企业安排促销活动和促销人员。

解决的办法包括：发放赠品和捆绑式销售产品，扩大产品排面；生产促销装产品；在超市外设台促销；与相关超市主管人员充分沟通，解决人员促销问题；选择交际能力强的促销人员对超市主管人员开展"攻心战"。

还有一种情况是不允许在超市内发放赠品，或者促销宣传受到限制，顾客在购买产品时可能不知道企业在开展促销活动，或者是促销人员在促销时无法对顾客做赠品展示，导致失去了众多顾客，不能有效提升产品销量。

解决的办法包括：在超市门口设赠品发放处，顾客凭小票领取赠品；在超市内设大型堆码、端头，分品种、规格轮流做特价销售；通过超市广播、大屏幕显示器等超市自身宣传工具传播促销活动的信息；节假日或周六、周日尽量在超市外多做些大型促销活动。

最让企业头痛的是有些超市不允许在超市内做任何形式的促销活动。例如，有的大卖场内部管理严格，超市内寸土寸金，无促销位置，而超市外由于市容管理，更没有做促销的场地，所以任何形式的促销都无法开展。

在这种情况下，企业可以采取如下策略。

（1）积极参与超市组织的与顾客沟通的各种活动，可以考虑作为协办单位或为其提供赠品和奖品。

（2）采取悬吊式或放置在堆码上方的电视机循环播放广告，以此来吸引顾客。

（3）尽量做特价堆码销售。

（4）增加导购员的数量，导购员轮班实现全天候导购，并注意提高导购员的业务素质和培养其敬业精神，充分发挥导购员的专业水平，提高产品销售量。

（5）分析该超市顾客居住的分布情况，在这些顾客集中的社区开展各种社区推广活动。

三、能力训练

（一）案例分析

价格卖穿了怎么办？

5月10日，H市某大型连锁超市X未经厂家同意，把康××的鲜橙多饮料打出4.9元/瓶的特价，这种价格比给其他渠道商的批发价还要低，并且上了X超市的DM宣传彩报，在自己超市的广播里大肆宣传。康××的业务代表得知这一信息后起初还不相信。在他的印象中，这家超市无论如何都不应该亏本卖货啊！直到自己亲自跑到超市里面看，才确信这一切都是真的！

事情发生后，H市的渠道商反应强烈，纷纷把康××饮料予以撤柜、封杀；H市的其他几家大卖场也迅速予以跟进，有家规模较大的本土超市还搞了个4.8元/瓶的康××饮料堆头来示威！于是，康××的业务代表找到了该大型连锁超市的H市采购部长协调，希望能够得到妥善解决。但对方的态度非常强硬，说是活动内容已上了DM彩报，不可能失信顾客，影响自己超市的信誉……

资料来源：经销商怎么避免与超市的冲突？http://www.docin.com/p-1510353559.html
[2016-03-29]

问题

1. 如果你是康××的业务代表，你将如何解决这一问题？
2. 为了今后能够有效控制进入超市的产品销售价格，应该采取哪些预防措施？

（二）校内外实训

尝试选择一家超市，了解超市与厂家的各种冲突，并进行冲突类型总结。

四、知识拓展

在华跨国零售商与我国供应商交易冲突新动向及关系协调

（一）跨国零售商与我国供应商交易冲突具有新的动向

1. 冲突聚焦在交易合同

跨国零售商与我国供应商签订的交易合同为既定框架式合同。合同签署之前，供应商看不到合同文本，却要求带着公章到跨国零售商指定地点签约，而且通知合同签订的具体时间十分急迫。由于事发突然，许多供应商都不是老总、部门经理或业务人员亲临现场签订合同，而且该合同无结算程序的任何约定，结算程序仅由跨国零售商单方提出，供应商只能被动接受既定框架式合同。其合同条款是不平等的：供应商承担全责，跨国零售商却是免责。合同签约程序也是不平等的：如果供应商不按其规定程序和内容签订合同，跨国零售商就以清场断交、停止付款相要挟，逼迫供应商就范。合同的履行过程更是不平等的：跨国零售商借助这样的交易合同任意或故意拖欠货款，大量无偿超期占压供应商资金，造成供应商的资金严重紧缺。

2. 冲突聚焦在交易价格

目前，跨国零售商在中国本土市场采购商品已经达到90%以上，与众多供应商建立了交易关系，其全球采购中心根据不同的货品类别分不同部门，选取价格合适的供应商，采购商品进行出口，由此我国供应商对跨国零售商的依存性愈加明显。以沃尔玛为例，其在商品采购方面有一套精细的定价管理系统，对商品成本的核定相当苛刻。沃尔玛甚至对有些商品每个组成部分进行成本核算，确定最低进货价位，以此降低采购成本，保证卖场的"天天平价"，招揽顾客、薄利多销。曾有供应商言明：沃尔玛是大卖场中压价最厉害的，沃尔玛一贯主张在市场上销售比竞争对手更加便宜的货品，所以对于货品价格的控制非常严格，对一般品类的供应商签约周期都不长，沃尔玛一旦发现同类产品中有更加便宜的供货渠道，随时会调换供应商，这一点在纺织品、服装产品、食品领域尤为突出。众多供应商却要面对商品各项成本上涨的压力，由此陷入不提价即死，提价即被踢出供应商队伍的两难境地。

3. 冲突聚焦在交易费用

跨国零售商迫于法律约束和舆论的压力，对在交易中乱收"进场费"已有所顾及，却变化名目向供应商收取各种费用：过去的"上架费"改为"上架劳务费"或"特殊上架促销费"，过去的"刷卡费"和"物流费"改为"综合管理费"，并将相当一部分与供应商有争议的费用囊括在交易货款的"扣点"中。以百安居装潢公司为例，2007年购销合同中，返点扣利达到37.12%，加上"五一"促销的返点10%，百安居装潢公司扣除的6%，扣点高达53.12%。同时要求供应商支付售价10%左右的券卡打折优惠；支付广告支持、员工聚餐、生日、旅游、店庆、开业等超过30个名目的额外费用。众多中小型供应商因不堪承担名目繁多的费用，自行退出卖场。

4. 冲突聚焦在交易发票

某些跨国零售商要求供应商直接开具净额发票。所谓净额发票即将供货总额减去13%的合同约定费用扣点后的净值。例如，供应商货品为1000万元，跨国零售商向供应商实际直接开具870万元供货发票。表面来看，供应商"节省"了130万元供货品所对应的税收，然而，跨国零售商却要求供应商将"节省"下来的税收作为合同约定的费用上涨点数，甚至成为其增加供应商费用扣点的理由。跨国零售商此举实际上为自己"节省"了本应开具给供应商130万元增值税发票的相应税收，同时转移了本应该自己承担的经营费用，其避税动机造成供应商供货价值与所开具发票价值的不符。

（二）跨国零售商与我国供应商交易关系协调

跨国零售商与我国供应商的矛盾是流通领域变革背景所致，是买方市场的体现，也是我国相关政策、法规疏漏的反映，同时也是我国市场经济转型阶段，行业协会整体作用缺失的缘故，更是在华跨国零售商处于相对优势和我国供应商处于相对弱势的结果。零售商与供应商的冲突源自双方的自利动机。商品交换中的利己行为并没有过错，为争取自身利益的最大化从而开展企业间的相互竞争，客观上能够达到优胜劣汰、促进商品流通整体效率提高及其社会福利的增长。然而，就零供交易关系而言，零供双方出于利己动机而采取竞争行为，尤其是其中一方凭借相对优势地位过激地排挤、制约相对弱势一方，其结果往往是在损害对方利益的同时，也削弱了自身的利益，客观上增加了交易成本，降低了商品流通整体效率，从而减少了零供双方共同创造的消费者剩余总量。因此，需要正视零供矛盾的现实。

（1）在认识层面上，应具有超前意识，以经济全球化的视角审视零供矛盾机理；以动态的眼光关注零供关系的发展趋势。改革开放以后，跨国零售商陆续涌入我国零售市场，给市场增添活力，也给我国供应商带来了空前的压力，众多供应商被迫融入国际市场竞争环境，在争夺渠道终端过程中逐步打造核心竞争力。因此，在继续扩大开放、引用外资的同时，需要立足于国民经济整体发展的角度，关注在华跨国零售商与我国供应商交易关系的状态，直面其交易冲突的现象及其生成背景。坚持跨国零售商与我国供应商共存共赢的观点，倡导企业核心竞争能力是交易关系协调的基础；双方对市场前景共同的愿望与期待是交易关系协调的纽带；彼此之间的信任与尊重是交易关系协调的保证。

（2）在政策、制度层面上，加大控制力度和执行力度，以规范在华跨国零售商和我国供应商的利益关系。政策规范在于以政策为导向，创造平等竞争、平衡发展的社会经济环境，坚决制止地方政府政绩驱使之下擅自对跨国零售实施"超国民待遇"的短视行为，应制定有利于民族制造业自主创新的财税、金融政策，鼓励风险投资，培育、推广民族产品品牌，保护民族产业的可持续发展。制度规范包括完善跨国零售商投资我国零售市场的政府审批制度，设置店铺选址、单店规模的审批流程，对零售业态经营模式统筹规划，对零售企业国内商品采购数量、品种实时监测，防止在华跨国零售商的"区域性垄断"和"局部性垄断"，缓解供应商的供货压力。尽力推动跨国零售商与我国供应商在人力资本、实物资本、品牌资本等方面的长期合作，通过政策、制度层面上有效的治理结构维持双方高质量的合作关系。

（3）在法律层面上，系统构建法令法规，以约束在华跨国零售商和我国供应商的利益关系。考察我国对交易关系法律规制方面的实践，可以看出其中端倪，即高层次、整体性的法律规制实属缺乏，我国现行法律体系中，还没有专门的法律用于规范零供交易关系，也没有专门法律规制零售商滥用市场优势地位的行为。部分规制内容散见于一般性法典之中，而专门化的法律规制启动时间较晚（2006 年）、效力层次较低，且内容空洞、系统性不够、操作性不强。同时，法律规制的权利集中于中央，地方法律规制明显薄弱。

前文所言《零售商供应商公平交易管理办法》不是法规，不是必须执行的条款，立法层次低，适用范围有限，虽然对零售商"不得滥用优势地位""不得妨碍公平竞争"等行为做出了约束，但是对"滥用优势地位"并没有予以明确释义，所以在零售商强势、供应商弱势状况下，具体处理零供交易冲突之时不易操作，对跨国零售商与我国供应商交易矛盾的规范缺乏法律效力。因此，在明确立法的保护目标及其操作模式的前提下，出台高层次、专门性约束在华跨国零售商和我国供应商利益关系的法令、法规迫在眉睫。

（4）在行为层面上，抑制跨国零售商在华市场的买方强势，削弱其商品交易的相对优势地位，关注跨国零售商在华市场业态经营绩效，评价其商品交易的信用程度，特别是商品购进、销售环节的信用等级和服务质量。在华跨国零售商与我国本土零售商同样需要市场接纳与公众认同，可一并接受行业系统的评估和鉴定。应该建立行业准入机制，要求跨国零售商成为相关行业会员以后，方可在华市场展开经营活动，以此约束其竞争行为。同时，扶持我国供应商的卖方弱势，提高其产业化组织程度，提升其产品研发能力、品牌塑造能力和客户管理能力，增强其商品交易的竞争地位；强调供应商的风险竞争意识和做大做强的信心与勇气，鼓励供应商弱势竞争背景下的战略联盟，或联营开设品牌专卖店；或联合推行"超市包场制"。同时鼓励我国零售商多业态并行发展、规范运营、勇于进取。多业态并举日益成为零售组织的成长模式，其不仅可以全方位满足多层次消费需求，而且能够实现资源优势整合，占领更大的市场份额，有助于对跨国零售商在华市场相对优势的制衡。

资料来源：王瑞丰.在华跨国零售商与我国供应商交易冲突新动向及关系协调.北京工商大学学报（社会科学版），2010，3：8-10

任务六　控　　制

一、任务描述

在与终端店合作过程中，为了有效实现企业的市场目标，需要对终端店的市场行为，如促销、陈列、价格等加以控制，其中，价格是控制的难点，也是控制的重点。铅笔公司李先生要想对产品终端的销售价格进行有效控制，应该怎么做呢？

二、知识学习

（一）终端控制的必要性

对于制造商而言，零售商的战略地位主要体现在其占据着销售终端。所谓销售终端，即制造商分销渠道的末端，也就是产品进入消费领域的最后环节——零售商。其上承制造商、批发商和经销商，下连最终用户和消费者，具有独特的地位和重大的意义，成为现代市场营销活动中的最重要的战略资源之一。

1. 销售终端就是市场

由于零售商直接面向广大的最终用户和消费者，这就决定了：一方面，各零售商最能掌握最终用户和消费者需求的最新变化，控制零售商是营销渠道上游企业强化市场竞争力的一个必不可少的手段；另一方面，由于各零售商都拥有规模和性质不尽相同的顾客队伍，对专门从事生产活动的制造商而言，其产品只有进入零售环节后，才有可能为广大最终用户和消费者所了解、选择、购买和消费。所以，制造商要占领更大的市场，最便捷而可靠的手段就是有效控制更多、更好的零售商。

2. 销售终端是制造商分销渠道系统最关键的环节

分销渠道是制造企业输出产品和服务的系统，它以制造商自身为起点，经过中间环节如代理商、经销商、批发商和储运企业等，最后通过零售环节进入终点——最终用户和消费者。对大多数消费品而言，分销渠道的某些中间环节在某种程度上是可以省略的，但零售环节却是必不可少的。

3. 高度激烈的市场竞争进一步强化了销售终端的战略地位

在传统社会中，由于市场的相对供不应求，位于分销渠道上游的制造企业由于掌握产品资源而处于相对的有利地位，而销售终端则处于相对的不利地位；而在专业化分工日趋精细、产品供过于求日趋严重的今天，市场竞争高度白热化，这就导致制造企业在完成"惊险的一跳"的过程中，顾客和销售终端的地位得以不断强化。因此，对分销渠道上游企业而言，销售终端已成为生存和发展命脉，只有有效地控制销售终端才能保证其市场营销活动的顺利进行。

（二）终端控制方式

制造商对销售终端的控制关键是解决以下几方面问题：一是使其产品占领更大的零售市场，保证顾客有更多的机会接触、选择和购买其产品；二是更好地掌握市场需求信息，以不断强化其产品的适应性；三是保证各零售店以合乎制造商对产品市场定位的方式来开展市场营销活动，以强化其产品的特色和品牌形象；四是挤压竞争对手的销售终端，以强化自身的市场竞争力。目前，制造商强化对销售终端的控制有两种方式。

1. 自建销售终端

这就是制造商通过直接投资或并购等方式，建立自己的产品零售系统。这种销售终端的最大优越性在于控制程度高，但其缺陷也非常突出。由于它违背了现代社会专业化分工的一般原则，所以，不仅耗费的人力、物力和财力资源过高，而且为制造商如何有效地管理各零售店带来了新的挑战，很可能会造成巨大的浪费。就目前来看，只有某些产品特色非常突出，而社会上零售业不能满足其要求时，才适宜于建立这类销售终端。

2. 加强对零售企业的控制

这种方式是利用社会上的零售业资源，通过加强对它们的控制来实现自己的营销目标。这种销售终端与前者正好是优劣互易的。零售企业作为独立的市场主体，它要追求自己的合理的经济利益，因此，制造商要控制它们，最根本的途径在于保证它们的利益，同时也要保证其营销战略和营销策略的合理性。因此，制造商强化对零售企业控制的手段主要有：一是强化其品牌形象。市场供过于求，名牌能够给零售商带来更大的利益，因此，品牌是制造商越过中间商来影响消费者的唯一途径。制造商只有不断地强化其品牌形象，才能强化其对零售商的控制力。二是保证其与零售商的交易条件更加合理，其中主要包括保持价格的合理性、提供完善的售后服务、适当地给予资金支持、为零售商提供完备的信息等。三是与零售商在彼此相互信赖的基础上建立起长期稳定的合作伙伴关系。

【资料链接】

零售商对制造商的反控制

现代社会零售业市场竞争力不断强化，对制造商传统的领导地位发起了强有力的挑战，终端为王的时代已经到来。这在发达国家体现得最为明显。自20世纪70年代以来，大规模连锁店在发达国家兴起，这就造成了零售商经营规模和市场竞争力的急剧膨胀与零售业的集中度（即前10家零售商销售某类产品占该类产品销售总量的百分比）迅速提高。在发达国家中，英国、德国和瑞士等国的零售业集中度甚至已达到了70%～80%。这就必然致使整个社会的零售业形成了为数不多的大型和极少数的特大型零售商，他们在全国范围内形成了完备的销售网络系统，尤其是特大型的零售商已开始大规模进军国际市场。这就从根本上改变了制造商和零售商的关系。首先，大型和特大型零售商与制造商讨价还价的能力大幅度提高，使大型和特大型零售商在与制造商关系中不再处于传统的从属地位。在很多情况下，制造商不得不做出尽可能大的让步。其次，也是最重要的是，大型和特大型零售商可利用其日趋庞大的经营规模和卓越的信誉来建立零售商自有品牌，从而对分销渠道上游企业造成更大的冲击。零售商品牌的产生与发展，进一步强化了大型和特大型零售商的优势地位。由于品牌一直是制造商越过中间商来直接影响消费者的根本手段，所以，零售商品牌的产生与发展必然会使制造商对零售商的影响和控制力大大削弱，迫使某些制造商甚至某些实力强劲的大型制造商不得不为零售商进行贴牌生产（即OEM），而某些实力较弱的中小制造商甚至会沦落为单纯的贴牌生产者，因为，其失去对消费者的影响力而最终不得不由台前退居幕后。零售商品牌的发展还会对产品的价格和制造商的利润带来巨大的冲击。由于零售商品牌产品大多为仿制品，其开发、生产和促销等方面的成本相对低下，价格也较为低廉，这就对他们所在领域造成巨大的冲击，从而使整类产品的价格和利润大幅度降低，因此，被视为"整类产品的价格杀手"。这也是零售商品牌产品被消费者认为"质优价廉"而极受消费者欢迎的一个重要原因。终端为王时代零售商对供货商控制的基本手段主要有：一是要强化顾客至上的营销理念，以树立良好的信誉和形象。这是零售商控制供货商的最根本的因素。二是扩大其经营规模和零售业集中度。这是零售商有效控制供应商和制造商的关键，也是终端为王的一个前提条件。对规模较小而数量较多的我国零售业而言，以某些规模较大的零售商为中心进行并购重组，以形成规模较大的零售集团，就成为一个非常迫切的问题。三是提升零售商的核心竞争力……

资料来源：丁心基．论零售商与制造商之间的控制与反控制．北方经贸，2005，（4）：38-39

三、能力训练

（一）案例分析

如何直接控制终端？

2004年笔者进入湖北某大型保健酒生产企业的南昌市场。刚刚接手市场，笔者首先进行了半个月的市场走访，对产品在终端的表现、经销商状况、通路状况等进行了深入细致的走访和了解，结论如下。

（一）市场背景

1. 市场状况

南昌是一个省会城市，市区人口200万人，另有流动人口100万人，下辖四县五区，人均收入900元左右。该产品的市场基础较好，市场潜量很大，可增长空间非常明显。

2. 竞争分析

在南昌市场本公司最大的竞争对手是同类产品YD和非同类的白酒。经过认真的分析和比对，我们发现和YD不在同一个渠道内销售，这种竞争有时候还可以成为本类产品营销氛围的互补，因此，YD并不是我们最大的竞争对手。我们的另一个对手——白酒，在南昌市场，小杯的白酒销量很大，虽然白酒和我们不是同一个品类，但却是我们真正的对手，我们要想有所突破，就必须要打压它的销量，要想打压它的销量提高本品的销量，要做的就只有强调自身产品的表现，提升品牌的美誉度，增强消费者的消费信心。

3. 市场目标

在南昌县，本品前一销售年度的销售量为45万瓶。终端的表现方面，大部分零售小店都没有本品陈列，店老板只把产品放在地下垫脚。当我向店老板询问为什么把该产品放在脚下而不陈列时，店老板说，这个产品知名度高，不用陈列，顾客自然会点着购买的。经过多家和多次这样的走访询问，最后才知道，原来该产品在终端竞争激烈，为了留住顾客，商家相互杀价，这些知名度高的产品就成了牺牲的首选产品，久而久之，相互间的这种杀价就成了自然现象不足为怪了。在大型卖场和连锁店，本品的陈列面也很小，只有一个面，价格方面相对稳定，但也不是很统一。在餐饮店方面，因为刚刚经历淡季，产品的覆盖率不到80%。分销商方面，该地有两个分销商，分别经销小瓶和大瓶，都非常配合公司的市场操作，且分销商的渠道能力强。经过几次沟通，分销商想做大的愿望非常强烈，只是苦于没有好的方法，当我把想法阐明之后，双方一拍即合，分销商当场表示："积极配合，你怎么说我怎么做，你指到哪里我就打到哪里，打不到就拿我是问！"再加上市场的需求大，现在要做的就是将渠道疏通，并且要稳定终端的零售价格，解决终端相互杀价拿本产品做牺牲的问题，树立终端积极销售本产品的信心和习惯，这样就能获得较大的销量。因此，我将目标设定为当年销售到 100 万瓶，成为第一个百万县级市场。

（二）通路状况

分销商经营的名牌产品很多个，直控有 100 多家二级批发商客户经销我们的产品，这些客户，分布在各个乡镇和县城，而且都是大流通的客户，分别控制着下面的零售网点和餐饮网点，对网点的掌控较强，在产品销售方面号召力强，这些客户说卖什么产品这个产品就一定很好卖。此前，只要一到旺季做活动，大家都会大量进货，而进货之后便是低价销售，已经成了习惯，你不低价别人低价就把客户给抢跑了。因此，活动囤货，低价销售就成了惯例，只是因为这个产品能给他带来生意，不得已才销售，由此可见，二级批发商客户的销售积极性不高。通过对市场的调研和了解，本公司的产品销售不畅的原因主要在于二级批发商客户销售积极性不高、产品铺市率低、终端无陈列、价格不稳定。根据市场状况笔者决定从通路建设、统一价格、追求陈列、促销跟进、直接打通渠道末梢——消费者等几个方面对市场进行合围。

资料来源：直控终端助推销量快速增长. http://www.docin.com/p-56055453.html
[2010-05-23]

问题

根据案例材料，提出一套控制终端的解决方案。

（二）校内外实训

选择几家超市，观察哪个厂家的产品价格存在失控现象，并尝试调研其失控的原因所在。

四、知识拓展

中小企业如何做好价格管理

（一）供价分析

商品价格包括商品的供价和商品的零售价。如今的流通市场透明度日趋提高，各大供应商和零售商的商品进场和商品的售价信息不再是什么秘密。零售业内的人员流动也使各大商场都很清楚卖场的加价率，除了人员流动带来的便利，就是在网上、报纸上、杂志上也同样可以获得商品的信息。各大卖场的市场调查人员们几乎不用偷偷摸摸去抄价格牌，打听市场的动态。其实这样的市场更有利于规范零售市场的价格体系，合作双方的毛利双方都很清楚，所以作为中小企业和大卖场合作不能像在做批发市场那样，一个客户有一个价格，主要看老板和你的关系如何，讲人情、讲关系。和 KA 卖场要想长期合作下去，这种小聪明还是不要去要，开始进卖场时可能不会被发现，但时间一久就会暴露出来，到那时再和卖场去沟通、去解释，双方已失去诚信，会对以后的市场操作带来后患，卖场也会时常找你的麻烦。

　　中小企业在和卖场合作时一定清楚地知道卖场的加价率、合同的费用、账期、促销商品的加价率等情况，根据各卖场的不同，稍微调动。从目前看，很多企业都采用统一报价（有的是在扣点上不同），这样可有效避免双方在进场之初，在产品供价上打转，同时也有效避免有的卖场合同中保证最低供价这一约定。

　　（二）控制终端售价平衡

　　商品的供价是中小企业可以控制的，但零售价、促销商品售价不是供应商能直接左右的，特别是有些卖场不守规矩，在没有和供应商沟通的情况下私自将你的产品做惊爆价，这是最可怕的。如何有效避免这类事情再次发生呢？

　　（1）从合同入手，即供应商在谈年度合同的时候，在合同中就协商好，当卖场需要做惊爆价时必须事先同供应商协商，否则供应商有权不供货。

　　在合同谈判时这一条看似无关紧要，可往长远看是很有必要的，卖场买手对这点，在谈合同时肯定没有任何异议的。

　　（2）产品进场之初，有很多的企业为了规范产品终端零售价，在产品的外包装上打上产品的建议零售价，这样卖场只能将产品定价在小于或等于建议零售价，在卖场销售。如果被消费者买到比建议零售价便宜的商品，肯定会感到得到了一定的实惠，还可能促进消费。缺点是有些零售商不愿意接受这样的商品价格，还有这样的包装并不适合在其他渠道流通。

　　（3）每次促销时，就是在供应商每次提报促销活动时，在促销协议上约定商品的最低售价，这时卖场一般不会违反促销约定，失信于供应商。当促销商品的确很惊爆时，可以限量、限时、限每次购买数量等，这样不会影响到促销效果，但又有效规避了市场价格体系的不稳定。

　　（三）有效防止卖场突然变价

　　1. 卖场的客情维护

　　中国是个讲关系的国度，人人讲面子，人人讲关系，当你和卖场的买手、营运部主管关系很好时，他们一般是不会突然降低你产品的价格的，就是想变也会事先和你沟通此事，因为大家还要互相给点儿面子。

　　2. 终端日常拜访

　　这是 KA 管理的一部分，业务人员到了卖场，不能只是填写公司的报表，理理货，就和卖场人员侃大山，你还要了解市场信息，当有单品有惊爆价时，门店会提前知道消息，准备备货的；业务人员解决不了要将这个信息上报到公司，由公司出面和卖场相关人员协调沟通，业务人员一定要掌握市场的第一手信息这点很重要。

　　跟卖场合作，向卖场报价，如果产品的定价太高，企业有可能就会冒着失去该项生意的危险；定价太低，企业又要冒着将自己和传统的分销商、KA 卖场渠道置于困境的风险。卖场价格管理是一门极大的学问，若使用不好就是把双刃剑，即伤人又害己。

　　资料来源：奚晓.中小企业如何做好价格管理.销售与市场，2013，12：42-43

项目五

渠道优化与创新

【项目目标】

➤知识目标

1. 了解渠道评估、调整与创新的概念。
2. 熟悉渠道评估的内容与方法。
3. 熟悉渠道调整的内容。
4. 掌握渠道创新的内容。

➤能力目标

1. 能够对特定企业的渠道进行初步评估。
2. 能够对特定企业的渠道进行初步调整。
3. 能够对特定企业的渠道进行初步创新。

【项目任务分解】

任务一　渠道优化
任务二　渠道创新

【项目导入】

　　A 公司是一家生产蓝莓果汁、蓝莓干、速冻蓝莓和蓝莓酒的企业，近几年在其大本营——H 市的年销售额一直为 1200 万元左右，稳定地占据着 30%左右的市场份额。其生产同样产品的主要竞争对手 B 公司、C 公司在本市的年销售额分别稳定在 1000 万元和 800 万元左右，市场份额分别为 25%和 20%左右。

　　A 公司新任销售总监王军到任后发现，截止到当前公司的实际销售额与企业的计划销售额差距很大，本市计划销售额为 1300 万元，而到目前销售额仅为 900 万元。截至年末，A 公司在本市的销售额仅达到 1098 万元，B 公司、C 公司在本市的总销售额却分别提高到了 1635 万元和 1360 万元，市场份额分别提升至 32.7%和 27.2%。王军感到问题非常严重，于是着手进行情况调研，发现公司其他方面的工作没有什么问题，问题出在渠道上。在渠道环境方面，今年初好又多、世纪联华等大型超市开始进入 H 市，随后 B 公司、C 公司均将其产品打入这些大商超，而公司及公司的经销商对于这一营销渠道并没有采取进入举措。

　　A 公司在本市采用了两种渠道模式：一是区域独家经销模式，公司将 H 市划分为三个区域，每个区域设置一个独家经销商，由该经销商负责本区域食杂店和小商超市场的运作。同时，A 公司前年将草莓果汁打入到 H 市的邻县——D、E、M 县，在 D、E、M 县也分别选择了一个独家经销商运作该县市场。二是直营模式，由公司的销售部直接运作本市所有山特产品店（本市共有 5 家，分布在本市主要商业区和旅游区，企业对该类店采取终端买断式经营）和食品专卖店（本市共有 4 家熟食专卖店企业，共 62 个连锁店），公司对经销商、山特产品店和食品专卖店制订的年销售额计划分别为 700 万元、250 万元和 350 万元，截至年末，实际完成销售额分别为 482 万元、262 万元和 354 万元。

王军沿着渠道问题继续调研，那么，D、E、M 县市场的经销商情况如何呢？针对 D、E、M 县市场，公司今年开展了草莓果汁的打折促销活动，产品价格由每瓶 4.5 元下调至每瓶 3.8 元，年初预期三个县的销售额分别为 600 万元、450 万元和 700 万元，截至年末，三个县的销售额分别为 620 万元、367 万元和 735 万元。

通过上述渠道调研，王军感到公司的渠道问题很严重。

任务一　渠道优化

一、任务描述

企业在对企业的渠道模式、渠道系统进行了科学设计之后，继而开始针对与经销商、零售商和物流商的合作进行了相应的管理工作，但随着渠道环境及其企业内部条件的变化，原来的渠道模式、渠道系统和渠道管理工作可能不能适应变化的环境了，这就需要企业对渠道各方面的工作进行评估与调整，以优化企业的渠道工作。A 公司的销售总监王军面临着外部环境变化所造成的渠道问题，如何优化企业的渠道是王军亟须解决的难题。

二、知识学习

渠道优化是指通过对渠道的评估、调整使渠道达到理想状态的活动。在营销渠道运行一段时间后，厂商就需要对营销渠道进行评估，使渠道管理者准确地了解营销渠道的运行状况及其各个方面的情况，并在此基础上对渠道的结构和政策进行必要的调整，以提高渠道效率，更好地适应营销环境的变化。

（一）渠道评估

渠道评估是指企业评估渠道整体绩效和渠道成员绩效的活动。评估的目的在于了解渠道整体运行和各渠道成员的绩效，以便于找出问题所在，采取措施优化改进。

1. 渠道整体绩效评估

渠道整体绩效评估是指厂商通过系统化的手段或措施对其营销渠道系统的效率和效果进行客观的考核与评价的活动过程。渠道整体绩效评估主要可以从渠道管理组织、渠道运作效率、渠道服务质量和渠道经济效果等四方面展开。

1）渠道管理组织评估

我们认为，渠道管理组织评估是指对企业的渠道模式和渠道系统及其组织、各种类型的渠道组织成员的绩效评估。评估内容包括渠道模式及其组织的绩效评估、渠道系统及其组织的绩效评估、各种类型的渠道组织绩效评估。

2）渠道运作效率评估

渠道运作效率评估是指对渠道成员之间的合作、协调和积极性发挥等方面的综合情况的评估，是以分销目标为依据，检查和分析渠道的畅通性、覆盖面、流通能力、冲突管理等方面的情况。其中，渠道的畅通性是指产品流入渠道各环节的畅通程度，即产品能否在合适的时间到达顾客手中；渠道的覆盖面是指某个品牌的商品通过渠道销售能够达到的最大销售区域范围；渠道的流通能力是指平均在单位时间内经由该渠道从生产企业转移到消费者手中的商品数量；渠道的冲突管理是指对渠道成员之间冲突的管理状况。

【案例 5-1】

某企业渠道流通能力分析

某制造商的产品 A 的月供货量是 750 个单位，其总经销商的月均批发能力是 600 个单位，现有零售商的月销售能力可达 700 个单位，消费者的需求量是 780 个单位，该企业整个渠道的流通能力只有月均 600 个单位。

问题

你认为该企业流通能力的问题出在哪里？

3）渠道服务质量评估

渠道服务质量评估是指渠道能够满足产品销售所需服务的评估。需要评估的内容主要包括渠道信息沟通是否有效，物流、传输、装卸、保管、包装等实体分配服务是否存在问题，促销活动的执行情况如何，客户抱怨与处理的情况如何，等等。

营销渠道的服务质量直接影响到顾客的满意度，因此，企业需要对渠道整体和每个渠道成员的上述工作进行评估。

4）渠道经济效果评估

渠道经济效果评估是指对渠道活动的投入产出比的评估。

渠道投入评估主要是评估渠道费用，是针对企业在组织商品销售过程中产生的各种费用的分析，这些费用包括仓储费、运输费、包装费、人工费、促销费及其他营销费用。渠道费用的高低及不同费用之间的比例，会直接对不同渠道成员的利润产生影响。渠道费用分析一般可以用渠道费用额和渠道费用率来分析。渠道费用额是指一定时间内营销渠道内所发生的各种费用的金额；渠道费用率是指一定时期内，营销渠道的费用额和商品销售额之间的比率。通过费用分析，可找出不合理的费用开支，进而采取有效措施进行有效的渠道费用管理。

渠道产出评估主要是进行销售分析。主要是对计划销售水平和实际销售水平进行对比分析，分析没有达到预期销售水平的原因，从而更有针对性地采取措施。

2. 渠道成员评估

渠道成员的状况对产品销售具有直接的影响，所以，企业在对渠道整体绩效评估之后或同时，还应该对渠道成员进行评估。这些渠道成员主要包括企业的销售机构、中间商和企业业务代表。渠道成员评估就是考察这些渠道成员的经营表现和经营业绩，以便明确其价值贡献，及时发现其工作中存在的问题，并为适时调整渠道成员提供客观依据。一般来说，企业对渠道成员的评估标准包括渠道成员的销售业绩、渠道成员的库存水平、渠道成员的销售能力、渠道成员的态度和渠道成员的发展前景等。

1）销售业绩

企业的销售业绩是由其营销组合决定的，但在销售的执行层面，主要依靠渠道成员的销售业绩贡献。对渠道成员的销售业绩评估的主要内容包括销售量、销售增长率、全品项进货率、投入产出率（渠道成员的销售额÷厂家用于该渠道成员的销售费用×100%）、专销率（厂家产品销售额÷中间商的全部销售额×100%）、客户增长率、老客户维系率、铺货率、生动化陈列等。

2）库存状况

渠道成员缺货会使生产企业丧失很多的机会。因此，维持一个适当水平的存货是评价渠道成员绩效的一项主要指标。企业为了避免由缺货所造成的销售损失，自然希望渠道成员保持一定的库存，因此，在企业同渠道成员签订的经销协议中通常要求渠道成员必须保有一定数量的库存量。存货量通常是企业与渠道成员在对该地区市场销售潜力预测的基础上共同制定出来的，这样就可以要求渠道成员按合同规定来保持一定的库存，并对其进行评估。在对渠道成员进行存货水平考核时，可以将实际存货水平与存货计划相比较。但是，很多小企业缺乏实力，很难要求强大的中间商接受存货条款，因此，对库存难以进行量化评估。

3）销售能力

渠道成员的销售能力是实现销售业绩的重要前提，渠道成员销售能力取决于渠道成员愿为本企业产品配备的销售人员数量、销售人员的销售能力、销售人员对本企业产品的销售意愿等几个方面。

4）态度

对于企业的发展来说，渠道成员对企业及其产品线的赞同态度是影响其销售业绩的重要因素。因此，企业应该独立地依据销售数据评估渠道成员的态度。

5）发展前景

渠道的发展离不开渠道成员的共同努力，拥有良好前景的渠道成员将是企业理想的合作伙伴。因此，生产企业还要对渠道成员的发展前景进行评价，即评价渠道成员未来的绩效。

（二）渠道调整

根据渠道评估的结果，企业可能会发现渠道整体、渠道成员绩效存在的问题，同时企业的外部营销环境的变化可能使企业的渠道产生新的市场机会或威胁，据此，企业的营销渠道也必须进行动态调整，只有这样才能解决企业现行渠道中存在的问题，提高渠道的运作效率。

1. 渠道调整的原因

一般而言，当出现以下情况时，企业会考虑调整其营销渠道。

1）现有渠道未能达到发展的总体要求

生产企业对现有渠道进行评估后，发现渠道的分销效果不好，未能达到发展的总体要求，这可能是因为现有渠道在设计时有错误，或在选择中间商时考虑不周，或对渠道控制不力等。如果现有渠道分销效果不理想，不能很好地满足顾客的需求，企业可能会对现有渠道进行改进。

2）营销环境发生了重大变化

随着时间的推移，影响渠道结构的顾客、中间商、竞争者等各种营销环境发生了重大变化，企业不得不被动或主动调整营销渠道。例如，在网络技术飞速发展的今天，网络购物成了很多消费者的新选择，于是很多企业便在原来渠道的基础上增加了网络渠道。这些营销环境的变化是导致渠道调整最常见的原因。所以，企业有必要定期对这些影响因素进行监测、检查、分析。

3）企业的发展战略发生变化

当企业的发展战略发生变化时，如主营业务调整、产品结构调整、新市场开发等，企业通常需要对原有渠道进行调整。例如，当企业准备开发新的市场而原有渠道难以为新市场提供服务时，企业就有必要建立一种新的营销渠道。

2. 渠道调整的方式

1）对某些营销渠道成员加以调整

营销渠道调整的最低层次是对渠道成员的调整，内容包括三方面。一是功能调整，即重新分配营销渠道成员所应执行的功能，使之能最大限度地发挥自身潜力，从而提高整个营销渠道的效率。二是素质调整，即通过提高营销渠道成员的素质和能力来提高营销渠道的效率。可以用培训的方法提高营销渠道成员的素质水平，也可以采用帮助的方法改善营销渠道成员的素质水平。三是数量调整，即增减营销渠道成员的数量以提高营销渠道的效率。

增减某些中间商是渠道调整的一种经常性做法，但裁减渠道成员，是要冒一定风险的。制造商在做出这项决策时要进行渠道调整分析，要考察增减某个中间商会给生产企业的销售利润带来什么影响，而增加渠道成员则要考虑对其他现有渠道成员的利益和士气等方面的影响。调整渠道成员、改变渠道结构不仅会影响渠道的正常运作，也会对销售部门、财务部门、物流部门等产生连带影响，因此，制造商在进行渠道结构调整前要对因中间商的替换产生的各方面影响进行综合分析，同时要考虑除销售、利润、成本外，这种替换对渠道整体性功能所产生的影响，以便做出明智的选择。

2）对某些营销渠道加以调整

制造商常常要考虑所使用的各种营销渠道能否一直有效地销售企业的产品。当通过渠道绩效的评估发现，公司产品不适合在某类渠道销售，出现得不偿失情况时，企业对这类营销渠道的调整有两种选择：一是对某个营销渠道的目标市场重新定位。现有营销渠道不能将企业产品有效送至目标市场时，首先考虑的不是将这个营销渠道剔除，而是考虑能否将之用于其他目标市场。二是放弃或删除某个营销渠道。例如，某公司产品线较窄，产品规格、品种不够多，尝试进行连锁经营渠道之后发现销售业绩不佳、入不敷出，产品并不适合设立专卖店销售时，便应退出连锁经营而选择其他渠道模式。

3）对整个营销渠道模式和渠道系统加以调整

对制造商来讲，最困难的渠道调整决策是修正和改进整个渠道模式和渠道系统。这也是营销渠道调整的最高层次。例如，企业由经销（代理）模式改为分公司模式或由特许经营系统改为管理式垂直渠道系统。这些决策不仅会改变营销模式和渠道系统，而且将迫使制造商改变其市场营销组合和市场营销政策。这类决策比较复杂，对企业及整个渠道运作的影响都很大，而且如果决策失误，短时间内又难以补救，损失将更大。所以，在渠道调整以前一定要做好可行性分析与渠道评价工作，认真考虑这种调整是否可行、中间商的反应如何、是否会引起某些重大冲突等问题。

4）调整渠道政策

如果企业通过渠道绩效的评估发现铺货、激励等渠道政策会对渠道运行质量产生较大的不利影响时，就应该详细分析原因，重新修正相关渠道政策，以便更好地激励渠道成员，提高渠道运行效率和经济效果。

三、能力训练

（一）案例分析

丽人公司的渠道应如何调整

丽人公司是一家医药保健品企业，其开发的减肥产品"丽人"已经在全国大部分市场均有销售，而且该产品销售量稳步增长，每年都能给公司带来百万元以上的利润回报，这对于一个中小医药保健品招商企业来说，"丽人"是一个不错的利润型产品。鉴于该产品良好的使用效果及不断上升的销售势头，丽人公司在去年投资为"丽人"申报了保健食品批号，产品竞争力进一步增强。在此基础上，丽人公司提高了"丽人"2006年的销售任务要求，营销部门迎来了新的市场挑战。

从地方"营食准字"到国家"保健食品"，"丽人"完成了产品批号的升级，终于获得了"合法"的市场身份，这为未来产品销售的提升创造了极为有利的市场条件。"营食准字"是由地方政府部门审批的功能性食品批号，并不能在全国市场上获得各地主管部门的认可，这种弱势批号的产品，也很难获得行业实力经销商的青睐，于是，弱势产品形成了弱势的市场格局。

（1）经销商数目众多，全国有130余个，规模较小，星星点点地分布在地级和县级市场，省会级城市基本还没有进入。丽人公司在市场上缺乏有实力的经销商。

（2）由于产品批号所限，"丽人"的功能宣传在不同的市场区域受到一定的限制，绝大部分经销商的广告投入积极性不高，只是采取终端运作的方式进行销售。

（3）过多的经销商数量，导致丽人公司的市场管理成本上升，销售政策的统一性实施难度增大，市场指导和服务不能深化。

"丽人"批号的顺利升级，为改善目前的格局创造了极为有利的市场条件，当然，原有一套市场格局也因此出现了脱节，"衣服"过时了。市场变革，势在必行。

1. 空白市场问题

在"丽人"现有市场上，存在着两种空白区域，即重点市场和非重点市场，重点市场是省会城市空白区域，非重点市场是地市级中还没有被有效覆盖的市场区域。对空白市场实现有效的销售覆盖，无疑将为"丽人"的销量增长提供基础。

2. 经销商对市场广告投入的积极性问题

对医药保健品来说，市场广告投入的多少往往对产品的销售起着决定性的影响，原"丽人"的经销商普遍规模较小，产品批号对经销商市场的广告投入也产生了一定程度上的阻碍，导致经销商对市场的广告投入积极性不高。除此之外，现有的销售格局也对经销商对市场广告投入的积极性产生了重要的影响，主要原因是经销商的区域较小，而市场上的强势媒体覆盖的区域较大，造成经销商的市场投入浪费。

3. 销售渠道的归拢问题

在企业市场人员有限的情况下，众多的中小经销商势必会给企业带来诸多的管理问题，如管理成本上升、无法为市场提供深度的市场服务、工作效益低下等，这些问题，也都不同程度地影响到了产品的销售。而强势经销商是众多医药保健品招商企业渴望的合作伙伴。

资料来源：推动渠道变革，实现销量提升. http://www.docin.com/p-886229648.html
[2014-08-08]

问题

丽人公司的渠道模式应如何调整？

（二）校内外实训

选择一个企业，对其渠道管理组织进行简单评估。

四、知识拓展

渠道问题诊断方法与实例

随着营销环境的变化、竞争对手策略的更新、企业自身资源条件和地位的变化，企业必须对营销渠道进行诊断，以便更加精确地了解营销渠道运行的各个方面，从而对营销渠道进行有效改造。

（一）渠道诊断测量数据

渠道管理分为静态管理与动态管理，其中静态管理包括渠道数量、渠道质量，动态管理包括渠道策略制定、渠道策略执行。因此，渠道诊断应从渠道数量、渠道质量、渠道策略制定、渠道策略执行等四方面进行诊断。

1. 渠道数量诊断数据

（1）铺货率： 铺货率=某区域市场销售本品牌的经销商数量/本品类经销商数量。铺货率用于反映渠道总体规模，如客户是否必须增加渠道成员的数量，需要增加多少？

（2）新增数量：新增数量反映的是与上年相比，本品牌渠道或竞争对手在数量上的变化。新增数量用于区域比较，能发现竞争对手营销的趋势，用于不同层级的比较研究，能发现竞争对手的渠道方向，如是重点经营批发商，还是零售商？

（3）重点经销商、直营商数量：重点经销商、直营商数量可反映渠道结构的合理性，是渠道分销效率的重要指标。

（4）在重点区域的覆盖率：在重要的营销区域的铺货情况。在重点区域的覆盖率用于反映渠道分布的合理性。

（5）批零商家数量比、批零销售结构比：批零商家数量比是指批发商和零售商的数量之比，批零销售结构比是指批发营业额和零售营业额之比。批零商家数量比、批零销售结构比用于反映渠道结构合理性，是渠道效率的重要指标，可反映渠道动向。

2. 渠道质量诊断数据

（1）所覆盖渠道的分销能力：覆盖网点的分销能力=本品牌覆盖网点的销售量占本地商家总销售量的比例。渠道的分销能力可用于反映覆盖网点固有能力的大小。是需要更换网络，还是继续在现有网络精耕细作？反映渠道分销能力的其他数据还包括渠道销售人员的数量、经营场所、运输能力、信息收集反馈能力、投入流动资金量及融资能力。这些数据可用于反映渠道成员状况。

（2）渠道效率：渠道效率主要包括网络分销能力利用率、分销效率、直营商销售效率。网络分销能力利用率=（本品牌批零总量/该品牌所覆盖网点的批零总量）×100%

这一指标反映某品牌在多大程度上把握了所覆盖网点的分销能力。

分销效率=（厂家实际出货量/品牌的批零总量）×100%

这一指标可反映渠道长度是否合理，是否需要减少渠道层级。

直营商销售效率=（直营商销售总量/品牌总的批零量）×100%

直营商销售效率越高，表明本品牌对渠道的控制力越强。

（3）渠道健康度：主要指标有第一主推率、重点网点主推率、忠诚度、流失率。渠道健康度能够反映渠道资源的产出效率。

3. 渠道策略制定诊断数据

（1）渠道组织设计：区域代理制、多个批发商分渠道经销、总代理、区域代理制与直营零售相结合、大型连锁店跨地区零售合作、厂商合营销售公司、特许专卖店。

（2）渠道政策：渠道激励政策、渠道管理政策（窜货、价格）、渠道冲突与沟通政策、渠道销售/推广/技术支持政策、渠道服务政策。

4. 渠道策略执行诊断数据

（1）渠道考核绩效评估：信息沟通质量、服务质量、促销效率、合同管理。

（2）渠道终端管理：业务员管理、零售终端管理。

（二）某电脑外设品牌渠道问题诊断图

某电脑外设品牌渠道问题诊断图如图 5-1 所示。

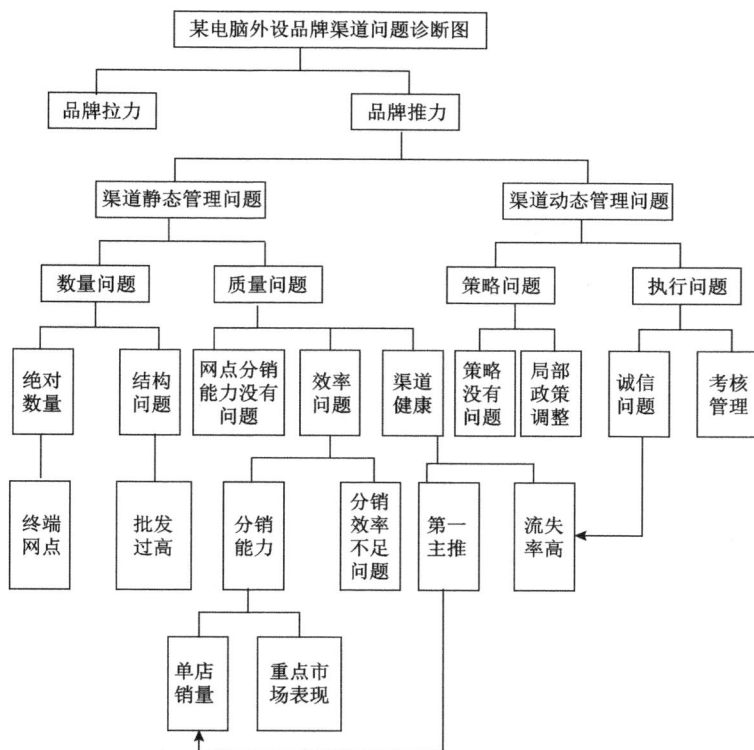

图 5-1　某电脑外设品牌渠道问题诊断图

从图 5-1 中可以得出：二、三级市场网点少，终端网点数量少；主推力低导致渠道不健全，商家流失率过高，进而导致分销能力利用率低；渠道结构不合理，缺少行业大客户支持；渠道布局不合理，在重点市场精耕细作不够是分销能力差的重要原因；政策执行力度不够。

通过以上分析，可以得出某电脑外设品牌渠道主要出现的问题有：终端网点数量低、批发过高、单店销量低、重点市场表现差、第一主推率底、流失率高等。问题解决思路与办法如下。

（1）管理体系：总部建立强有力的管理体系，对市场部、渠道科的工作职能与工作重点重新设定。

（2）销售理念：加强终端网点的建设和开发力度，在销售体系灌输"树品牌、做形象、建终端、拉销售"的整体营销理念。

（3）营销培训：加强对销售人员的产品知识、销售技巧的培训力度，设立终端零售奖，鼓励终端零售业务。

（4）市场资源：加强分公司对市场推广等内容的重视，在代理商、经销商处合理分配各种终端资源，并对各种资源的利用进行有力监控。

（5）渠道分级：建立渠道分级制度，对重点代理商、经销商重点支持。

（6）样板工程：建立样板工程，对铺货、陈列、销售人员技能等进行规范化并复制到全国。

资料来源：http://www.docin.com/p-59881769.html[2010-06-14]

任务二　渠 道 创 新

一、任务描述

在渠道调整过程中，企业还应敢于打破原有的渠道框架，积极进行渠道创新。渠道创新可能使企业的渠道工作赢得一个质的飞跃。A 公司的销售总监王军是一个敢想敢做的营销人，他准备在渠道工作上能有一些创新性的突破。

二、知识学习

企业间在营销领域的竞争是营销组合的竞争，企业在营销组合要素的竞争过程中，伴随着市场从卖方市场向买方市场的演进，先后经历了产品数量竞争和产品差异化（质量、功能等）竞争。市场发展到今天，很多产品进入了同质化时代，竞争的激烈程度大大加剧。于是，价格竞争和促销竞争成为很多企业的选择，但价格竞争的双刃剑作用使得越来越多的企业意识到价格竞争不是企业的理想选择，而促销的可复制性、有效性等因素也使得很多企业逐渐意识到该竞争要素作用的有效性和经济性不高，而渠道的难以复制性及对销售的直接作用被越来越多的企业所认知，于是越来越多的企业开始信奉"渠道为王"，渠道成为很多企业的营销重心。

然而，企业的渠道建设并不是一劳永逸的，随着渠道环境的变化，渠道建设必须动态地适应环境的变化，即需要对企业渠道组织和渠道管理进行创新。

根据麦肯锡咨询公司的分析，新兴的分销渠道往往会带来全新的顾客期望值，并且会影响到成本，甚至可节省 10%～15% 成本，从而创造成本优势。新通路会给厂商带来意想不到的价值，诸如为顾客提供购买的便利、为厂商节省分销成本等。

（一）渠道环境的变化

当代社会，厂家所面对的消费者、中间商、竞争、技术等渠道环境正在发生着巨大的变化，必须根据这些渠道环境的变化而进行渠道创新。

1. 消费者的变化

1）消费者需求个性化

随着社会文化的发展和消费者收入的提高，消费者需求的同质性趋于减少和弱化，而异质性或差异性将不断增加与扩大，现代社会正从过去大众化消费进入"个性化消费时代"。

2）购物渠道多元化

互联网技术与物流业的发展、零售终端的多元化与跨界终端的出现等购物环境的变化，为消费者提供了多元化的购物渠道，如网络购物渠道、健身娱乐终端等。

2. 中间商的变化

1）新型中间商

消费者需求的个性化、互联网技术与物流业的发展等倒逼着中间商去适应这些渠道环境的变化，于是，网络中间商、跨界终端等新型中间商不断出现。

2）客户细分化中间商

日益加剧的竞争也使得很多批发商和零售商不断进行市场细分，于是，将客户进行细分，专注于经营某个细分客户的中间商不断涌现。例如，在批发环节，很多批发商由过去客户全覆盖向客户细分化转型，有的专做大商超渠道，有的专做小商超渠道，而有的专做餐饮渠道。

3. 竞争的变化

厂家产品的顺畅销售需要协调好企业的各个营销组合要素，竞争的加剧迫使厂家在各个组合要素上与供应链上的各个成员紧密合作，如在产品方面与上游的材料供应商、社会研发机构紧密合作，在产品的价格、分销和促销上与中间商合作，只有这样才能研发和生产出更具竞争力的产品，达成更具竞争力的销售效果。竞争主体已经由单个厂家与单个厂家之间的竞争演变为厂家供应链与厂家供应链之间的竞争。

4. 技术的变化

当代社会，从技术领域来看，对厂家影响最大的是互联网技术和柔性制造技术的发展，这些技术的发展催生了一些新型中间商，也为厂家与厂家之间、厂家与消费者之间直接互动和交易提供了有利条件。

（二）渠道发展趋势

基于渠道环境的种种变化，厂家未来的销售渠道将沿着下列几个方向而发展。

1. 渠道组织扁宽化

在厂商—分销商—经销商—零售终端—最终用户这一呈金字塔式的渠道模式中，流通环节太多和销售渠道的重叠，已经使得厂商浪费了大量的资金，也影响了经销商的效益。扁宽型二元架构（即纵向趋扁、横向趋宽）将成为渠道创新的大趋势，它有助于减少中间环节，强化网络的深度。横向趋宽是有鉴于市场日趋细分化和个性化，厂家将采用多个分支渠道进入多个细分市场，使渠道横向拓宽。

2. 渠道成员利益一体化

传统营销渠道系统中，渠道成员之间都是以各自的利益为出发点，独立完成各自的职能。其存在的关系只是纯粹的买卖关系，而很少重视相互间的交流合作。随着市场环境的变化，要想适应其发展，使渠道高效运作，提高各自的经济效益，就必须加强成员之间的协调统一，促进垂直营销渠道模式的发展。在这种新型整合的营销渠道下，厂商、批发商和零售商就要联合成一体，由以前的"你、我"关系转变为"我们"的关系，从以前的交易型活动方式转变成伙伴型活动方式。这样大家都以渠道系统的利益最大化为目标，联合在一起营销，将会提高经济效益，提升行业地位，这也是今后渠道发展的重要方向。

我国现有经销商队伍和小零售商是以个体户为基础发展起来的，整体素质不高。许多经销商队伍和小零售商都是在经商大潮中发展起来的，具有四点不足：市场开发能力不足；促销能力不足；管理能力不足；自我提高能力不足；等等。厂家为了实现其市场的有效运作，就必须对渠道成员进行经营指导、培训、助销（辅销）等支持，将利益观由"让中间商赚钱"转变为"帮中间商赚钱"，形成利益共同体，合力将厂家的事业做大，从而实现共赢。

3. 渠道重心终端化

在传统的营销渠道中，厂家处在销售渠道的顶端，把产品交给经销商，由经销商一级一级地分销下去。由于网络不健全、通路不畅、终端市场铺货率不高、渗透深度不足等原因，经销商无法将产品分销到厂家所希望的目标市场上。随着市场竞争的加剧及市场转为相对饱和的状态，企业对市场的经营需要由以前的"广耕"变为"精耕"，企业营销渠道重心也需从经销商逐渐转变为零售终端，因此，企业界就有了"渠道为王，终端制胜"的共识。

首先，以零售终端为渠道重心是为了适应分销市场变化而产生的营销理念；其次，体现这个理念的必须是可操作的商务流程，即是厂家与分销商在共用的平台上实现对零售商的支持；最后，保障这种商务流程持久有效发挥作用的除了管理工具的信息化就是营销团队管理机制的相应转变。做终端不仅是终端人员的事情，营销系统的工作重心必须全方位向终端倾斜，从产品具有更高附加值到品牌建设具有更高的品牌溢价都必须为此服务。因此，做终端对制造商的营销工作提出了更高要求，它是一种全新的经营理念和操作体系，而不仅是在终端用更多的人力强化拉动。宝洁、可口可乐等国际知名品牌都是强调做终端的，但它们并不像国内厂家靠人海战术做终端，做终端的实质是加强厂家在终端与消费者的直接互动沟通，需要做好售前、售中、售后服务，更好地满足消费者的需求。做这些工作增加终端人员当然是可以理解的，但更重要的是建立一套完善的机制和流程，调动制造商投入全部资源更好地满足消费者的个性化需求，而不是在一个商场用许多人强行推销。

4. 渠道终端个性化

品牌是基本、渠道是关键、决胜在终端。终端就是产品的目标客户群所集中的地方，要增强渠道的"精耕细作"，不断加大对零售终端的开发和服务，在终端进行产品与消费者面对面的展示、了解和交易。"以我为主"进行渠道再造显示出来的积极主动性与"以人为主"进行渠道选择所表现的是消极被动性已经越来越明显。我们不应仅从现有渠道入手，单纯地对其进行评估和选择，而应该从产品及消费需求入手，凸显"一对一营销"，"定制营销"设计、创新，构建出具有自身特色的较理想的个性化终端。终端直接面对零售商，为顺应消费个性化的需要，零售业态将更加丰富，诸如利基商店（集中经营特定的商品）、特许经营店、品牌专卖店等将更多涌现，形形色色的零售业态使厂家面对更加个性化的销售终端。

5. 渠道模式复合化

随着市场竞争的愈加充分，细分市场增加，新的渠道形式出现，为了更大量、更有效地接触目标市场，未来的企业已很难做到只采用单一通路模式。复合渠道模式能够顺应消费者多层次结构和不同时期的个性化需求，细分出不同的目标市场，开发出不同的产品，从而走不同的渠道。因为一条渠道在现实中已不能满足市场的多元化需求和企业的持续发展，复合渠道模式乃大势所趋。渠道整合与细分应根据市场形势的变化和产品的特征将单一的分销渠道逐步构建成多元化的分销渠道；应将分散、无序、少规模的分销渠道逐步改造为规模化、系统化、严密型的分销渠道；应在兼并、整合的同时进一步根据市场变化和消费者的服务需求细分渠道；应在同一分销渠道内尽量进行产品多品种的整合，以提高渠道的利润率和利用率，从而降低渠道费用，达到利益最大化。

6. 渠道沟通互动化

一方面，互联网技术的发展和网上交易环境的配套，促成了网络营销的快速发展，而网络营销的最大特性就是互动，即制造商与消费者的互动，最大限度地使供需关系得到协调；另一方面，厂家与商家互动，利用互联网技术使销售活动化，在供货、配送等环节提高效率和准确性。

7. 电子商务渠道主流化

随着信息技术时代的到来，电子商务渠道日益成为很多商品的主流销售渠道。与传统渠道方式相比，电子商务渠道具有营销效率高、费用低等特点，也能够使营销市场无限化，营销方式具有多样性、开放性。厂家通过电子商务平台缩短了生产者与消费者之间的距离，节省了商品流通中的诸多环节，从而降低了产品价格，对消费者也是一种极大的优惠，其空间开放性又打破了传统营销手段的局限性，从而使厂家的渠道营销方式进入了一个新的阶段。

（三）渠道创新的障碍

1. 渠道机遇很难发现，多种原因造成渠道机遇辨别的困难

首先，消费者的购物习惯并非一夜内改变，而是潜移默化地发生变化。例如，仓储

式大型超市已经在中国的许多城市开业，但这种既不损害传统分销渠道，又为消费者所接受的新型渠道并没有引起大多数制造商的关注和兴趣。其次，中国厂家普遍使用外部渠道，与自己的最终用户很少有直接接触，因此不得不依赖外部分销渠道来传递市场信息。这便使得厂家过度仰仗中间商对于市场新兴渠道的敏感性，即寄希望于中间商发现和利用新渠道。但是，这种模式必然导致中间商对新兴渠道的排斥，因为新兴渠道往往拒绝从中间商那里采购，倾向于直接与厂家打交道。

渠道创新的最大障碍往往在厂家内部。从管理上说，厂家往往专注于对分销渠道的控制和管理（尽管它们并没有真正做到），忽视保持与消费者合理接触的重要性，不能及时、全面和准确地了解消费者感受和意见，许多厂家甚至不能准确地掌握消费者的购买习惯。

2. 渠道决策受感情因素左右

受与传统中间商日益深厚的关系的制约和影响，许多企业不愿意退出获利性很差的渠道和甩掉业绩不好的中间商。根据经验，许多企业的业务员甚至是营销管理人员，都与自己的中间商形成了千丝万缕的关系，为中间商所左右，更有甚者，由于管理不到位，为中间商欠款或经销合同所累，进而被中间商所控制。

（四）渠道创新的方向

基于渠道环境的具体变化及渠道的发展趋势，渠道创新可以沿着下列方向进行。

1. 渠道组织创新

1）渠道长度创新——渠道扁平化

传统的营销渠道呈金字塔式的体制，其经典模式是厂家—总渠道成员—二级批发商—三级批发商—零售店—消费者。但在以企业为本位及供过于求、竞争激烈的市场营销环境下，此传统的渠道存在着许多不可克服的缺点，如沟通效率低、效果差，执行力不足，市场方案层层变形，厂商对营销渠道的控制力弱等。

互联网、物流网络技术的发展和终端渠道的成熟等众多因素，推动着渠道向扁平化的趋势发展。渠道扁平化是指以企业的利润最大化为目标，依据企业自身的条件，利用现代化的管理方法与高科技技术，尽量减少不合理的渠道层次，提高渠道运作效率、渠道服务与控制力，扩大利润空间。

扁平化实际上是优化供应链的过程，真正减少的应是供应链中不增值的环节和增值很少的环节，进而提高渠道运作的效率。渠道扁平化是一种趋势，但绝不是简单地减少哪一个层次就叫扁平化，不能简单地否定高耸型组织（金字塔形组织）存在的合理性，因为有些企业或产品，如市场潜量小、毛利低的产品，即使遵循扁平化要求构建其销售组织，最后也不得不选择高耸型组织形态。扁平化是针对可以采用扁平组织化却选择了高耸型组织的企业的一种组织设计要求，这些企业通常是指生产毛利高、市场潜能大、产品拉力大的产品的企业，这些企业的渠道组织应将原来的高耸型组织改造成扁平化组织，由此可能将大区域经销模式转变为小区域经销模式，削减掉处于大区域层次的销售机构，甚至可能将渠道模式由经销（代理）模式为主转变为以直销模式为主。

【案例 5-2】

卧龙科技的渠道扁平化

卧龙科技公司主要经营微电机。该公司在销售自主开发的电动车时，改变了经由经销商、各级批发商到零售商的传统模式，而是根据电动车这一产品的特点，将零售商作为经销商，从而大大缩短了渠道长度，同时也保证了销售规模。其主要营业额由自己所开设的总店、分店来完成，然后附带进行零售加盟店和其他销售网络的辐射和建立，成功地加快了自营进程速度。

资料来源：企业销售渠道有效管理与创新. https://wenku.baidu.com/view/21bb931a6d175f0e7cd184254b35eefdc8d31510.html[2016-11-26]

2）渠道广度创新——拓宽渠道类型

一种产品的销售渠道，从目标顾客的购买地点上来看，可能有很多种，如纯净水的销售渠道包括商超、餐饮店、夜店（网吧、会所、洗浴中心、酒吧等）、交通工具（火车、汽车、飞机）等。销售网点建设的标准是企业的目标顾客会在哪里具有购买企业产品的客观需求，就应在那里建立销售网点。

当今时代，对于企业来说，网络、跨界终端、私人订制等新型渠道成为企业重点考虑加以拓宽的对象。

互联网技术等现代技术的发展使得网络渠道成为一种极具生命力的新型渠道，互联网信息技术对企业的营销渠道产生了广泛而深远的影响，甚至在某种程度上可以说，一场营销渠道的变革正悄然而至。之所以如此，是因为网络渠道有着传统渠道无法实现的优势，它可以克服时间、空间的限制，使企业与消费者之间的沟通更为方便、快捷，互动性更强；也可以大大节约顾客的时间成本、精力成本甚至货币成本（有数据表明，使用电子商务与客户的每一次接触的成本是现场销售的千分之一，而覆盖面大大超过现场销售范围），从而让顾客有更多选择的余地。另外，电子商务还解决了传统分销模式的一系列问题，如难以满足顾客的个性化需求、中间商利润高等。因此，网络渠道在未来将会呈现出蓬勃发展的趋势，而在这一趋势中，网络销售渠道会不断挤压线下渠道的份额，并在未来相当长的时间内，其份额将日趋增加，企业应据此趋势积极构建网络销售渠道。

消费者购物渠道的多元化需求及便利性需求等催生了跨界终端的出现。跨界终端是指在经营行业产品的基础上，同时经营能够满足同一目标群体需求的异业产品的终端。例如，很多酒店将其盈利点由客房转变为跨界销售，将酒店建成艺术品、奢侈品等主题性酒店，客房仅仅是酒店的基础性利润源，酒店的主要利润转变为艺术品、奢侈品等商品销售所带来的收入。目前，在酒店业、健身娱乐业、美容美发业等很多行业都出现了这类跨界终端，企业可以积极开发这类新型跨界渠道。

消费者需求的个性化趋势使私人订制产品成为必要，柔性制造技术因为能使私人订制产品的成本得到较好控制而使企业能够对私人订制产品进行规模化生产，互联网技术为顾客与制造商之间的私人订制需求提供了信息互动条件，物流业的发展为私人订制产品提供了低成本快速的产品传递渠道，因此，私人定制市场在未来将成为一个极具潜力的市场机会。具备柔性制造技术的企业对其具有个性化需求的产品应该积极开发私人订制市场，以扩展现有产品的市场，相应地，企业还需要建立线上或线下定制和销售渠道与消费者的个性化需求进行有效对接。

【案例 5-3】

"到家美食会" O2O

"到家美食会"自建重度垂直的物流服务系统，消费者可通过"到家美食会"网站、手机客户端或呼叫中心，从周边知名特色餐厅订餐，并由"到家美食会"的专业送餐团队配送。"到家美食会"注重服务效率和品质，在满足食客们对于菜品温度、口味、时间等方面的"苛刻"要求的同时，借此打造核心服务优势。"到家美食会"在获取京东及晨兴创投领投 C 轮融资的同时，除了再次得到资本认同和支持外，与京东有机整合，结合其餐饮 O2O 领域更为严格的配送标准业务体系，以解决"最后一公里"问题。

资料来源：2014 年中国餐饮 O2O 十大创新性案例. http://www.docin.com/p-1463196536.html[2015-01-12]

3）开发特殊渠道成员

企业通常将商超、餐饮等企业作为渠道成员加以开发，但还有一些特殊的经营者的渠道价值不容易被企业所认知，但它恰恰是企业产品与目标顾客的一个重要接触点。例如，糖进药店、红酒进鲜花店等，对这些特殊的经营者，企业应该主动地进行观察与分析，发现这些特殊经营者的渠道价值，将其发展成为企业的渠道成员，填补渠道网点的盲点，从而增加产品销售机会。

4）渠道模式创新——线上线下融合

随着互联网技术的发展，网络销售渠道因其具有打破时空限制使得购销范围更广、时间更灵活、购销成本更低与渠道扁平化进而使得产品价格更加低廉等优势，作为一个面向组织和个人客户的线上销售渠道以 B2B、B2C、O2O 的形式得以迅速发展。因此，越来越多的实体企业在通过传统的线下销售渠道进行产品销售的同时，也通过企业自身的网站或第三方网络平台进行产品销售。这两种销售渠道各有优缺点，线上销售渠道在拥有一些优势的同时，也有产品完整展示不足、信用难以保障、购买体验缺失等缺点，而线下销售渠道却有着与之相反的优缺点。作为买方来说，一个理想的交易行为旨在取二者之所长，避二者之短，因此，线上与线下的融合则可有效满足买方的需求，是发展的必然趋势。企业在构建线上、线下双线销售相互补充与融合关系的同时，也产生竞争关系，如何处理好二者之间的竞争尤其是价格竞争关系，是企业必须着力解决的问题。

5）渠道系统创新——打造垂直渠道系统

企业竞争主体向企业价值链的演进，使得一些企业越来越重视垂直营销系统的重要性，强化渠道成员之间的利益关联度是增强垂直营销系统竞争力的根本途径。对此，企业既可以通过产权关系强化与中间商的利益，如格力电器股份有限公司与其经销商共同创建格力销售股份有限公司，建立产权式垂直渠道系统；也可以通过提供助销和培训服务、商会等管理措施强化与中间商的利益关系，建立管理式垂直渠道系统，如立白集团通过建立经销商商会加强厂商之间、商商之间的关系，取得了很好的收效。

厂家在垂直渠道系统建设中：一要努力向终端逐步融合、渗透，贴近消费者，实现渠道内涵上的扁平化；二要融入到中间商之中，注重优势互补，整合利用各方面资源，完善和强化中间商的职能，以达到中间商与厂家在管理、销售、财务、价格和物流各个方面的纵向协调，逐步在系统内推行标准化的作业流程，建立数据库共享平台，提高整个系统作业的一致性和管理效率。例如，海尔公司的垂直渠道系统，又称产销联合体的渠道模式，不论在省会城市、地级城市还是县级城市，海尔集团都会建设自己的分支机构，建立销售网络和渠道，发展零售商。由于各地销售中心的存在，集团有能力严格选择零售商，并配合市场销售，举行多种行之有效的宣传促销活动，这也为维护品牌形象和今后的规模化发展打下了良好的基础。这种模式的优点在于：取消了中间流通环节，降低了销售渠道的成本，厂家能真正拥有属于自己的零售网络资源，有利于对零售终端网络的控制与管理。这种模式真正实现了从厂家到经销商、零售商的"厂商双赢"，产销联合体的渠道模式使渠道成员变成了企业销售渠道的主人。厂家不管是采取由经销商认购公司股份或厂商合伙，还是采取向后一体化等方式，其目的都是以投资联合方式取代过去的契约合作关系，以加重对经销商约束与掌控的砝码，直接以利益驱动经销商的责任心，形成更高程度的厂商一体化，直接提升市场方案的执行力与公司的市场竞争力。

2. 渠道管理创新

1）厂商关系创新——构建伙伴型厂商关系

在传统的渠道关系中，每一个渠道成员都是一个独立的经营实体，互相之间是纯粹的交易关系，各方均以追求个体利益最大化为目标，甚至不惜牺牲渠道和厂商的整体利益。基于供应链竞争的趋势，厂商之间必须建立紧密型的伙伴关系，在伙伴型销售渠道中，厂家与渠道成员以双赢为基准，通过厂家对渠道的链条控制，使分散的渠道成员形成一个整合体，渠道成员为实现自身或大家的目标共同努力，将供应链打造成为能够增大各方利益的价值链。在此过程中，厂家为渠道成员提供助销、培训等旨在提高渠道成员利益的服务、资金、物资等支持，渠道成员积极配合厂家的产品销售、价格控制、促销活动等，厂家与渠道成员共同努力提高销售网络的运行效率、降低费用、管控市场。

伙伴型厂商关系要求厂商之间必须从个体利益主体中摆脱出来，从对资源的抢夺和攫取转移到对供应链的再造与价值的增值上来。这就要求厂商之间应当建立伙伴型厂商关系，制定一个有吸引力、渠道成员追求的光明远景目标，在共同目标实现过程中相互配合，整体行动，在信息平台上充分共享信息，相互激励，实现"双赢"。

【案例 5-4】

宝洁与沃尔玛的伙伴型厂商关系

如果说，是两家公司使得"供应链"这个词家喻户晓，那就是沃尔玛公司和宝洁公司。20 世纪 80 年代，在这两家公司开始合作之前，美国零售商和制造商分享的信息很少，双方总是围绕着商品价格和货架位置争夺控制权，情形就像今日中国的零供关系。

曾几何时，有着"自我扩张欲的家伙"之称的宝洁公司与沃尔玛公司经历过长时间的"冷战"。宝洁公司总是企图控制沃尔玛公司对其产品的销售价格和销售条件，而沃尔玛公司也不甘示弱、针锋相对，威胁要终止宝洁公司产品的销售，或把最差的货架留给它。

当然，双方很快认识到深度合作的好处。1987 年，为了寻求更好的手段以保证沃尔玛公司分店里"帮宝适"婴儿纸尿裤的销售，宝洁公司负责客户服务的副总裁 Ralph Drayer 和沃尔玛公司的老板 Sam Walton 终于坐到了一起。那个时刻，被认为是协同商业流程革命的开始。

"宝洁–沃尔玛模式"的形成其实并不复杂。最开始时，宝洁公司开发并给沃尔玛公司安装了一套"持续补货系统"，具体形式是：双方企业通过电子数据交换和卫星通信实现联网，借助于这种信息系统，宝洁公司除了能迅速知晓沃尔玛公司物流中心内的纸尿裤库存情况外，还能及时了解纸尿裤在沃尔玛公司店铺的销售量、库存量、价格等数据，这样不仅能使宝洁公司及时制订出符合市场需求的生产和研发计划，同时也能对沃尔玛公司的库存进行单品管理，做到连续补货，防止出现商品结构性机会成本（即滞销商品库存过多，与此同时畅销商品断货）。而沃尔玛公司则从原来繁重的物流作业中解放出来，专心于经营销售活动，同时在通过电子数据交换从宝洁公司获得信息的基础上，及时决策商品的货架和进货数量，并由制造商管理库存系统实行自动进货。沃尔玛公司将物流中心或者仓库的管理权交给宝洁公司代为实施，这样不仅沃尔玛公司不用从事具体的物流活动，而且由于双方企业之间不用就每笔交易的条件（如配送、价格等问题）进行谈判，大大缩短了商品从订货经过进货、保管、分拣到补货销售的整个业务流程的时间。

具体作业流程是：沃尔玛的各个店铺都制定了一个安全库存水平，一旦现有库存低于这个水平，设在沃尔玛公司的计算机通过通信卫星自动向宝洁公司的纸尿裤工厂订货。宝洁公司在接到订货后，将订购商品配送到各店铺，并实施在库管理。与整个商品前置时间缩短相适应，两个企业之间的结算系统也采用了电子基金转换系统。通过这种系统企业之间的财务结算就不需要传统的支票等物质形式来进行，而是通过计算机及销售终端（point of sale, POS）终端等电子设备来完成。事情正如 Sam Walton 对 Ralph Drayer 所说的："我们的做事方式都太复杂了。事情应该是这样的——你自动给我送货，我按月寄给你账单，中间的谈判和讨价还价都应该去掉。"

资料来源：宝洁–沃尔玛模式. http://www.docin.com/p-522745208.html[2012-11-09]

2）市场运作方式创新——深度分销与渠道精耕

不断加剧的竞争、销量和市场占有率最大化的要求等使得深度分销成为一种管理趋势。深度分销是一种渠道技术，它是指企业通过一定的手段和方法，将产品尽可能销售到目标市场的每一个层次和每一个角落，达到渠道充满和随手可及。这是很多企业都希望达到的分销目标。其中，横向的深度分销指的是区域市场的密集分销，即找更多的客户进行分销，目的是实现"渠道充满"；纵向的深度分销指的是"渠道重心下移"，深入基层市场开展分销，目的是实现渠道精耕。渠道精耕是指通过厂商合作，对目标市场区域进行划分，对渠道中主要销售网点做到定人、定域、定线、定点、定期、定时的拜访和专业化服务管理的活动。通路精耕能够使市场运作过程中的人、财、物等营销资源的分配和使用趋于科学化，有助于企业及时获得一线市场信息，为发现问题、解决问题并进行正确的决策提供信息支持。

【资料链接】

康师傅的渠道精耕

现在康师傅在中国内地已经是一个拥有包括 300 个营业点，近 5000 个经销商，55 万个销售点，139 个仓库的巨大销售平台。康师傅渠道管理的突出特点是精耕细作、全面覆盖。康师傅把全国划为 1500 个小区域，每一个区域都有业务员负责。康师傅要求每一个业务员每天要拜访 30 个零售点，了解他们的销售情况及需求，搜集他们对于产品的意见和建议。在渠道形式上，康师傅的主要形式有两种：一种是直营，通过直属的办事处、营业所等直接将产品铺向终端；另一种形式是经销，在自己力所不能及的市场通过中间经销商去发展终端网点。而相应的，康师傅的业务人员也可以分为两种：直营业务代表和经销业务代表。直营业务代表分工很细，有的专门负责大卖场，有的专门负责零售店；而经销业务代表则主要负责经销商的开发、管理、协销和维护。这样，康师傅编织起了一个组织严密、分工明确、由点到面都有专人负责的动态的营销网络，即使人员更替也能保证很快接替。而这个网络中的每一个渠道管理员，不仅要负责新网点的开发，还要负责已有网点的维护和提升。

从 1998 年开始，康师傅就开始实施"渠道精耕"，其实施要点如下。

1. 压缩层级

对于重要城市，寻找能够直接为零售点服务的批发商作为经销商，在康师傅内部，形象地把他们称为"邮差"，意喻能够主动配送的人。这样就少了一道中间环节，减少了渠道中间费用，货物能够以更合理的价格和更快的速度到达消费者的手中。这样，康师傅就可以直接和批发商做生意，同时派人员加强终端维护和推销工作，依据零售点普查的资料对零售点进行分级管理，设定相应的拜访频率。

2. 分区管理

即保证每个"邮差"都有合适的销售区域，这是市场价格稳定的前提。康师傅的市场分为两种类型，即城区市场和外埠市场。除了全国范围内的区域划分外，在一个城区市场也要按零售点分布情况划分片区经营，在每一片区选取经销商服务零售点，公司配备业务人员协助经销商工作，这将加强终端工作的深入化和细致化。在外埠市场，康师傅并不是简单地以行政区域来划分市场，而是站在经济商圈的概念来自我规划。

3. 突出服务

由专门的业务代表协助"邮差"，帮助其卖产品，帮助其拜访零售点，拓展市场，这主要分为两个层面：一是康师傅对经销商的服务。对经销商的服务体现在如何帮助其拓展销售，并协助其服务下游网点。在城区，业务代表帮助经销商做推广，服务其下属的零售点，加强终端销售力；在外埠片区，业务代表配合经销商服务其下游客户，使其销售网络更加牢固和稳定。二是经销商对零售点的服务。主要体现在配送能力上，即经销商一定要具有对下游网点送货上门的能力。康师傅认为，配送是决定通路的一个最重要的因素，是未来渠道竞争力最大的促进手段，零售点会因为主动上门的配送服务而改善产品的销售，尤其是对于新品的铺货，尤其重要。

4. 工商联盟

就是要求康师傅和经销商结成"营销共同体"，达到"双赢"。这主要通过协议来保证执行，康师傅对经销商提供力所能及的销售支持，经销商在所辖片区内独家销售，但不得出现窜货、价格混乱的现象。

资料来源：康师傅如何从徒弟到师傅的. http://www.doc88.com/p-703554632029.html [2012-04-07]

典型的渠道精耕模式是"一图三表六定"。一图即"销售网点分布图"，需要根据客户资料将经销商、分销商、配货商、零售点等渠道成员在地图上明确标示出来，并进行编号；三表即"客户登记表（记载客户的详细资料、经营状况等，是所有工作的基础"）、"客户服务表（包括客户编号、客户等级、进销存状况、店面陈列、存在问题等，该表明确规定了销售人员的工作内容，包含着企业希望了解的所有信息）"和"订货表（根据了解到的信息及客户的经营状况及时接受客户的订货）"；六定即定人、定域、定线、定点、定期、定时。

3）考核依据创新——重过程轻结果

企业对中间商及业务代表激励的传统做法是基于对其工作结果（如销量、回款等）的考核而进行的，这种做法是非常不科学的，主要原因在于：一是由于市场的复杂性、多变性及制定方法的局限性等原因，销量等任务指标的制定难以十分科学与公正；二是工作结果导向的考核容易诱发窜货、砸价、卖大户等有害于市场长期健康发展的行为，良好的工作结果的背后可能隐藏着恶劣的市场运作状况。因此，企业在对工作结果进行考核的同时，更应重视形成这一结果的工作过程指标的考核，如铺货率、生动化陈列、价格秩序、促销活动的执行、商流秩序等。这就意味着对中间商及业务代表的考核分为两个维度：一是结果维度，根据工作结果进行考核与奖惩；二是过程维度，根据过程指标进行考核与奖惩。而考核与奖惩的重点是过程考核，这种考核导向，将会引导中间商及业务代表将工作重心放在提升产品铺货率、生动化陈列、价格秩序、促销活动的执行、商流秩序等方面，这些工作过程指标的良好完成，自然会使工作结果达到最大化效果。

4）客户管理创新——实施客户关系管理

企业对客户管理的传统做法是粗放的，基本局限于掌握客户的一些基本资料，据此对客户进行拜访、业务联系等简单工作，而基于供应链竞争和伙伴型厂商关系的需要，企业则必须依靠现代客户关系管理理论对客户进行管理。客户关系管理理论最初由美国学者 Gartner Group 提出来，在 1980 年初便有所谓的"接触管理"（contact management），即专门收集客户与公司联系的所有信息。到 1990 年则演变成包括电话服务中心支持资料分析的客户关怀（customer care），开始在企业电子商务中流行。1999 年，Gartner Group Inc 提出了客户关系管理概念（customer relationship management，CRM）。所谓 CRM 是指利用信息科学技术，实现市场营销、销售、服务等活动自动化，使企业能更高效地为客户提供满意、周到的服务，以提高客户满意度、忠诚度为目的的一种管理经营方式。包括销售管理、市场营销管理、客户服务系统及呼叫中心等方面，其作用在于开拓市场、吸引客户、减少销售环节、降低销售成本、提高企业运行效率等，最终目标是吸引新客户、保留老客户及将已有客户转为忠实客户。实施客户关系管理对于企业的渠道成员具有积极的稳定、扩大作用，同时能够有效地提高渠道运行质量。

三、能力训练

（一）案例分析

亮彩的渠道创新

去年亮彩液晶电视国内市场占有率仅为 7.72%，排名第六名。而在今年第一季度，亮彩一跃成为液晶电视销售量冠军，市场占有率上升为 10.3%，亮彩一年来的销售渠道改革是一个重要原因。

以前亮彩与其他品牌一样，主要通过省级代理商，将电视销售给国美、苏宁等大型家电连锁零售商和其他零售商，亮彩自身与终端零售商的接触并不多，导致对终端消费需求的变化趋势反应速度迟缓。

现在，亮彩已经取消了省级代理商。亮彩电视从工厂出货以后，会先运至亮彩在各地的 5 个分公司，然后再由分公司直接销售给渠道商，亮彩与国美、苏宁这样的渠道商打交道时，会绕过区域代理商，直接与国美、苏宁签订"厂家直供订单"，这使得亮彩电视以相对便宜的价格直接供货给这些大型零售商。

虽然亮彩目前在相对偏僻的中小城市也保留了一些区域代理商，不过，这些区域代理商的销售量占亮彩电视的出货比例已经越来越小，这些区域代理商主要向偏僻地区的零售店销售产品，而且还受到亮彩各地分公司的销售管理指导。

通过对渠道的建设和整改，亮彩在各级市场与低价品牌液晶电视的"价格差距"迅速减少，有力地促进了亮彩电视的销售，提高了市场占有率。

资料来源：http://www.docin.com/p-649219190.html[2013-05-08]

问题

1. 亮彩取消省级代理商的做法属于哪种渠道结构创新？这种方式有何优点？

2. 渠道变革后，亮彩拥有哪些类型渠道中间商？这些中间商是如何对市场进行覆盖的？

3. 对比改革前后的渠道结构，说明亮彩与低价品牌价格减小的原因。

（二）校内外实训

利用业余时间选择一个你熟悉的产品，对该产品进行渠道创新设计。

四、知识拓展

（一）渠道创新与销售管理

1. 创新的基础

（1）渠道创新作为一个过程，首先是为了适应分销市场变化而产生的营销理念，即是以零售终端为服务核心；其次，体现这个理念的必须是可操作的商务流程，即是厂家与分销商在共用的平台上实现对零售商的支持；最后，保障这种商务流程持久有效发挥功用的除了管理工具的信息化就是营销团队管理机制的相应转变。

（2）传统的营销理念始终围绕着产品的销售实现，即如何把产品卖出去是最高目标，而不是把分销渠道作为一个产品来经营。在这样的理念指导下，商务模式趋于两极：要么只对大户（一级经销商），要么自建终端。前者的营销商务仅限于物流配送和财务结算，后者则是厂家增设了职能部门。而以零售终端为服务核心的分销模式是趋于两极的对接，缩短分销通路，具体说就是厂家帮助一级经销商直接为零售商服务。

（3）主流的传统分销管理把营销团队的销售量作为主要的绩效目标，而在中国内地不成熟的市场经济营商环境里，短期的销量实现可能是以破坏渠道游戏规则、损害厂家长远利益或分销链中某一环节的商家的收益为代价的。

2. 新流程的管理模式

（1）以零售终端为服务核心的营销理念首先强调工作目标是直接面对最终消费者的分销末端，而不是传统的一级经销商，更不是学院派认为的最终消费者。因为产品创新投入大并且成功率极低（一般低于10%），多数厂家不具备研发能力，只能以模仿为主。产品的适销对路与否、品质是否符合相关标准、价格能否被市场接受等本来就是能否进入市场的基本条件。而对终端的服务实际上就是在经营持久不衰的自有品牌和渠道这种特殊产品。可以说营销团队的产品就是渠道经营（销售服务），其消费者就是零售终端。新经济营销管理的模式应以此为出发点建立目标管理的架构和绩效考核的评价体系及激励机制。

（2）首先，销售人员对终端的服务主要是通过对分销商的助销来实现的，所以渠道层次应尽可能减少。其次，有效实施对分销商的助销除了厂家的推广和促销资源的投入，更重要的是有赖于销售人员的培训、协调和沟通能力。尤其是培训能力，因为要让分销商认同厂家的营销理念和企业文化，要组织和引导分销商的人力资源去实施对终端的服务，对销售人员的要求不仅是能够摧城拔寨的销售好手，更需要其具备良好的职业风范和沟通技巧。最后，销售人员的工作目标不仅是销售量，更重要的是客户（分销商）和消费者（零售终端）的亲和度与稳定性。

3. 新流程的案例分析

（1）国内某啤酒厂在其主力市场的分销网络有 30 家一级批发商、200 家二级批发商和 10 000 家零售终端。以前的管理和服务主要针对一级批发商，往往渠道的实效促销到了二级批发商就走样，不得不投放大量的人力、物力直接到终端促销，如小礼品的投放、零售终端的价格折扣和返奖政策等，既增加了成本，又达不到预期效果。而啤酒市场的激烈竞争越来越明显的表现为对终端的争夺。该啤酒厂的销售公司在原来的一级批发商中根据辐射能力和范围、经销能力和信誉挑选了 5 家作为分销中心，作为厂家的紧密合作伙伴。其收益主要靠返奖而不是差价，厂家可提供更多的资源支持，如物流配送运力、销售人员的培训及电脑和通信设施等。其余的一级批发商与原来 200 家二级批发商全部转为准一级批发商，除了不直接供货，享受所有的原一级批发商的销售服务和资源支持。经过一年的运作，渠道促销的效果明显提高。更重要的是原二级批发商的亲和度大大提高，对渠道的控制力和分销商的稳定性都得到明显加强。

（2）该啤酒厂面临的问题是如何固化、扩展和提升这种渠道创新的经营模式。首先，要想有效地对原有的二级批发商实施全面的销售服务和资源支持，将面临海量信息处理的问题，而如果不建立信息化管理系统简直无法想象；其次，原有的一线销售人员业务能力和职业质素不能适应客户数量更多和服务内容难度更大（帮助分销商争夺终端）的要求；最后，原有的组织架构、绩效考核和激励机制也不相适应。总之，渠道扁平化了，但销售管理组织形式还是科层结构而没有相应扁平化，组织功能没有模块化就难以解决合格的销售人员短缺的问题；组织管理没有信息化就难以解决实时处理海量信息、及时应对市场环境变化、提供销售策略调整的决策支持；组织系统没有建立以渠道建设为核心的目标管理和绩效考核机制，就无以持久有效和大规模地实现渠道创新。

（3）渠道创新必须建立在扎实细致的分销管理基础之上。首先，要有充足的畅销产品来支持渠道价值链增值和足够的规模来分摊渠道运营成本；其次，精细化渠道运作要在企业总目标框架下实现区域市场利润最大化，即事事处处优化资源配置，激励营销团队高标准工作；最后，要有长远的营销团队建设规划，即把持续系统的员工培训和企业文化建设相结合，培育真正的学习型组织，在营销实践中群策群力，不断改进和完善经营之道。

资料来源：http://www.docin.com/p-1503189837.html[2016-03-24]

（二）互联网产品营销渠道的典型模式

对渠道模式的描述，最常见的是直销和分销。电子商务产生后，人们曾普遍认为分销会逐步消亡，直销会成为渠道模式的主流，然而事实并非如此，即使是与物流无关的互联网产品（服务）的渠道模式也不可能取消分销体制，而且在市场扩展中，分销模式有时更加明显优于直销模式。

互联网产品指能够通过互联网传递、传播或分发的产品与服务，包括域名、虚机、建站、邮局等基础服务；搜索、软件应用平台等企业增值服务；通过互联网提供的"会员型"产品及服务等。下面将以这些服务的渠道模式为例，对典型渠道模式进行描述和分析。

1. 直销模式

互联网产品和服务是随着互联网的兴起、网络应用不断扩展、电子商务水平不断提高而产生的一系列基于互联网的"纯"数字化产品和服务。它们共同对用户的"主业"起基本支撑和保障作用。

这些产品的形态、构成、购买过程、款项支付、产品设置、售后服务和消费使用等可以完全基于互联网，因此直销模式是这些产品和服务的一般性、普遍性选择。

从互联网服务的直销模式看，直销不只限于"销售–购买"环节，而更加注重直接服务，而服务概念借助于互联网手段，显现出以下特征。

1）对需求的响应速度加快，客户化程度加强

在用户支付款项后，服务并非一次交付完毕，而需要持续性服务来完成。在持续性服务过程中，用户会根据需要来保持、调整产品或服务的内容，这仍然需要使服务内容与用户需求相匹配。例如，一个用户购买了一个一年的域名服务，在支付款项后，需要进行系统配制才能使域名生效，而在生效后的使用过程中，用户可能需要"域名转发"功能（即多个域名指向一个网站），也可能变更网站的 IP 地址，在使用期限结束后还可能会续费延期等。这些服务最初是通过运营企业人工介入实现的，而现在将这些调整功能完全交给了用户自己，用户可以根据自己的需求对服务直接调整，用户需求及时得到了满足。

2）帮助用户节省开支，提高投资收益

以传统的观念看，商家是要诱导消费者"花钱"，消费金额越多越好。而随着服务观念的产生，帮用户"花好钱"，是商家不断追求的目标之一。互联网服务的销售平台已基本能够提供财务的预算、消费统计、支出收益报表等功能。例如，在 Google 上注册一个账户后，即可对所要做的关键词"搜索推广"做基本的广告预算，在享受服务的过程中，还可以根据实际情况控制广告费用；在百度竞价中还提供按地区、按时间投放关键词推广的功能，并可随时查询推广效果。

3）服务软件的使用，使客服更加完美

现在所能采用的平台客服软件已不限于售后服务问题的解决，而是通过用户与运营商销售、服务人员的直接对话，实现售前实时"导购"，售中实时解决产品管理和服务设置等问题。另外还可对用户的浏览记录、关注问题、服务时间等进行分析，以改进平台、展示布局、对服务人员进行考评等。目前国内较大的服务提供商在网上实时服务、促进销售、提高服务水平方面正处于探讨阶段，相信不久，广大用户即能感受到这些丰富多彩的服务。

总之，在直销模式中，正经历着由销售主导型向服务主导型演变的过度。互联网给服务提供的可发挥空间是无可限量的，创新时时刻刻都会产生！

2. 分销模式

分销是国内互联网服务领域中企业所共同采用的模式之一，而分销渠道的成功也证

明了它在市场扩展、渠道效率等方面的优势是直销所无法比拟的。随着行业的发展，分销模式在市场竞争驱动的创新成果引导下，经历了如下过程。

1）传统的"购销链"模式

在传统的"购销链"模式中，分销渠道各个环节都有自己的电子商务平台，彼此独立，没有任何关系。购买过程就是上下游之间的交易传递过程。但这个阶段只不过是对传统交易形式的模仿，是自动化、网络化的过程。这种模式在建立初期，确实起到了提高交易效率、降低交易成本的作用，但随着用户要求不断提高，问题也越来越明显。例如，用户对快速服务响应的要求往往得不到满足；上游服务政策或内容调整后下游环节难以及时反应造成业务停顿、中止，使用户受到影响等。

2）"零售支持"模式

"零售支持"模式是在"购销链"模式基础上，为消除其缺陷，由服务运营商倡导的对分销渠道业务过程进行的改进模式，以提高服务效率，满足用户需求。

"零售支持"模式有两个关键的特征：一是代理商在自己的电子商务平台上展示的产品即服务运营商提供的产品，服务运营商对产品和服务做出调整时，代理商只需做简单更新，无需大量改动销售平台的服务过程，即产品和服务的调整近似于同步。二是用户在代理商销售平台购买时，订单直接提交到运营商的销售平台中，无需代理商做购买操作，并且用户服务需求由运营商直接响应。

在互联网服务领域中目前支持这种模式的渠道工具虚拟平台服务（virtual platform provider，VPP）和应用程序接口（application programming interfaces，API）应用较为广泛。其中 VPP 在某些情况下虽然支持运营商对用户需求的直接响应，但并不能保证实时响应，从目前使用状况看将逐渐退出。而 API 实时性则相当强，被业内广泛采用。

"零售支持"模式虽有上述优势，但并没有考虑代理商的技术实力，以及中小型代理商在电子商务应用方面的局限性，如 API 的使用需要代理商有较强的技术力量和人员配置，这对中小型代理商无疑是难以逾越的鸿沟。此外，这一模式一般不支持多级代理体制，仅支持一级代理体制，限制了运营商分销体系的扩展。

3）"代理支持"模式

"代理支持"模式是服务运营商为了支持代理商业务运转，树立自己品牌形象，并且为竞争者设置技术和"用户使用习惯屏障"而形成的分销渠道创新模式。

在这种模式中，运营商在自己的电子商务平台上为一级代理开通"一代账号"，这一账号的开通，使一级代理商获得的支持服务包括二级代理商管理功能、用户管理功能、与运营商的结算功能、销售统计功能、服务效果报告等。一级代理通过二级代理商管理功能，可以为二级代理商开通"二代账号"，二代账号使二级代理商获得的支持功能与一代账号类似，并仍可为下级代理商开通账号。以此类推，下级代理商可为再下一级代理商开通管理账号，直至终端代理商。最后，终端代理商通过运营商平台上的"终端代理账号"为用户开通"用户服务账号"，这个账号中没有再次开通账号的功能，但具备了直接对产品或服务进行消费设置的功能，还包括财务管理、消费统计、服务效果报告等功能。

而购买的逻辑顺序是，用户通过终端代理商销售平台购买，与终端代理商单独结算，终端代理商通过上级销售平台向上一级代理商购买，单独结算，依此类推，一级代理向运营商购买并单独结算。而用户从运营商平台"用户服务账户"直接获得服务。

通常的实际做法是下级代理商向自己上一级的代理商交纳预付款或取得信用额度，获得上级代理商为其在运营商平台上开通的账号，当自己的下游向自己购买时，只需在开立的账号中给下游开通账号并划拨消费款即可。

因此，对代理商来说，服务和购买过程就是开账号和划拨消费款，最终用户获得账号后，对各种功能进行操作，获得实际的运营商产品和服务。

从"代理支持"模式中，我们可以看到运营商电子商务平台可支持 N 级代理。在这种体制下，可以想象，成千上万的不同级别代理商共同在一个平台上工作，为最终用户提供服务，其服务效率和服务质量是前两种模式所无法比拟的。这种模式中上一级账号除拥有下级账号全部功能外，还可对下级账号的功能情况进行查询、监督，以及对财务收支、销售统计等做基本数据分析。此外，这种模式通过将购买过程和服务过程分开，在不同时间、不同平台上进行，对最终用户的服务响应速度仍然可处于实时状态。

"代理支持"模式的优点尽管显而易见，其缺陷随着实践的检验也逐渐暴露出来。例如，下游代理商为宣传自己的品牌形象而不愿将"下级账号"向下游环节提供，这就不可能使用户直接操作平台，获得快速服务，因此这种模式也就会失去意义。

4）"联盟"通路模式

"联盟"通路模式是伴随着"效果营销"的发展而产生的新型代理分销模式。它不同于以上三种分销模式（运营企业掌控渠道链），是借助于第三方网站联盟平台寻求渠道通路的规模化、效果化，此外对效果的追求可以不限于销售效果，还包括会员注册、软件下载等效果。

"联盟"模式自 2004 年创立以来，诸多互联网企业选择其作为将产品与服务推广上市的通路。经历多年发展之后，现今正在成为互联网企业的主流渠道模式之一。不管是大门户网站还是著名的搜索引擎，不管是互联网老牌企业还是新生力量，都在众多的"联盟"通路尝试中获得收益。即使是联想、戴尔、DHC 等非互联网国际品牌企业，也在其庞大的"联盟"通路预算投入中获利颇丰。

然而不管是业务过程，还是技术手段，"联盟"模式在效果营销服务的探索中仍需要不断尝试和创新，只有这样才能将"联盟"通路的作用更好地服务于互联网产品，并向更广阔的企业市场迈进。目前业内领先的典型平台如亿起发（www.eqifa.com）、易购（www.egou.com）、亿告（www.yigao.com）等都正在为这个目标努力着。

3. 渠道模式的创新展望

以上介绍了互联网产品的典型营销渠道模式，它们是在不同环境下形成的，具有各自的优缺点、各自的存在理由和适用对象。在这些模式经验的基础上，互联网服务领域的营销渠道模式发展趋势已呈现出以下特征。

1）从注重对单项渠道环节的支持转向对整个渠道链的支持

在互联网服务领域，各企业在渠道链上所处的位置不尽相同，同一企业对不同的产品渠道政策差异也会很大，在设立渠道模式时企业一般只从本身出发，开发渠道工具时哪个渠道环节与自己关系比较紧密则重点考虑哪个环节。这样形成的营销渠道势必缺乏对竞争环境的适应性，容易使渠道链的发展受到限制。而目前运营商在这方面的困惑已经显露，如原来按"零售支持"模式建立的电子商务平台不能满足长链渠道的要求，业务发展大打折扣。因此，一些规模较大的运营商已开始筹划开发能够支持整个渠道链的电子商务平台，意图提高渠道的整体效率，并为自己的产品和渠道政策调整做好充分准备。

2）从注重订单处理功能转向注重综合服务功能

如果企业所关注的焦点一直停留在如何对用户的订单做快速响应，那么就可能陷入"就订单论订单"的困境而无法找出提高订单处理效率的根本解决办法。为从根本上提高订单处理速度还要考虑企业自身、代理各环节及用户之间的角色分工，渠道工具使用者的功能多样化需求，注重综合服务的提供。只有依靠综合服务功能，订单的快速处理、优质服务的快速传递才具有保障。

3）从注重业务过程整合转向注重渠道资源整合

渠道链的业务整合使服务速度和质量大为提高，但这并没有使互联网服务渠道的整体优势得到充分发挥。整个渠道链上各企业有自己的客户资源、技术力量、人员配置、品牌形象等资源，如何将这些资源有效整合，发挥整体资源优势，是各运营企业面临的重大问题。

总之，行业在前进，模式在发展。互联网的开放性特征和电子商务技术、模式的不断演变将促使以互联网服务为代表的数字化产品营销渠道不断修正完善、变革创新！

资料来源：http://www.docin.com/p-1103314554.html[2015-03-24]

参 考 文 献

卜妙金. 2012. 分销渠道管理. 2 版. 北京: 高等教育出版社

陈建华. 2007. 铺货. 北京: 中国城市出版社

陈军, 王荣耀. 2003. 终端营销实战手册. 广州: 广东经济出版社

黄静, 潘文富. 2009. 卖场玄机. 武汉: 武汉大学出版社

梅明平. 2013. 经销商管理. 北京: 电子工业出版社

王德章, 周游. 2015. 市场营销学. 3 版. 北京: 高等教育出版社

魏庆. 2011. 经销商管理动作分解培训. 北京: 北京联合出版公司

魏庆. 2013. 终端销售葵花宝典. 北京: 北京大学出版社

郑锐洪. 2013. 分销渠道管理. 2 版. 大连: 大连理工大学出版社

朱玉童. 2014. 化解渠道冲突. 北京: 企业管理出版社